하나님라 함께 걸으라

하나님과 함께 걸으라

전용복 지음

초판 1쇄 인쇄	2010년 8월 20일
초판 1쇄 발행	2010년 8월 25일
발행처	도서출판 세줄(등록번호 2-4000)
	서울시 중구 인현동 1가 111-6
	☎ 02)2265-3749
총 판	선교햇불 ☎ 02)2203-2739
	FAX. 2203-2738
저자 연락처	055)972-3012, 010-5177-1944

값 13,000 원
ISBN 978-89-92211-34-5　03230

하나님과 함께 걸으라

전용복 지음

도서출판 세줄

머리말

사람들은 옛날부터 건강에 대하여 많은 관심을 가졌다. 다 건강하게 오래 살기를 바란다. 그래서 사람들은 여러 가지 노력을 하고 의술을 발달시켰다.

"건강한 몸에 건강한 정신이 깃든다"는 말이 있다. 건강을 잃으면 정신도 허약해진다. 그러나 몸이 건강하면 따라서 건강한 정신이 된다. 자신도 기뻐하는 가운데서 건강한 삶을 살게 되고, 남에게도 좋은 마음으로 친절하게 대하고 도우는 삶을 살게 된다.

요즘에 와서 건강에 대한 관심은 더욱 높아지고 있다. 각종 오염과 공해로 인하여 삶이 위협받는 현실에서 현대인들은 건강에 대하여 지나칠 정도로 집착한다. 그 중에 많은 돈을 들여서 보약을 먹는 사람들이 많다. 효과도 전혀 알 수 없는 혐오식품을 고가로 먹는 사람도 드물지 않다.

그러나 그 건강을 지키는 비결은 그렇게 어렵지 않다. 하나님은 우리가 이마에 땀을 흐르도록 운동을 하면 건강의 복을 주신다. 우리가 움직이지 않으면 허약할 수 밖에 없고 열심히 움직이면 건강해진다.

그러면 우리는 어떤 운동을 할 것인가? 고도의 재능이나 기술, 돈이 많이 들면 곤란하다. 쉽고 단순해야 한다. 그러면서 효과가 좋아야 한다. 그런 운동이 있는가? 그것이 바로 걷기운동이다. 우리는 이 걷기운동을 통하여 건강한 삶을 살 수 있다.

우리는 인생을 어떻게 살 것인가? 지금은 "인생은 60부터"란 말이 확실히 자리 잡았다. 한국도 평균수명이 78세를 넘었다. 그러나 그런 현상이 좋은 것만은 아니다. 인간의 수명이 길어짐과 동시에 갖가지 성인병이 증가하기 때문이다. 인간의 평균수명은 날 때부터 죽을 때까지의 생존기간을 말하고, 건강수명은 건강하게 정상적인 생활을 하며 사는 기간을 말한다. 세계보건기구(WHO)의 발표에 의하며 한국은 전자가 78세, 후자가 65세로 13년의 차이가 난다. 이렇게 긴 기간, 13년이나 병상에서 노년을 보내야 한다면 장수하는 것이 무슨 의미가 있을까? 그것은 오히려 재앙이다.

지금은 "웰빙(Wellbeing)시대"다. 모두가 잘 살기를 바란다. 요즘 "9988123"이란 말이 유행이다. "99세까지 88하게 살고, 하루 이틀 앓다가 사흘째 큰 고통 없이 죽는 것"을 말한다. 또 "9988"의 반대인 "8899"란 말도 있다. "88세까지 9질9질하게 사는 것을 말한다.

웰빙(Wellbeing)과 웰다잉(Welldying)은 둘이 아니다. 건강하게 살다 보면 건강하게 죽게 된다. 우리는 끝까지 건강하게 일하고 인생을 즐기며 살다가 갈 수 있어야 한다.

웰빙의 바람이 거세게 불고 있다. 그 열기가 아주 대단하다. 그 말은 상업적인 것과 결부 되어 우리의 생활 전반에 강하게 침투하고 있다.

웰빙의 근원은 60,70년대 미국의 히피이즘과 깊은 연관을 갖고 있다. 그것은 물질적 풍요를 누리는 미국의 상류층, 보보스(Bobos)족의 생활형태에서 시작되어 확산된 것이다. Bobos란 말은 자본주의의 풍요를 상징하는 브로조아(Bourjeois)의 앞 자 Bo와 유랑하던 집시의 정신적 자유를 상징하는 보헤미안(Bohemian)의 앞 자 Bo가 합해져 생긴 말이다.

Bobos는 물질적 풍요를 기반으로 하되, 정신적 여유를 추구하며, 자신만의 삶을 즐기면서, 첨단문명에 대항해 생명과 자연의 가치를 존중하는게 특징이다. 그러니 웰빙은 경제적으로 단순히 잘 먹고 잘 사는 것을 뜻하는 것이 아닌, 정신적으로 풍요롭고 육체적으로 건건한 문화적인 삶으로 나아가는 것이다. 웰빙은 속도전, 복잡함에서 벗어나 여유를 가지려고 하면서 명상으로 기울어진다.

그러나 웰빙은 국내에서 상업적인 유행으로 번지면서 물질적 풍요와 고급화 등으로 그 의미가 굴절되고 있다. 그리고 그 특징이 하나님 없는 삶, 문화를 추구한다. 하나님 없는 물질지상주의로 기울어진다 (서구의 웰빙도 하나님 중심은 아니나, 하나님께 가까이 갈 수 있는 건전한 면이 있다). 그러면서 외모지상주의로 나간다. 가진 자와 못가진 자의 갈등을 유발시킨다.

「인간은 전인의 평안이 이루어져야 진정한 평안을 누리는 것이다. 인간은 육체보다 영혼이 더 중요하다. 양자가 조화를 이루면서 평안을 누려야 진정한 웰빙이다.

우리는 육체를 위하여 먹거리를 하나님의 말씀대로 잘 보존하고 환경을 잘 다스리고, 운동, 취미생활을 해야 한다. 그럴 때 영적 평안을 누린다.

"내 영혼은 하나님 앞에 나아가기 전에는 진정한 평안이 없었다"(어거스틴).

그리니 "웰빙"은 소유의 문제가 아니라 "존재"의 문제이다. "하나님-피조물"이 바른 관계에 "잘 있는 것"이다. 인간이 하나님과 바른 관계를 가지며, 나아가서 자연과도 건전한 관계를 이루는 것이다.

"웰빙"이라는 말의 문자적 의미는 '질적으로 높은 삶에 대한 추구'이며, '보다 나은 삶에 대한 개혁'이다. 즉 영어의 존재가치를 가리키는 단어 'being'과 안정과 편리라는 상태가치를 가리키는 'well'이라는 단어의 합성어로서 사전적 의미로는 "행복과 번영", '복지와 복리', 즉 '잘 먹고 잘 사는 법(Welfare)'으로 쓰인다. 그러나 하나님이 말씀하시는 '웰빙'은 그런 차원의 의미만이 아니다. 시편 35편에 "그 종의 형통을 기뻐하시는 여호와"라는 구절이 있는데, 영어 RSV 성경에는 이를 "the wellbeing of the sevant"라고 언급하고 있다. 성경의 웰빙은 바울의 말처럼 "우리 주 예수 그리스도께서 강림하실 때까지 영과 혼과 몸이 흠 없이 하나님의 뜻대로 거룩하게 유지되는 삶"이며, 생육하고 번성하며 땅에 충만하면서 하나님의 영광을 찬양하는 삶이 바로 '웰빙'인 것이다. 그러니 웰빙은 지극히 성경적인 말이다. 웰빙은 하나님이 인간에게 베푸신 복된 삶을 누리는 것이다.

이러한 삶은 바로 인간과 하나님, 인간과 인간, 인간과 자연이 바른 관계에 있을 때 가능해진다. 즉 사랑의 관계에 있을 때 가능해진다. 이렇게 볼 때 웰빙의 삶이 바로 참된 영성, 경건이다. 이러한 웰빙의 삶을 이루기 위하여 우리는 무엇보다도 묵상을 해야 한다. 깊은 묵상을 통하여 우리는 하나님의 뜻을 깨닫고 하나님과 바른 관계를 가지며 그 분의 뜻대로 살게 된다. 더 깊은 묵상을 통하여 우리는 하나님과 연합하여 깊은 교제를 나누고 하나님이 주시는 참 평강을 누리게 된다」 (전용복, 묵상과 평강, pp.17,18).

그런데 근래에 와서 걷기의 바람이 강하게 분다. 들이나 산, 공원, 어디를 가도 걷는 사람을 쉽게 볼 수 있다. 대도시의 곳곳은 걷는 사람으로 가득하다. 걷기를 안내하는 책은 서점가를 장식하고, 자연에서 멀어진 도시인들은 모든 인간의 기본기인 이 걷기마저 전문가의 지도를 받는다.

왜 이렇게 사람들은 걷기의 대열에 끼이는가? 왜 이렇게 걷기의 열풍이 강하게 부는가? 현대인들은 기계문명의 발달로 운동을 하지 않게 되었고 그렇게 지내다 보니 건강에 적신호가 오게 되었다. 그리고 걷기는 누구나 할 수 있는 운동이기 때문이다.

우리는 누구나 쉽게 할 수 있는 이 걷기운동을 통하여 운동부족을 해소하고, 육체를 단련시키고, 질병을 예방하고 치료할 수 있다. 나아가서 날마다 쌓이는 스트레스를 날려 보내고 상쾌한 정신으로 생활할 수 있다. 그리고 묵상하며 걸으므로 하나님을 모시고 걸을 수 있다. 혼자 걸으나 주님과 함께 걸으며 깊은 교제를 나눌 수 있다. 이러한 영적 걸음이 계속 되다 보면 나도 모르는 사이에 하나님과 동행하는 삶을 이루게 된다. 언제나 하나님과 함께 하는 복된 인생길이 열리게 된다.

그러니 이 걷기 운동이야말로 참된 웰빙의 방법이며, 웰빙 그 자체다. 돈들이지 않고 언제 어디서나 할 수 있는 것이며, 지극히 육체적이나 지극히 영적인 것으로 통할 수 있는 신통한 것이다.

나는 그저 흔한 걷기운동의 안내서를 쓰는 것이 아니다. 그러한 책은 그 방면의 전문가들에 의하여 많이 쓰여졌다. 나는 먼저 '걷기운동'의 일반적인 것을 말하고, 그 다음으로 하나님을 마음에 모시고 걷는 '묵상하며 걷기'에 대하여 말하고자 한다. 그리고 인생길을 하나님과 함께 가는 '하나님과의 동행'에 대하여 말하고자 한다.

주님을 믿는 신자는 불신자와 같은 삶을 살면서도 다름이 있어야 한다. 우리는 모든 삶에서 주님을 찾고, 만나고 교제하고, 함께 걸어가야 한다. 그러면서 주님의 사랑과 은혜를 받고, 그 주님께 영광을 돌려야 한다.

나는 이 책을 읽는 분들이 걷기라는 평범한 운동을 통하여 그러한 귀하고 신령한 열매를 맺고 기뻐하기를 간절히 바란다.

2010. 7.

황매산 기슭에서   전용복

차 례

I 부

태초에 하나님이 '걸으라' 하셨다

걷기운동

우리 하나님은 참 놀라운 분이시다. 태초에 아무것도 없는 상태에서 천지와 만물을 창조하셨다. 오직 말씀으로 그 모든 일을 하셨다. 우리 하나님은 전능하시기 때문에 그렇게 하실 수 있었다.

하나님은 그렇게 천지만물을 지으신 후 인간을 지으셨다. 아담과 하와를 지어 에덴동산에 살게 하셨다. 그리고 결혼을 시키면서 주례도 하셨다.

"(너희들은 서로 하나 되어 사랑하라, 그리고 나를 섬겨라) 생육하고 번성하여 (자녀를 많이 낳아라) 땅에 충만하라, 땅을 정복하라, 바다의 고기와 공중의 새와 땅에 움직이는 모든 생물을 다스리라"(창1:28).

이렇게 하나님의 주례사가 끝날 때 새들은 축가를 부르고, 짐승들은 박수를 쳤다.

에덴동산 - 지극히 아름답고 살기 좋은 낙원 - 에서 아담과 하와는 하나님을 대신하는 주인공이 되었다. 그들은 그 자손들과 함께 그 땅을 정복하고 다스릴 사명을 받았다.

그런데 아담과 하와는 아무 탈 것이 없었다. 하나님은 그들에게 에덴동산은 주셨으나, 그것을 정복할 기구를 주시지는 않았다. 그들은 걸어 다니면서 일을 해야 했다. 순 걷기만 하는 곳이었다.

어쩌면 순 걷기만 하는 것이 하나님의 뜻이었는지도 모른다. 하나님은 에덴동산이 어떤 공해도 없는 낙원으로 남기를 바랐을 것이다(물론 어떤 공해도 생기지는 않을 것이지만).

성경에는 걷기 왕들이 많다. 하갈은 교만하게 굴다가 쫓겨나 광야에서 종일 헤매며 걸었다. 아브라함과 이삭은 하나님의 명령을 수행하기 위하여 3일을 꼬박 걸어 모리아산까지 갔다. 야곱은 하란으로 가면서 종일 걷고 벧엘에서 잤다. 그리고 계속 걸어 갔다. 나중에 돌아 올 때 얍복강에서 기도로 승리하여 이스라엘이 된 후 떠오르는 태양을 보면서 절며 걸었다. 요셉은 애굽으로 팔려 가면서 걸어서 대상들을 따라 갔다. 이스라엘은 애굽서 나오면서 순전히 걸었다. 그들은 40년간 광야를 떠돌았다. 결국 그들은 광야에서 죽고 후세대만 가나안에 들어 갔다. 이스라엘은 하나님의 명령에 따라 엿새간 하루 한 바퀴씩 여리고성을 돌았다. 칠일째는 일곱 바퀴를 돌았다. 그러자 그 성이 무너졌다. 엘리야는 이세벨에게 쫓겨 광야로 가 로뎀나무 아래에 있었다. 거기서 새 힘을 받아 40일 밤낮을 계속 걸어 호렙산에 이르렀다. 포로로 끌려 가는 남북의 백성들은 망국의 슬픔을 눈물로 삼키면서 한없이 걸었다. 요나는 3일길을 걸으면서 니느웨의 회개를 외쳤다.

지금 세상도 어쩌면 우리 모두가 탈 것을 다 버리고 순전히 걸어 다니면서 사는 것이 하나님의 뜻에 맞은 것인지도 모른다. 그러면 이 세상은 개발은 더디나 참 살기 좋은 세상이 될 것이다.

내가 어릴 때만 해도 순전히 걸어 다녔다. 초등학교도 왕복 4km를 걸었다. 중학교는 편도만 10km를 속보로 걸었다. 그 때는 먼지가 풀풀 나는 자갈길이었다. 영어 단어는 걸으면서 다 외웠다. 어른들은 날마다 지게를 지고 산을 오르내렸다. 그러나 그 때가 좋았다. 그 때 한 단련으로 지금도 걷는 것은 얼마든지 할 수 있다.

아담과 하와는 하나님이 금한 선악과를 따먹고 타락하였다. 그들은 에덴동산에서 쫓겨났다. 그들에게는 고된 삶이 계속되었다. 인간은 점차 욕심을 부려 과도한 개발을 시도하였다. 대량생산을 위하여 자연을 파괴하였다. 그들은 탈 것을 연구하였다. 처음에는 짐승을 길들여 타고 다녔다. 많은 세월이 흐르면서 수레도 만들었다. 물에서는 작은 배를 만들어 타고 다녔다. 그러면서 너무도 많은 세월이 흘렀다.

그러다가 근대에 와서 교통수단에 대혁명이 일어났다. 육지에서는 자동차, 기차가 나오고, 바다에서는 동력선이 나오고, 하늘에서는 비행기가 날게 되었다. 이러한 것들은 참으로 놀라운 것이었다. 그것들은 점점 개량되어 무서운 속도를 자랑하게 되었다. 그러다가 드디어 우주선이 나와 우주여행의 시대가 열렸다. 인간은 참으로 놀라운 존재라 아니할 수 없다. 인간의 삶은 너무도 빠르고 편리하게 되었다. 온 지구는 바야흐로 일일생활권에 진입하고 그야말로 지구촌이 되었다.

이러한 현대문명에 취한 사람들은 이 지구가 낙원이라 생각하게 되었다. 편리한 가운데서 풍요를 누리면서 땀 흘리지 않고 사는 삶에 재미가 붙었다. 천국이 좋으면 이보다 더 좋으랴 하면서 많은 사람들이 하나님을 멀리하고 교회를 떠났다.

　그러나 큰 문제가 생겼다. 그 문제는 현실로 다가왔다. 하나님을 떠난 사람들은 공허함을 맛보고 극심한 스트레스에 시달리게 되었다. 걷지 않고 땀 흘리지 않는 사람들은 허약해진 자신과 각종 질병에 시달리는 자신을 발견하게 되었다. 사람들은 처음에는 대수롭지 않게 생각하다가 이제는 그 심각성을 깨닫게 되었다. 이러다가 갑자기 죽을 수도 있음을 깨닫고 놀라게 되었다.
　그래서 거기서 탈출코자 하는 사람들이 여러 가지 방법을 찾게 되었다. 그 중에 많은 사람들이 걷기 운동을 시작하였다. 이제 수많은 사람들이 걷고 있고, 앞으로 그 걷기 대열에 더 많은 사람들이 가담할 것이다.

1. 왜 걸어야 하나?

이제 우리는 걸어야 하는 이유를 좀 더 구체적으로 생각해 보기로 하자.

(1) 신체 건강에 좋다

① 유연성 개선
우리 몸은 유연성이 있어야 잘 움직일 수 있고 위급한 경우에도 다치지 않을 수 있다. 모든 경우에 잘 대처하여 활발히 활동할 수 있다.

우리가 걷는 한 걸음 한 걸음은 몸의 근육을 스트레칭해 주며 유연성을 길러 준다. 걷기는 다리와 발을 가장 많이 쓰지만 팔을 흔들며 걷는다면 상체의 유연성도 함께 기를 수 있다. 우리가 유연성을 기르기 위해서는 스트레칭을 규칙적으로 해야 한다. 우리는 걷기운동 전후에 스트레칭을 하는 것이 좋다.

② 뼈, 근육 강화

우리는 뼈, 근육이 튼튼해야 한다. 그래야 우리 몸을 잘 지탱할 수 있다. 3명의 여성 중 1명, 12명의 남성 중 1명이 골다공증이나 파쇄골, 즉 손목, 척추, 골반 뼈 등이 고통스럽게 부서지는 병에 걸린다.

뼈는 움직이지 않으면 약해진다. 운동을 하면 칼슘이 뼈 쪽으로 흡수되는 반면 가만히 있으면 골질이 빠진다. 움직여야 뼈가 튼튼해진다.

우리 몸에는 600여 개의 근육과 그 근육에 의해 움직이는 200여 개의 뼈가 있다. 걷기운동을 하면 이 모든 근육과 뼈가 동시에 움직이게 되어 뼈마디의 기능이 좋아진다. 다리에서 혈액순환과 물질대사가 활발하게 진행되어 다리의 근육이 단련되고 다리 힘이 세진다.

③ 노화방지

노화(老化:Ageing)는 늙는 것을 말한다. 그것은 생명체의 신체적, 정신적 기능이 점차 쇠퇴해가는 과정이다. 모든 생명체는 노화의 과정을 거친다.

그러면 왜 노화가 일어나는가? 거기에 대하여 활발한 연구가 진행되고 있으나 아직은 확실히 모른다. 그런데 우리 몸은 이상이 생기면 항상 정상상태로 되돌리기 위하여 체내에서 활발히 움직인다.

우리는 적당한 운동을 통하여 그 능력을 증대시켜야 한다. 그것이 바로 노화를 막는 길이다. 우리는 규칙적으로 걷는 운동을 통하여 노화를 늦출 수 있다. 적당한 운동은 누구나 싫어하는 노화를 늦추는 가장 좋은 방법이다. 규칙적인 유산소 운동 프로그램에 참가한 노인들은 기능적 퇴화를 멈출 수 있고, 가만히 앉아 있는 젊은이들보다 유산소 능력을 더 증가시킬 수 있다.

특히 걷기는 머리, 즉 뇌의 노화를 막는데 효과적이다. 뇌를 자극해 뇌세포의 노화를 막는 역할을 하는 뼈들에 붙어 있는 긴장근이 하반신에 제일 많이 모여 있기 때문이다. 하반신을 많이 움직이는 운동은 결국 뇌를 언제나 젊게 유지하는 가장 좋은 방법이다. 중년기 특히 노년기에 들어서서 운동을 하지 않으면 근육이 쇠약해지고, 그 결과 뇌세포의 기능이 저하된다. 그러므로 노년이 될수록 규칙적인 걷기 운동을 해야 한다.

④ 몸무게 줄이기, 예쁜 몸매

비만은 현대인들의 가장 꺼리는 괴물이다. 온 세계가 경제성장으로 반갑지 않은 손님, 비만을 만나게 되었다. 이러한 비만시대를 맞아 현대인들은 고민하고 있다. 몸무게를 줄이기 위하여 살을 빼기 위하여 많은 노력을 하고 있다.

비만은 각종 질병을 불러일으킨다. 멋진 몸매를 엉망으로 만든다. 귀중한 수명을 단축시킨다. 허리띠 구멍이 하나 늘어나면 수명은 5~10년이나 감소한다고 한다. 비만은 성인병인 심장병, 고혈압, 동맥경화증, 뇌졸중, 당뇨병은 물론이고 간경변, 담석증을 유발하고 암에 대한 위험도를 높인다. 체중이 10% 증가하면 사망률이 남자는 11%, 여자는 7%나 증가한다. 특히 비만에는 복부비만이 위험도가 높다. 비만이 되면 성인병의 유발은 물론 몸매가 말이 아니다. 지방은 우리 신체의 연한 부분인 배, 옆구리 등에 축적되므로 보기에 아주 흉하게 된다.

그러면 비만은 무엇인가? 비만은 에너지 섭취에 비해 그 소비가 적을 때 나타는 현상이다. 예를 들어 하루에 3,000칼로리를 섭취했는데, 2,000칼로리 밖에 소비하지 않았다면 1,000칼로리가 체내에 지방으로 저장되는 것이다. 우리 몸을 구성하고 있는 성분 중 지방을 제외한 성분(수분, 근육, 골격)인 제지방량에 비해 지방조직이 과다하게 축적된 상태이다. 지방뿐만 아니라, 우리의 에너지원이 되는 녹말이나 단백질도 과잉섭취하면 대부분 체내에 지방으로 축적된다. 그런데 비만은 유전의 영향을 많이 받는다.

그런데 우리가 비만인가, 아닌가 어떻게 알 수 있나? 그러기 위하여 우리는 먼저 표준체중을 알아야 한다. 표준체중은 다음과 같이 계산한다. 표준체중=(신장−100)×0.9이다. 신장이 170㎝인 경우에 표준체중은 63㎏이 된다. 이 표준체중보다 남자는 20%, 여자는 30% 이상 초과되면 비만이다.

이상적인 체형을 가지고 있으면서도 스스로 뚱뚱하다고 여겨 불필요한 다이어트를 하는 경우가 많다. 우선 내가 비만인지, 비만이면 체중조절이 얼마나 필요한지 알 필요가 있다. 그 후에 거기에 맞추어 노력해야 한다. 그런데 사람들은 몸무게를 줄이기 위하여 여러 가지 방법을 동원한다. 살빼기 산업은 이 불황에도 아주 호황이다.

• **단식** : 단식은 아예 안 먹는 것과 양을 줄이는 부분적 단식이 있다. 이것은 사람들이 아주 쉽게 택하는 방법이다. 이 단식은 체중 조절에 과시적으로 효과가 나타난다. 그런데 체중을 줄이는 것은 과다한 지방질을 줄이는 것이지 우리 몸에 필요한 비지방질을 줄이는 것은 아니다. 장기간의 단식과 영양섭취의 제한은 지방질의 감소는 물론, 우리 몸에서 감소되어서는 안 되는 칼륨, 칼슘, 마그네슘, 인 등도 감소시킨다. 그로 인해 저혈당증, 간 기능 약화, 부종, 무뇨증, 빈혈, 심장마비 등이 초래될 위험성이 높아진다. 그러므로 적당한 선에서 양을 줄이는 것은 몰라도 지나친 단식은 하지 않는 것이 좋다.

그리고 반대로 운동을 통한 비만조절을 한다면 체지방 감소는 물론이고 근육을 비롯한 몸에 이로운 칼륨, 칼슘, 마그네슘, 인 등의 제(비)지방량을 증가시킨다. 그러므로 건강증진에 크게 유익하다. 그러나 심한 비만인 사람의 경우에는 다이어트와 운동을 겸하는 것이 바람직하다.

• **살 빼는 약재 및 식품** : 이러한 다이어트 식품은 참으로 다양하게 나오고 선전을 타고 확산되고 있다. 전혀 검증되지 않았으면서 고가로

판매되고 있다. 그런데 이들의 대부분은 인체에 해를 끼쳐 소화불량, 설사, 이뇨를 촉진시키고, 식욕을 감소시키고, 불면증, 신경쇠약 등을 일으킨다. 이런 생리적 부작용이 심하게 일어난다. 의사 처방 없이 판매되는 보조식품은 검증되지 않은 부분이 많기 때문에 몸에 치명적인 해를 입힐 수 있다. 또한 지방흡입술은 생활 패턴이 바뀌지 않는 한 다시 찌기 쉽다.

• **사우나** : 사우나는 게으르면서 편하게 살을 빼려는 사람들에게 인기가 있다. 또한 눈에 보이게 효과가 나는 것 같기도 하다. 그러나 이것은 아주 바람직하지 못하다. 사우나를 통해 4%의 체중을 줄였더니, 체내에 필요한 혈액성분이 18%나 빠져나갔다고 한다.

운동으로 흘린 땀과 사우나로 흘린 땀은 전혀 다르다. 운동으로 흘린 땀 속에는 노폐물, 발암물질, 중금속 등이 포함되어 있지만, 사우나로 흘린 땀 속에는 필요한 칼륨, 칼슘, 마그네슘, 인 같은 성분이 들어 있다. 사우나를 하면 지방이나 탄수화물이 소모되는 것이 아니라, 물이 빠져나가므로 물을 다시 마시면 원래의 체중으로 되돌아간다.

그 외에도 살빼기 위한 방법을 제시하는 여러 가지 광고가 난무한다. 그런데 우리가 그런 것에 현혹된다면 우리의 귀중한 몸의 건강을 해치게 될 것이다.

그러면 몸무게를 줄이기 위한 가장 좋은 방법은 무엇인가? 그것은 운동이다. 우리는 먹는 것 보다 운동을 통하여 더 많은 열량을 소비한다면 자연히 몸무게가 줄게 될 것이다. 그런데 누구나 할 수 있는 가장 좋은 운동은 걷기운동이다.

몸무게를 줄이기 위한 걷기운동은 자기의 최대 운동능력의 50~80% 범위 내의 강도로, 하루에 30~60분 정도로, 일주일 3~4일 정도 하는 것이 좋다. 비만자는 운동 강도를 50~60%로 낮추고, 운동시간은 60분 이상 장시간 하고, 일주일에 거의 매일 하는 것이 이상적이다.

그런데 사람들은 운동을 하면 식욕이 증가하여 많이 먹게 되어 실패하지 않을까 걱정한다. 그러나 그것은 잘못된 생각이다. 보통 한 시간 이내의 운동은 오히려 식욕을 감소시킨다.

그런데 운동은 식사 전에 하는 것이 좋다. 속이 비어있으면 몸의 혈당치가 낮아진다. 이때 운동을 하면 우리 몸은 혈액속의 당분을 이내 다 써버리고 지방을 태우게 된다. 따라서 체내에 축적된 지방이 쉽게 에너지로 쓰여 살이 빠지게 된다.

그런데 살은 신체의 모든 부위에 전체적으로 찔 수도 있지만, 팔, 배, 엉덩이, 다리 등의 어느 일정한 부분에만 찌는 경우가 많다. 특히 조금만 긴장이 풀려도 나오는 뱃살은 찌기는 쉽지만 빼기는 너무 힘들다. 이제 부위별로 살을 효과적으로 빼기 위한 걷기(워킹)에 대하여 알아보자.

* 뱃살과 팔뚝 살 빼는 파워 워킹: 발을 쭉쭉 뻗으면서 발 폭을 넓게 하며 힘차고 빠르게 걷는다. 파워 워킹을 체력 걷기(fitness walking) 또는 건강 걷기(health walking) 라고도 한다. 등을 힘껏 펴고 큰 걸음으로 빨리 걸으면서 발걸음에 맞춰 팔도 크게 앞뒤로 흔든다. 파워 워킹은 뒤꿈치가 먼저 땅에 닿도록 한 후 발가락 끝으로 땅을 차면서 앞으로 나아간다.

* 허벅지살 빼는 런지 워킹: 다리를 앞뒤로 최대한 크게 벌리고 항상

엉덩이와 허벅지에 힘을 준다. 두 팔은 자연스럽게 허리를 잡거나 내리고 걷는다. 앞 다리는 'ㄱ'자, 뒷다리는 'ㄴ'자가 되게 한다. 천천히 20분 정도 런지 워킹을 하면 엉덩이 쪽이 뻐근해지거나 허벅지가 뻐근해짐을 느낄 수 있다. 런지 워킹을 한 후에는 반드시 스트레칭을 해 긴장한 허벅지 근육을 풀어주어야 한다.

* **종아리 살 빼는 까치발 워킹** : 아름답고 멋진 다리를 만들기 위해서는 반드시 다리 운동을 해야 한다. 워킹으로 다리의 체지방을 빼고 동시에 종아리 근력 운동을 하면 탄력 있고 아름다운 종아리 라인, 각선미를 만들 수 있다. 한 발짝 걷고 다리 모아 뒤꿈치를 들기를 반복하면서 걷는다. 또 뒤꿈치를 바닥에 붙이지 말고 엉덩이에 힘을 주면서 걷는다. 계단을 오를 때도 같은 방법으로 한다. 뒤꿈치를 들면 종아리의 살이 빠지면서 탄력이 생긴다. 발뒤꿈치를 들고 10계단을 오르면 평지에서 25걸음을 걷는 것과 비슷하다.

이제 워킹으로 만드는 예쁜 몸매에 대하여 알아보자. 누구나 예쁜 몸매를 원한다. 그러나 체지방이 늘수록 몸매는 엉망이 된다. 특히 뱃살은 아주 형편없는 모습으로 변하게 한다. 그런데 우리가 워킹으로 살을 뺀다면 자연히 옛날의 몸매를 회복하게 된다. 그리고 우리가 워킹을 잘한다면 보다 더 아름다운 몸매를 만들 수 있다.

앞서 이미 까치발 워킹으로 종아리 살을 빼고 각선미를 만드는데 대하여 말하였다. 바른 자세로 걷기만 해도 비뚤어진 등뼈가 교정되고 다리가 예뻐지고 발목이 날씬해진다. 이때 워킹 전후에 간단한 스트레칭을 해주면 효과가 극대화된다. 하지만 최소한 40일 이상 규칙적으로 걷는 끈기와 노력이 필요하다.

 * 배의 군살을 없애 아름답게 하는 걷기 : 배에 힘을 준채 짧고 빠른 보폭으로 팔을 90도로 유지해 쭉 뻗으면서 내리막길을 걷는다. 가능한 한 작은 보폭으로 빨리 걷는다.

 * 허벅지 군살을 없애고 엉덩이를 올려주어 아름답게 하는 걷기 : 무릎을 꾸부리지 않고 팔을 쭉 뻗으면서 오르막을 걷는다. 가능한 한 긴 보폭으로 걷는다.

 * 팔의 군살을 없애 아름답게 하는 걷기 : 팔을 크게 앞뒤로 휘두르면서 걷는다. 앞뒤로 팔을 뻗칠 때 팔꿈치부터 어깨 사이의 부분이 당기는 느낌을 받도록 한다.

⑤ 정력강화, 회춘

소변을 보고난 남자가 페니스를 흔들고 나온다. 소면을 보고난 여자가 닦고 나온다. 이런 선남선녀는 정력이 쇠퇴하였다.

한국도 국민소득이 높아지고 장수화 되면서 정력에 대한 관심이 고조되고 있다. 성생활이 최대의 행복이라 생각하고 정력에 좋다는 것은 무엇이나 아무리 고가라도 다 먹고 싶어한다. 그러나 많은 사람들이 노인도 아니면서 여러 가지 공해와 스트레스, 질병 등으로 인하여 몸이 쇠약해지고 정력이 떨어져 고민하고 있다. 많은 노인들은 겉으로는 건강해 보이나 기력이 다 떨어지고 성적 기능이 완전히 쇠퇴하였다. 그런 그들은 새로이 정력을 보강하고 회춘하기 위하여 백방으로 노력한다.

그런데 대부분의 사람들은 가만히 앉아서 잘 먹는 것으로 해결할 수 있다고 생각한다. 약국에는 정력제, 강장제가 즐비하다. 아무런 검증이 되지 않았는데도 여러 가지 형의 식품을 고가로 사먹는다. 그런 것을 먹기 위하여 외국에까지도 원정을 한다. 그러나 그런 것으로는 정력을 유지하고 회춘을 할 수 없다. 오히려 여러 가지 부작용으로 몸을 망칠 수 있다. 적당한 운동을 통하여 그런 문제를 해결 할 수 있다. 특히 걷기 운동이 좋다.

사람이 걸음을 걸으면 음낭과 항문 사이에 있는 회음부가 잘 발달된다. 회음부에 운동력이 가해지면 발기력의 원천적인 기능이 발휘된다. 한 시간 정도 걸은 후 회음부를 만지면 그 부분이 딱딱하고 부풀어 오른 것을 알 수 있다. 이것은 정력이 강화된 것을 말한다.

⑥ 성인병 예방, 치료

사회가 현대화되고 과학화, 기계화되면서 나타나는 현상은 성인병의 증가다. 의학의 발달로 전염병- 천연두, 소아마비, 장티푸스, 콜레라, 결핵 등 - 은 많이 감소하였다. 그러나 반대로 성인병 - 심장병, 당뇨병, 관절염, 비만증, 요통, 암, 간질환, 중풍 등 - 은 급속도로 증가하고 있다. 그런데 성인병의 예방과 치료에는 운동이 최고다. 그러한 질병의 대부분은 운동부족으로 일어난 것이다. 그러니 운동을 하면 예방도 되고 치료도 된다.

인체의 각 기관은 운동을 해야만 제 기능을 충분히 수행할 수 있다. 우리 몸은 사용하지 않으면 약화되고, 무리하게 사용하면 그 기능이 감소되며, 적당히 활동을 하면 신체기능이 증대되고 강화된다. 오늘날 기계문명의 발달로 모든 것이 자동화됨에 따라 우리의 신체활동이 급속히 감소되었다. 그 결과 운동부족이 되고 인체는 무기력해졌다. 여러 가지 성인병이 생기게 되었다.

우리는 운동, 특히 걷기를 통하여 모든 성인병을 예방하고 치료할 수 있다. '두 다리가 바로 의사다' 우유를 받아먹는 사람보다 배달하는 사람이 더 건강하다. 우리는 차를 적게 타고 많이 걸어야 한다. 편할수록 몸은 망가진다.

나는 초등학교 다닐 때는 매일 왕복 4㎞, 중학교 다닐 때는 매일 왕복 20㎞를 걸었다. 그래서 지금도 걷는 것은 자신이 있다. 그리고 집에 가면 소 먹이러 산으로 갔다. 그것이 오늘 나의 건강의 밑천인 것 같다.

● **고혈압 :** 몸속에 피가 흐르는데, 이 때 혈관의 압력이 혈압이다. 수축기 혈압이 120, 이완기 혈압이 80이면 정상이다. 140/90 이상이면 고혈압 1단계, 160/100 이상이면 고혈압 2단계이다. 고혈압은 동맥경화, 심근경색, 뇌졸중 등의 합병증을 가져온다. 그런데 이러한 걷기는 식이

요법과 병행해야 한다.

고혈압은 근력운동보다는 천천히 낮은 강도로 오래 지속하면서 혈압에 무리가 가지 않는 유산소성 운동이 효과가 있다. 즉 걷기, 달리기, 에어로빅, 수영 등이다. 그 중에도 걷기가 가장 좋다. 걸으면 모세혈관이 발달해 혈액의 흐름이 좋아진다.

그런데 이러한 걷기는 식이요법과 병행해야 한다. 고혈압 환자는 하루에 30분 정도 1주일에 3일 이상 운동하는 것이 좋다. 운동은 숨이 찰 정도로 해야 한다. 운동을 꾸준히 계속하면 혈압은 서서히 내려간다. 심장기능이 향상되고 정상혈압을 되찾을 수 있다.

걸으면 왜 혈압이 낮아질까? 그 이유는 혈관의 탄력성을 높여주기 때문이다. 혈관의 탄성이 커지면 혈류량이 많아져도 혈압이 어느 정도 유지된다. 그 다음에 혈액의 흐름을 방해하는 콜레스테롤을 줄여주기 때문이다. 그리고 혈압을 조절하는 호르몬을 조절하기 때문이다. 워킹을 하면 혈압을 내리는 도피민 호르몬이 증가하고, 혈압을 올리는 카테콜아민 호르몬이 감소한다.

• **당뇨병** : 혈액 속에 포도당(혈당)이 높아져 '소변으로 포도당이 넘쳐 나온다' 하여 붙여진 이름이다. 탄수화물은 위장에서 포도당으로 변해 혈액으로 흡수된다. 이 포도당이 세포에서 이용되기 위해서는 인슐린이란 호르몬이 필요하다. 그런데 이 인슐린이 모자라거나 성능이 떨어지면 체내에 흡수된 포도당이 이용되지 못하고 혈액 속에 쌓여 소변으로 나오게 된다.

당뇨병 환자는 거의가 과체중이거나 비만이다. 때문에 초기에 식이요법과 운동으로 체중을 줄이면 호전된다. 당뇨병 환자에게 권장되는 운동은 유산소 운동이며, 그 중에 언제 어디서나 할 수 있는 걷기가 가장 좋다. 한번에 15분 이상, 하루에 30분~1시간씩, 만보를 걷는 것이 좋다. 운동시간은 혈당이 가장 높아지는 식후 1시간 30분보다 좀 전인 식후 1시간이 가장 좋다.

당뇨병 환자는 준비운동, 정리운동을 반드시 하고, 처음에는 낮은 강도로 짧은 시간 운동하고, 이후 차차 운동량을 늘려야 한다. 혈관, 신경에 생기는 합병증으로 인해 발에 문제가 생기기 쉬우니 조심해야 한다. 운동 중에는 포도당이 근육 속으로 들어가 저혈당이 되기 쉬우니 대비해야 한다.

• 관절염 : 뼈와 뼈 사이를 연결하는 관절에 염증이 생기는 것이다. 주로 칼슘이 빠져나가므로 염증이 생긴다. 퇴행성 관절염은 관절의 물렁뼈가 닳아 없어지므로 생기는 것이다. 또 관절이 붓는 류마치스성 관절염도 있다.

움직이지 않으면 뼈가 약해진다. 사람은 가만히 있으면 뼈의 질량이 줄어든다. 운동을 하면 뼈 속에 칼슘을 넣을 수 있다. 20시간을 누워 지내면 4시간을 움직여야 한다. 우리는 효과적인 운동을 해야 하며, 운동 중에서 체중을 받는 운동인 걷기, 조깅 등이 좋다. 그러므로 관절염을 치료하기 위해서는 뼈 속에 칼슘을 보충하는 걷기운동이 아주 좋다.

관절염 환자는 움직이면 통증이 더해 움직이기를 꺼린다. 그러면 신체는 더 쇠약해진다. 관절염이 있다고 운동을 하지 않으면 나중에는 보행마저 어려워진다.

그러므로 약에만 의존하지 말고 운동을 해야 한다. 운동을 해야 혈액순환이 잘 돼 관절에 생긴 노폐물을 제거하고 산소와 영양분을 공급할 수 있다. 관절 주위의 인대와 근육을 발달시킬 수 있다. 3,4개월 운동을 하면 효과가 나타나게 된다.

관절염은 사뿐사뿐 걸으며 가볍게 걷고 자기 형편에 따라 거리를 잘 조절하여 무리가 되지 않도록 해야 한다. 걷기 중에 수중에서 걷는 것이 좋다. 시간은 15~20분 정도가 알맞다.

• 심혈관 질환 : 심혈관 질환은 심장과 혈관에 나타나는 질병이다. 심장 이상으로 죽는 경우는 전체 사망자의 1/4로 암보다 2.5배 높다. 심장 질환 중 관상동맥 질환은 심장에 혈액을 공급하는 관상동맥이 좁아지거나 막혀서 생기는데 심근경색증, 협심증 등이 있다.

관상동맥 질환의 4대 위험 요인은 고지혈증, 고혈압, 흡연, 당뇨이며, 기타 위험 요인은 가족력, 비만, 운동부족, 스트레스, 폐경 등이다. 그런데 혈중 콜레스테롤 수치가 높아지면 나쁜 콜레스테롤이 생겨 혈관이 좁아지거나 막히므로 심장마비, 심근경색증, 협심증 등의 심장질환과 뇌경색, 뇌졸중, 고혈압 등의 뇌혈관계 질병이 생긴다.

그러니 정상적으로 식사를 하면서 콜레스테롤 함량을 일정하게 유지하는 것이 최선의 방법이다. 그러기 위해서는 운동이 최고이다. 그 중에서 걷기는 심장에 큰 무리를 주지 않으며 오래 지속할 수 있어 매우 좋은 운동이다. 심장기능이 걱정되는 사람에게는 걷기, 수영, 수중운동, 고정식 자전거 타기 등 혈액순환을 촉진할 수 있는 유산소 운동이 좋다. 그 중에도 걷기가 가장 좋다. 런던 국립 심장포럼의 연구 결과에 의하면 일주일을 4~5일간 하루 30분씩만 걷는다면 심장마비의 37%를 예방할 수 있다고 한다. 치료에도 좋은 효과가 있는 것은 물론이다.

발은 아래로 내려간 피가 심장으로 돌아가게 하는데 결정적 역할을 한다. 그래서 발을 '제2의 심장'이라 한다. 그 펌프 작용이 잘되게 하기 위해서는 걸어야 한다. 그러면 펌프작용이 잘되고 피가 원활히 흐른다. 콜레스테롤 수치가 조절되고 혈관이 정상이 되어 심혈관 질환이 예방, 치료된다.

• **요통** : 요통은 참 고통스럽다. 전에는 50~60대에 주로 요통이 나타났으나, 지금은 청장년층에서도 많이 발생한다. 요통이 생기는 요소들은 과다체중, 흡연, 스트레스, 나쁜 자세, 운동부족, 칼슘 섭취 부족 등이다.

척추는 다른 관절과 마찬가지로 뼈와 뼈가 연결되어 있다. 이런 관절은 아무 힘이 없다. 이 관절들이 제 기능을 다하려면 관절을 지탱하고 있는 근육과 인대가 잘 발달해야 한다.

그러기 우해서는 적절한 운동이 필요하다. 세계보건기구(WHO)는 요통 예방과 치료를 위한 방법으로 꾸준한 걷기운동을 추천하고 있다.

걷는 데는 바른 자세가 필요하다. 잘못된 자세는 보기에 좋지 않고 척추나 등, 머리 등에 이상을 가져오며 신경과 골격근의 통증을 유발한다. 따라서 바른 자세로 걷는 것은 꼭 필요하다.

처음 걷기를 시작하는 사람은 매일 아침 10~20분 정도 가볍게 걷는 것이 좋다. 이렇게 4주 정도 계속한 후에 일주일에 10분 정도씩 시간을 늘려나간다 요통은 절대 하루 아침에 고쳐지지 않는다. 적어도 1년 이상 계속해야 한다. 1시간이나 강도를 늘려야 계속 효과를 볼 수 있다.

(2) 정신 건강에 좋다

① 기분 전환

우리는 때때로 기분을 전환해야 할 경우를 만난다. ‘도무지 이대로는 안 된다. 새로운 기분이 돼야 한다. 이대로는 아무 것도 할 수 없다.’ 이러한 생각을 하면서 새로운 기분을 원한다.

걷기는 우리의 삶에 긍정적인 영향을 주는 새로운 경험이다. 똑같은 길을 매일 걷더라도 우리는 언제나 새로운 것을 보는 경험을 한다. 그것은 마주치는 사람일 수 있고, 나무들의 변화가 될 수도 있고, 구름의 움직임이 될 수도 있다. 이러한 사실은 우리의 기분을 전환시켜 준다.

우리는 자연 속에서 걷는 시간을 통해 자신의 내면세계와 만날 수 있다. 아름답고 깨끗한 경치 속에서는 말할 것도 없고, 평범한 길에서도 혼자 걷는 시간은 명상과 기도의 시간으로 나아갈 수 있다. 숨어있는 자신을 발견하고 진솔한 대화를 나눌 수 있다. 완전히 새로운 마음, 기분이 될 수 있다.

② 스트레스 해소

스트레스는 원래 물리학 용어로 물체에 외부의 어떤 힘이 가해졌을 때 일어나는 비틀림 현상을 뜻한다. 이것을 사람에게 적용하면 정신적, 육체적으로 인체에 압박이 가해질 때 몸에 나타나는 일종의 경고 반응이라 할 수 있다.

스트레스는 조기에 치료하지 않으면 심한 육체적 질병을 일으킨다. 성인병의 70%가 스트레스로 인한 것이라는 보고가 있다. 스트레스는 불면증, 불안증, 두통, 신경성 고혈압, 신경성 대장장애, 성불능증, 공격적 성격, 성격 장애 등을 일으킨다. 또 치아를 직접 손상시키거나 증상을 악화시킨다.

빠르게 걷는 것이 스트레스 해소에 아주 좋다. 교통 체증과 소음에서 벗어나 풀밭이나 탁 트인 곳에서 걸으면 금새 스트레스가 날아간다. 이는 걸으면서 자신의 움직임뿐만 아니라 주위의 환경에 집중하게 되므로 머릿속에 가득 찬 고민으로부터 벗어날 수 있기 때문이다. 장기적으로 규칙적인 걷기는 직장이나 가정에서의 힘든 상황을 대처해 나가는 데 도움이 된다.

우리는 여럿이 모여 함양 황석산에 간 적이 있다. 황석산은 정상이 거대한 바위로 뒤덮이고 그 아래로 산성이 있다. 우리 중에는 목회의 어려움으로 심한 스트레스를 받고 있으면서 억지로 온 분도 있었다. 우리가 정상부에 도착했을 때 갑자기 온 산이 캄캄해지고 눈보라가 휘몰아쳤다. 우리는 눈과 함께 식사를 했다. 급하게 반대편으로 내려오는데 눈은 심하게 오고 아주 미끄러웠다. 우리는 긴장하며 급하게 내려왔다. 손발은 시리나 몸에서는 땀이 났다. 거의 다 내려오니 눈은 그치고 하늘은 맑아졌다. 그런데 심한 스트레스에 시달린 그분이 "모든 스트레스가

다 날아갔다. 너무도 기분이 좋다. 이런 경험은 처음이다"라고 하면서 아주 좋아 하였다. 우리는 그 날의 경험을 생각할 때마다 기분이 좋다.

③ 우울증 날리기

젊은이 20명 중 1명, 노인층 7명 중 1명이 우울증에 시달린다. 우울증은 무기력 상태에 빠져 대인관계, 일, 신체적 건강에도 해가 된다. 수많은 사람이 우울증에 빠져 정상 생활을 못하며 생을 포기하기도 한다. 요즘 유명한 정치인, 연예인들의 자살이 늘고 있다. 이러한 우울증은 큰 사회적 문제가 되고 있다.

우울증은 특히 갱년기 여성에게 많이 나타나다. 이유 없이 가슴이 두근거리고 불안하며 외로움을 느끼면서 서글퍼진다. 이러한 현상은 뇌에 신경전달 물질인 '세로토닌'과 '노에리네피린', 뇌하수체 전엽에서 분비되는 '메타-엔돌핀' 등의 호르몬 감소로 인하여 나타난다.

우리는 걷는 모습을 보고 우울증에 걸린 사람을 알 수 있다. 땅을 보고 걷는 사람, 표정이 일그러진 채 걷는 사람, 기운 없이 걷는 사람, 일행이 있는데 혼자서 뒤쳐져 걷는 사람은 우울증일 가능성이 매우 높다.

최근의 연구에 의하면 우울증 치료에는 운동이 최고인 것으로 밝혀졌다. 운동요법이 항우울제 복용과 병행된다면 그 효과가 아주 커진다. 그 이유는 앞서 말한 여러 호르몬이 증가하기 때문이다. 운동 중 걷기는 특히 엔돌핀의 분비를 대폭 증가시킨다. 엔돌핀은 신경체계에 작용하여 통증 완화를 시키고 기분을 상승시킨다.

우울증 환자에게 적당한 운동량은 일주일에 5일간 하루 30분씩 빠른 속도로 걷는 것이다. 한 달이 지나면 자신의 몸이 변하는 것을 느낄 수 있다. 계속하면 치료가 되고 재발을 막을 수 있다.

④ 사회적 효과

현대적인 생활방식은 사람들에게서 사회적 교류의 기회를 앗아갔다. 현대인들은 사람의 홍수 속에서 고독을 느낀다. 각기 자기 생활에 너무 바쁘다. 누구를 만날 시간적 여유가 없다. 아파트에 수많은 이웃이 살아도 자기 삶이 너무 복잡하여 상대할 마음이 생기지 않는다. 이러한 현상은 개인주의로 나가며 사회를 단절 시키며 공동체 의식을 말살시킨다.

많은 건강 전문가들은 고독감을 질병이 원인이 될 수 있는 요소로 본다. 특히 우울증의 큰 원인이 된다. 각종 질병의 치료 효과도 떨어뜨린다. 이러한 형편 속에서 걷기운동은 우리가 밖으로 나가 사회생활을 누릴 수 있는 좋은 기회를 제공한다. 그룹을 만들어 걷는 것은 안전하고 재미있다. 또 다른 사람들과 섞여서 걷기를 계속할 힘을 얻을 수 있다. 나아가서 서로 관심사를 이야기함으로 생각을 나누고 교제를 넓혀 갈 수 있다. 새로운 친구를 얻을 수 있다.

그런데 혼자 걷는 것도 완전히 혼자가 아니다. 걷다보면 이런 저런 사람들을 보게 되고, 만나서 이야기 하게 되고, 함께 걷기도 한다. 걷기운동은 이렇게 사람들의 교제를 넓혀 이 사회가 보다 건전하고 아름다운 사회가 되도록 한다. 다 함께 나아가는 건강한 사회가 되도록 한다.

'걷기'로 인생을 즐겁게

★ 규칙적인 걷기는 심장을 단련시켜주고, 체중을 감소시키고, 체력을 향상시키며 지구력과 유연성을 길러준다. 이 모든 것은 수명을 연장시키고 삶의 질을 향상시키는 역할을 한다.

★ 걷기는 혈액순환을 개선시켜 피부를 더 젊고 건강해 보이게 한다.

★ 스트레스나 초조함으로 고통 받고 있을 때, 걷기는 문제를 보는 시 각을 바로 잡아준다.

★ 걷기는 친구들이나 가족과 함께 대화하고 어울리기에 안성맞춤인 시간이다.

★ 걷기는 당뇨병이나 심장질환, 골다공증, 요통, 천식, 기관지염 등의 질병 개선에 좋다.

★ 운동량을 늘림으로써 밤에 숙면을 취할 수 있게 되며, 전체적인 건 강과 컨디션도 좋아진다.

2. 걷기의 종류

걷는 것은 누구나 하는 것이다. 그러나 그 종류는 아주 다양하다.

(1) 다양한 워킹 - 수에 따라 -

① 혼자서 걷기

걷기운동을 하는 사람들 중에 절반 이상이 혼자서 걷는 것을 선호한다고 한다. 혼자 걸어 보지 않은 사람도 용기를 내어 시도해 본다면 곧 적응이 될 것이다.

혼자서 걷는 것의 좋은 점은 외부의 압력을 받거나 다른 사람의 속도에 맞출 필요 없이 자신이 편한 장소에서 자신의 속도로 자기가 원하는 만큼 걸을 수 있다는 것이다.

혼자서 걸을 때는 개를 친구로 할 수도 있고, 음악을 들으며 걸을 수도 있다. 또 가벼운 명상을 하면서 걸을 수도 있다.

② 소수 걷기

연인끼리, 친한 친구끼리, 혹은 가족끼리 두 셋이서 걷는 방법이다. 서로 마음에 원하면 언제나 쉽게 행할 수 있다.

이렇게 친한 사람끼리 소수로 걷는 것은 서로의 건강을 증진시킬 수 있다. 친한 사람이라도 함께 하기가 쉽지 않은 현대 사회에서 서로의 우의를 다질 수 있다. 함께 걷는 것만으로도 서로의 친밀감이 높아짐은 물론 자유로운 대화를 통해 더욱 좋은 관계를 발전시킬 수 있다.

이렇게 함께 걸을 때에 잘 걷는 사람은 잘 못 걷는 사람을 끌어 줄 수 있다. 혼자 걷는 것과는 달리 조절하여 보조를 맞추는 것이 좋다.

③ 단체 걷기

우리는 여러 사람이 모여 단체로 걸을 수 있다. 인간은 사회적 동물이다 걷기도 이렇게 단체로 함으로 사회성을 기르며 여러 가지 유익을 얻을 수 있다.

단체로 걸으면 계속 자극을 받아 포기하지 않고 계속 할 수 있다. 그룹에 들면 코치를 두는 것과 같다. 우리는 격려와 조언을 받을 수 있고, 안전도 보장받으며 새로운 아이디어도 접할 수 있다. 좋은 친구들을 사귈 수도 있다. 생각과 취미가 같은 사람들은 쉽게 가까워지고 친구가 된다.

그런데 그룹 속에서는 서로를 위해 지킬 에티켓이 있다. 그것은 그룹의 목표를 미리 알고 거기에 맞추는 것이다. 리드의 말을 존중하고 잘 따라야 한다. 언제나 함께 행동해야 한다. 항상 다른 사람들을 잘 살펴야 한다. 언제나 다른 사람을 배려해야 한다. 개를 데리고 가려면 반드시 미리 물어보아야 한다.

(2) 다양한 워킹 – 형태에 따라 –

우리는 보통의 걷기 외에 걸음의 형태에 따라 여러 종류의 걸음을 걸을 수 있다.

① 건강걷기

걷는 것은 누구나 걷는다. 걷기가 대 유행이다. 걷는 사람의 대부분은 건강을 위하여 걷는다. 그런데 건강을 위한 걸음은 제대로 잘 걸어야 한다. 이러한 건강을 위한 걸음을 '건강 걷기'라 하고 설명코자 한다.

걷기를 할 때에는 신체의 다양한 부분들이 함께 작동한다. 따라서 완벽한 테크닉을 위해서는 전체적인 자세를 바로잡아야 한다. 바른 자세를 위해서는 신체의 각 부분을 차례대로, 체계적으로 교정해 나가야 한다.

• 발 – 배를 당기고 등을 곧게 편다. 그러면서 발을 내 딛는데 가장 먼저 뒤꿈치 바깥 부분이 바닥에 닿도록 한다. 그 다음 허리를 내밀듯이 몸을 앞으로 움직이면서 몸의 중심을 앞쪽으로 이동시킨다. 이 때 자연스럽게 발바닥 전체가 바닥에 닿도록 한다. 몸의 중심이 앞으로 이동했으면 '다른 쪽' 발을 내딛을 수 있도록 엄지발가락에 힘을 주면서 발뒤꿈치를 들어준다.

• 다른 부분 – 다리와 무릎의 근육은 걸을 때 이완되어 편안한 상태여야 한다. 몸을 바르게 유지하고 배 근육에 힘을 준다. 골반은 앞으로 당긴다. 등을 펴고 가슴을 연다. 어깨의 힘을 빼고 긴장을 푼다. 머리를 편안하게 하고 목을 과도하게 움직이지 않는다. 시선은 눈높이가 되도록 한다.

그런데 건강 걷기는 너무 심한 운동이여서도 안 되고 너무 가벼운 운동이여서도 안 된다. 한번에 30~60분, 일주일에 5일 정도 하는 것이 좋다. 운동 강도를 좀 높여 땀이 좀 나도록 속보로 걸어야 한다. 1분에

120보 정도의 속보로 60분을 걸으면 7천보 정도 걷는 것이 되며, 거리로 6㎞정도가 된다. 그런데 운동 전문가들은 건강한 사람들의 경우에 하루에 만 보, 즉 8㎞ 정도의 거리를 걷도록 권한다.

이러한 건강 걷기는 가장 간단하고 돈이 들지 않으므로 누구나 할 수 있다. 그러나 가장 효과가 크다. 걷는 운동은 몸 근육의 60~70%를 움직여 모든 장기 조직의 혈류를 왕성하게 한다. 인간은 다리의 힘이 없어지면 건강과 젊음까지 잃게 된다. 우리는 건강 걷기를 계속 하므로 건강을 지키고 젊음을 유지 할 수 있다.

② 러닝머신(트레드밀)

헬스장에서 인기 있는 것은 러닝머신이라 불리는 트레드밀이다. 그것은 남녀노소 누구나 즐길 수 있고 허리, 무릎, 발 등의 관절에 무리가 가지 않도록 운동 강도를 조절 할 수 있어 좋다.

트레드밀은 걷기, 조깅, 달리기 등으로 자신의 체력에 따라 조절하므로 페이스나 기술 향상은 물론 목표 설정에 알맞게 가장 안전하고 편안하게 걸을 수 있다. 트레드밀은 심장 혈관계와 순환계를 원활하게 해서 체중을 빠지게 하는데 매우 효과적이다.

주 3회 이상 하고, 준비 운동으로 5~10분 정도 가볍게 걸은 후 본격적으로 30~50분 동안 걷는다. 정리 운동도 5~10분 정도 한다. 좀 익숙해지면 조금씩 속도와 경사도를 높이고 좀 힘들 정도로 한다.

트레드밀을 걸을 때의 바른 자세는 머리는 들고 허리를 곧게 펴며, 팔은 앞뒤로 크게 스윙하며 걷고, 무릎은 약간 굽힌 상태를 유지한다. 보폭은 평소보다 약간 넓게 하고 발뒤꿈치가 먼저 닿도록 하면서 지면을 차듯이 걷는다.

③ 맨발 걷기

'제2의 심장'이라 불리는 발은 몸을 지탱하는 중요한 부위로 26개의 뼈와 100여 개의 인대로 되어 있다. 원시인들은 오랜 세월 동안 맨발로 다녔고, 지금도 오지의 원주민들은 맨발로 걷고 있다. 맨발로 걸으면 전신의 혈액순환이 좋아진다. 발까지 내려간 피가 다시 심장으로 힘차게 되돌아가도록 발에 자극을 주기 때문이다. 또 온 몸의 신경이 자극을 받아 신체의 장기 기능이 좋아진다. 모든 장기와 연결되는 신경이 발의 각 부위에 와 있다. 또 피로가 풀리고 기분이 좋아진다. 아울러 머리가 맑아진다. 발가락의 퇴화도 예방할 수 있다.

이러한 사실을 알게 된 많은 사람들이 맨발 걷기를 시도하고 있다. 이러한 맨발 걷기 붐을 따라 전국 방방곡곡, 공원이나 유원지에 많은 맨발 걷기 코스들이 만들어지고 있다. 그러나 이렇게 인위적으로 만든 코스들은 신발에 과보호된 현대인들의 발에 큰 부담을 준다. 그러한 인위적인 요소들 보다 자연 상태 그대로인 숲속 오솔 길, 흙으로 된 뚝 길, 모래 사장 등이 더 좋다.

맨발 걷기를 하는 데는 주의할 점들이 있다. 먼저 준비운동을 꼭 해야 한다. 꼭꼭 숨겨둔 발가락 근육까지 사용해야 되므로 발가락 관절을 풀어주어야 한다. 식사 후 1시간 이후에 해야 한다. 식사 후 곧바로 하면 위에 부담이 된다. 맨발 걷기는 10~30분 정도 하는 것이 좋고 처음에는 10분 정도 하다가 조금씩 늘려야 한다.

맨발 걷기는 누구에게나 좋은 것이 아니다. 어떤 사람에게는 큰 상처가 될 수도 있다. 임산부와 노약자는 하지 않는 것이 좋다. 발에 상처가 있거나 당뇨병 환자도 피하는 것이 좋다. 생리중인 여성도 마찬가지다.

④ 뒤로 걷기

요즘은 뒤로 걷는 사람도 자주 볼 수 있다. 왜 뒤로 걷는가? 뒤로 걸을 때는 주로 장단지 근육과 아킬레스건이 사용되는데, 이 두 근육이 단련되면 혈액 순환이 활발해진다. 발바닥에는 대뇌를 비롯한 온 몸의 흐름을 좋게 하는 경락이 있는데 이들을 자극하는 것이 좋다. 뒤로 걸으면서 엄지발가락에 힘을 주면 발바닥의 경락을 자극하는 것이 된다. 뒤로 걷기는 다리 근육이 굳어서 많이 걷기 힘든 사람, 무릎을 수술했거나 허리 인대가 늘어난 사람에게 좋은 운동이다. 또 뒤로 걸으면 방향 감각이 키워진다.

뒤로 걷는 것은 앞으로 걷는 것보다 운동량이 3배나 된다. 10분 뒤로 걷기를 하면 앞으로 걷기를 30분 한 것과 같다. 때문에 많은 시간을 낼 수 없거나 좁은 공간에서 운동하는 사람에게 좋다.

그리고 뒤로 걸을 시는 항상 먼저 장애물이 없는가를 확인해야 한다. 앞으로 걸을 때와는 반대로 발 앞꿈치를 먼저 닿게 하고, 이어서 뒤꿈치를 닿게 한다. 한 번에 뒤로 걷는 거리는 10m정도가 되게 한다. 신발은 조금 넉넉한 것이 좋다. 장소는 잔디밭이 좋다. 뒤로 걸으면 쓰지 않는 근육을 갑자기 움직이게 되므로 근육과 관절에 무리가 갈 수 있다. 또 익숙하지 않아 몸의 균형을 잃어 다칠 수 있다.

⑤ 네발 걷기

네발 걷기는 손을 앞발처럼 하며 기는 것을 말하고 짐승처럼 걷는 것을 말한다. 이것은 너무도 생소한 걸음이다.

인간은 동물 중에서 유일하게 직립보행을 한다. 그래서 두 손을 사용하므로 여러 가지 일을 하고 문화를 발전시켰다. 앞을 보고 멀리 보고 위를 보므로 큰 이상를 가지고 자연을 지배하게 되었다. 그 대신에 다른 짐승과는 달리 허리에 과중한 부담을 받아 요통을 겪는 사람이 많다.

그런데 우리 인간도 어릴 때는 누구나 다 네 발로 걸었다. 그러다가 어느 날 두 발로 걷게 되었다. 힘이 없으면 네 발로 길 수 밖에 없다. 그리고 산에 가도 어느 정도의 경사에서는 지팡이를 사용한다. 그러나 아주 급경사나 철 계단, 바위 길을 만나면 지팡이를 버리고 기어 올라간다. 네 발로 기어 올라가는 것이 제일 힘이 덜 들고 안전하다. 그런데 우리는 이러한 걸음을 편안한 길에서도 해 볼 수 있다.

우리는 네발 걷기를 하므로 직립보행을 하도록 하신 하나님께 감사할 수 있다. 그리고 엎드려 걸으므로 겸손을 배울 수 있다. 허리에 부담을 줄이고 팔의 힘을 기를 수 있다. 무릎이나 발목이 안 좋은 사람이 쉽게 갈 수 있는 걸음이다. 숨을 쉽게 쉬고 깊은 호흡을 할 수 있다. 난코스를 쉽게 통과할 수 있다. 그런데 이 네발 걷기는 아무래도 너무 특별하므로 사람들이 보는데서 하기는 좀 곤란할 것이다. 그리고 손에는 반드시 장갑을 끼어야 한다. 등에 큰 배낭을 지는 것은 곤란하다.

⑥ 용천 지압 걷기

'용천'(龍泉)은 '샘물이 땅 속에서 분출하듯이 인체에 있는 생명의 기가 샘처럼 솟아오른다' 는 뜻을 담고 있다. 용천의 위치는 발바닥 길이를 삼등분했을 때 앞 쪽에서 1/3이 되는 곳으로, 사람 人 자 모양으로 갈라진 곳이다.

용천에 지압을 하면서 걸으려면 바르게 선 자세에서 몸을 1도 정도 앞으로 기울이고 걸으면 된다. 그러면 몸의 중심을 발바닥 용천에 두고 걸으므로 지압이 된다. 그리고 용천에서 발가락까지 힘을 주고 땅을 움켜쥐듯이 걸어야 한다.

그런데 그렇게 하면서 몇 가지 주의할 것이 있다. 먼저 발이 11자가 되도록 걸어야 한다. 11자로 걸으면 척추가 바르게 되고 기혈순환이 원활해진다. 그 다음에 꼬리뼈를 말고 걸어야 한다. 꼬리뼈를 말면 항문이 조이고 엉덩이가 올라간다. 그리고 정면을 바라보고 신나게 걸어야 한다. 또 바른 자세로 몸 전체를 느끼면서 걸어야 한다.

용천 지압 걷기는 유익이 많다. 관절이 유연해지고 하체 근육에 힘이 생긴다. 단전, 손발이 따뜻해진다. 머리가 맑아진다. 자세가 바로 된다. 몸에 힘이 생기고 마음이 편해진다. 배에 군살이 빠진다. 우울증이 사라지고 성격이 밝아진다.

(3) 다양한 워킹 – 코스에 따라 –

우리는 익숙한 장소도 좋지만 다양한 장소에서 걸으므로 신선함과 많은 유익한 경험을 할 수 있다.

① 도시에서의 걷기

도시에서 살며 바쁜 사람들은 그 도시에서 걷는 것이 여러 가지로 좋다. 잘 생각해 보면 도시는 길이 잘 되어 있고 공원이나 강둑이 잘 정비되어 걷기에 좋은 곳이 많다.

도시에서 걸을 때에 고려해야 할 사항이 있다. 언제나 보도 위나 공원 지역을 벗어나지 말라. 조용한 길을 미리 잘 알아두라. 될 수 있는 한 흙길을 찾아 걸어라. 교통체증이 있는 시간대나 장소를 피하고 밤에는 야광 옷을 입는 것이 위험을 방지할 수 있다. 주변 사람들의 요구에 관해 주의를 기울여야 한다.

도시는 걷는 자에게 많은 장애를 주기도 하나 또 한편으로는 여러 가지 즐거움과 흥분을 선사해 주기도 한다. 우리는 걸으면서 많은 사람, 건물, 자동차, 뜻밖의 일들을 구경할 수 있다.

② 실내 걷기

우리는 도시의 아주 분주한 곳에 살므로 마땅한 장소를 찾기 힘들거나, 눈비가 오거나 악천후일 때 실내에서의 걷기를 시도할 수 있다.

실내 걷기를 하기 쉬운 흔한 장소는 체육관이나 스포츠 센터, 대형 마트 등이다. 체육관은 비교적 넓은 장소를 제공한다. 스포츠 센터에는 러닝머신 등의 기구들이 갖추어져 있다. 대형마트는 좀 붐비기는 하나 냉난방시설이 잘 되어 있고 편의시설도 가까우며 구경거리도 많다. 그런데 이러한 실내에서의 걷기는 강도 높게 하기는 좀 힘들 것이다. 그리고 실내에서는 다른 사람에게 방해되지 않도록 신경 써야 할 것이다.

③ 계단 걷기

계단 걷기는 현대 도시인들에게 아주 쉽게 할 수 있는 좋은 운동이다. 특정한 시간과 장소와 비용부담이 없이 누구나 쉽게 할 수 있는 더 없이 좋은 운동이다. 그러나 그것은 좀 힘들고 엘리베이터 등의 편리한 기구가 많으므로 잘하지 않는다. 운동이 부족한 사람들은 되도록 계단을 걸어보라.

계단 걷기는 발목, 무릎, 다리의 근육에 실리는 몸무게가 무거우므로 운동량이 크게 늘어난다. 또한 허리, 무릎, 엉덩이의 관절에 있는 인대와 근육이 힘을 받기 때문에 효과적인 운동이 된다. 그런데 무릎이나 허리의 관절이 안 좋은 사람은 좀 심한 압박이 가해지므로 무리가 될 수 있으니 좀 조심해서 천천히 걷는 것이 좋다.

④ 시골길 걷기

시골은 복잡하지 않고 한적하며 자연이 살아있다. 시골에는 걸을 수 있는 곳이 많다. 골목, 논밭 주변의 농로, 논밭 뚝, 야산 주변 등에서 걸을 수 있다. 그러나 미리 자기가 원하는 시간에 걸을 수 있는 코스를 잘 알아두는 것이 좋다.

시골길을 걸을 때 우리는 자연의 풍경과 소리를 즐기고 계절의 변화를 느끼면서 자연이 주는 평온함 속에 빠질 수 있다. 우리의 마음은 일상의 무게에서 해방되어 자연의 신비한 리듬을 향해 열리게 된다.

시골길을 걸을 때는 날씨 변화에 대비해야 한다. 여분의 겉옷과 방수옷을 준비하는 것이 좋다. 바지와 긴소매 옷을 입고, 목이 긴 신을 신는 것이 좋다.

⑤ 물가에서의 걷기

물은 우리의 정서에 많은 영향을 미치며 아름다운 배경을 제공한다. 물이 있는 환경은 매우 다양하며 아주 좋은 걷기 장소가 된다. 바다, 강, 시내, 연못 등의 주변을 걷기 코스로 택해 보자. 이러한 길을 걷는 것은 건강을 물론 정서에도 아주 유익하다.

화창한 날씨에도 비나 바람이 부는 날에도 바닷가는 걷기에 아주 좋은 장소다. 하루의 시작이나 끝을 바다에서 맞는 것은 멋진 일이다. 해변 모래 위를 걷는 것은 다리 건강에 아주 좋다.

시내나 강물을 따라 난 길은 아주 낭만적이고 변화가 많다. 물새와 벌레들의 소리로부터 보트나 작은 배를 타고 있는 사람에 이르기까지 강둑에는 보고 들을 것이 많다. 우리는 이러한 광경을 보면서 여유 있게 걸을 수 있다.

호숫가는 걷기에 아주 좋은 코스다. 호숫가를 걷기로 한다면 돌아오기까지의 시간을 잘 예측해야 한다. 큰 호수는 보기와 많이 다를 수 있다.

그런데 우리가 어떤 이유에서든 물속에 들어가거나 강을 건너야 한다면 매우 조심해야 한다. 물은 빛을 반사하기 때문에 아무리 맑은 물도 깊이를 판단하기 어렵다. 강바닥은 실제보다 가깝게 보인다. 비가 많이 오는 때는 범람에 주의해야 한다.

⑥ 물속 걷기

관절염, 요통, 몸이 너무 무겁거나 체력이 약한 사람은 운동을 하고 싶어도 제대로 하지 못한다. 하지만 이런 사람도 물속에서는 모든 걱정이 사라진다.

물속에서 걷는 것은 물의 저항을 이용한 운동이므로 물속에서 움직이는 면적이 커질수록 저항을 많이 느끼게 되고 운동효과도 더 높아진다.

우선 지상에서 걷는 것보다 팔, 다리의 동작을 크고 힘 있게 한다. 등을 곧게 펴고, 앞을 보고, 팔은 90도로 구부리고 힘차게 흔든다. 다리는 평소보다 무릎을 많이 올린다. 한발 한발 정확한 자세로 나아간다. 발은 발바닥 전체를 이용해서 걷는다. 운동의 효과를 거두기 위해서는 매번 20~50분, 일주일에 3일 이상해야 한다.

수중 워킹은 다른 운동보다 안전하고 효과도 뛰어난다. 물의 부력 때문에 체중이 1/3로 느껴진다. 70kg인 사람은 21kg정도의 무게를 받는다. 그러므로 관절과 근육에 충격이 적고 다칠 일이 거의 없다. 수압이 사방에서 작용하므로 근력이 발달한다. 복부가 수압에 의해 압박을 받으므로 복식호흡이 되고 호흡근이 강화된다. 이러한 장점들 때문에 수중 워킹은 오래전부터 재활 분야에서 많이 활용되었다.

수중 운동에도 주의 사항이 있다. 물에 들어가기 전에는 먼저 준비운동을 충분히 한다. 물에 들어갈 때 심장에서 먼 곳부터 물을 적시고 들어간다. 식사 직후나 심신이 피로할 때는 쉰다. 물의 사정을 잘 모르면 깊은 곳이나 불결한 곳은 피한다. 안 좋은 증상이 있을 때는 즉시 중지하고 밖으로 나온다. 사고가 났을 때는 주위 사람들에게 신속히 도움을 요청한다.

⑦ 숲속 걷기

우리는 울창한 숲에 있는 것만으로도 상쾌함을 느끼고 기분이 좋아진다. 그것은 숲에서 나오는 건강 보조제인 피톤치드와 테르펜 때문이다.

식물이 자신의 상처 부위에 침입한 각종 세균으로부터 자신을 보호하는 물질인 피톤치드는 산 속에서 느끼는 향긋한 숲 냄새의 성분으로 인간의 피부를 자극시켜 상처부위를 소염, 소독하고, 증상을 완화시키는 약리 작용을 한다. 그리고 테르펜은 쏘는 듯한 향기가 있는 성분으로 피톤치드의 역할도 하면서, 곤충을 유인하거나 억제하고 다른 식물의 생장을 방해하는 역할도 한다. 이것은 신체의 활성화를 돕고 마음을 안정시키며 살균, 살충 효과도 있다. 그리고 숲은 조용하고 아늑하여 안정감과 푸근함을 준다. 한 여름도 시원하여 더위를 잊게 한다. 새소리, 물소리, 바람소리는 지친 마음을 어루만지는 음악이 된다.

이러한 숲에서 걷는 것은 육체적으로, 정신적으로 아주 좋다. 더운 때도 그늘지고 시원하여 걷기에 좋다. 한 여름 너무 더워 운동하기 힘들 때에 하기에 알맞다.

그런데 숲길은 오솔길이 있다. 오솔길은 우리 조상들이 옛날부터 원시적 생활을 하면서 날마다 다닌 생활길이다. 숲속에서 생긴 지형대로 적응하여 다닌 좁은 길이다. 그런데 이런 오솔길은 개발에 밀려 많이 망가지고, 숲이 울창하고 사람들이 안감으로 많이 사라졌다.

지금 우리가 걸을 수 있는 숲길은 전국 곳곳에 생긴 삼림욕장, 휴양림 식물원 등이 있다. 그런 곳은 숲이 울창하고 자연경관이 좋은 곳에 길을 잘 내고 편의시설을 잘 하였으므로 걷기 좋고 안전하다.

(4) 다양한 워킹 – 고난도 걷기 –

어느 정도의 체력을 가지고 나면 다양한 스타일의 걷기를 시도하고 싶어진다. 그것은 고난도의 걷기가 된다. 고난도 걷기는 강한 체력이 요구되고 새로운 테크닉을 익혀야 한다. 그런데 이러한 걷기는 심장혈관을 단련시켜 주면서도 달리기 보다는 부상 위험이 훨씬 적다.

① 하이킹, 트레킹

이 둘은 자연 속에서 장시간 걷는 것이다. 산을 걸어도 등산은 정상 정복을 목표로 하나 이것은 그렇지 않다. 그래서 심리적 부담이 없고 여유롭고 재미있다. 이 둘은 자연 속을 걷는 재미에서는 같으나, 트레킹 쪽이 더 길고 강도가 높다. 이 둘은 보다 먼 곳을 탐험할 수 있게 하며, 멋진 경관과 자연을 접하게 하고 일상에서 장시간 떨어져 있게 한다.

출발하기 전에 코스를 미리 익혀두어야 한다. 필요한 것들을 잘 챙기되 무겁지 않도록 해야 한다. 여러 날이 된다면 더욱 준비를 잘해야 한다. 눈비가 올 시를 대비해 옷을 준비해야 한다. 신발은 운동화나 하이킹 부츠를 신어야 한다.

하이킹, 트레킹 코스로는 해안선을 따라 이어지는 도로 강 따라 가는 길, 큰 재를 넘어 다른 지방으로 가는 길, 요즘 개발하는 지리산 둘레길 등이 좋다. 히말라야나 알프스의 언덕을 눈 덮은 고봉들을 바라보며 걷는 기회를 가진다면 더 없이 좋을 것이다.

하이킹이나 트레킹은 인적이 드문 생소한 지역을 가게 되므로 여럿이서 하는 것이 서로 도움이 되고 안전하다. 만일 혼자서 한다면 너무 위험한 지역은 피하고 자신의 행선지를 반드시 누구에게 알려야 한다.

② 걷기 마라톤

여러 유형의 걷기 중에서 걷기 마라톤은 가장 힘든다. 걷기 마라톤은 26.2km 코스가 있고 5km, 20km코스도 있다. 걷기 마라톤은 달리기 마라톤과 함께 개최되는데 후자를 방해하지 않도록 하기 위해 그 근처 지

역에서 한다. 해마다 열리는 만리장성 걷기대회는 인기가 대단하다 참가자들은 3,700개의 계단을 걸어올라 가야만 한다.

걷기 마라톤을 하기 위해서는 준비를 잘해야 한다. 처음에는 하루 최소한 30분을 걷는다. 걷기 양은 매주 15분씩 늘려 간다. 걷기대회에 참가하기 위해서는 15~18주의 준비가 필요하다. 일주일에 3일을 ‘집중훈련의 날’로 잡고 첫 주에는 2시간의 장거리 걷기를 넣는다. 5주째에는 이것을 3시간으로 늘리고, 14주째는 5시간이 되도록 한다.

걷기 마라톤은 강한 운동으로 체력을 단련함은 물론 많은 사람이 참가하므로 서로 사회성을 기르고 교제할 수 있다. 또 다른 사람과 자기의 역량이 어느 정도인지 알아볼 수 있다. 그러나 지나친 경쟁심에서 무리하게 하지 않도록 해야 한다. 나아가서 다른 참가자에게 방해가 되지 않도록 조심해야 한다.

③ 등산

요즘 등산 인구가 급증하고 있다. 도시생활에 지친 사람들이 산으로 발길을 돌린다. 휴일에 유명한 산은 사람들로 가득하다. 세계적인 고봉에 오르는 산악인들도 점점 늘어간다. 우리나라는 건강을 위해 등산하기 좋은 산들이 즐비하고 경치도 빼어나 감탄할 만한 산들이 많다.

요즘은 등산하는 이들 중에 백두대간 등의 긴 산맥을 장기간에 걸쳐 종주하는 사람들이 늘고 있다. 이것은 강한 체력은 물론 많은 인내심과 꼭 이루려고 하는 강한 성취욕이 있어야 한다. 그런데 이러한 종주는 성취한 큰 기쁨 외에 체력의 증진이 있고, 자연을 통한 수많은 경험을 하게 한다.

등산은 하체 근육발달에 아주 효과적이다. 몸의 건강뿐만 아니라 정상을 정복했다는 기쁨, 종주를 했다는 성취감도 느낄 수 있다. 자연과 함께 걸으며 오염되지 않은 맑은 산소와 음이온이 가득한 공기를 마실 수 있다. 계절의 변화에 따라 산의 아름다움을 감상하면서 마음의 건강까지도 챙길 수 있다.

특히 숲속에서 피톤치드와 테르펜을 마실 수 있다. 전자는 식물에게서 나오는 것으로 우리의 피부를 자극시켜 상처부위를 소염, 소독하고, 그 증상을 완화시키는 작용을 한다. 그리고 후자는 신체의 활성화를 돕고, 마음을 안정시키며 살균, 살충효과도 있다.

산행 중 평지에서 걸을 때는 양 어깨의 힘을 빼고 편한 자세로 상체를 펴고 배를 당기는 기분으로 걷는다. 일정한 속도와 호흡을 유지해야 한다. 경사면을 오를 때는 보폭을 작게 한다. 팔도 보폭을 맞추어 살짝 흔든다. 경사진 바윗길을 오를 때는 앞발을 구부려 체중을 싣고 잘 보고 딛는다. 경사가 급할수록 무게중심을 앞꿈치로 옮긴다. 계단에서는 발

전체가 계단에 닿게 한다.

경사면을 내려올 때는 걸음을 천천히 한다. 내려오는 길이 더 위험하다. 미끄러운 길에서는 지팡이를 사용해야 한다. 바위를 내려갈 때는 경사가 급할수록 자세를 낮추고 발전체에 체중을 실어준다.

산행을 할 때는 천천히 걸어야 한다. 휴식은 처음 몇 번은 15~20분 정도 걷고 5분 쉬고, 차츰 30분 걷고 5~10분 쉬고, 적응이 되면 1시간 걷고 10분씩 규칙적으로 쉬는 것이 좋다. 지나친 휴식은 신체의 리듬을 방해하고 산행을 다시 시작하기에 힘든 상태가 된다.

등산은 좋으나 주의할 것도 많다. 해마다 조난당하여 생명을 잃거나 부상당하는 사람이 늘고 있다. 등산을 할 때는 숙이고 걸으므로 허리에 스트레스를 주어 통증이 생길 수 있다. 그러므로 허리가 아픈 사람은 주의해야 한다. 저체온증도 주의해야 한다. 저체온증은 35도 이하로 떨어지는 것이다. 그렇게 되면 기운이 빠지면서 의식을 잃게 되므로 속히 병원으로 가야 한다. 발목을 삐었을 때는 일단 쉬게 하고 계곡물로 냉찜질을 한다. 그리고 붕대로 압박하고 고정한다. 그 후 구조대원의 구조를 요청한다.

등산 시 꼭 기억할 것

★ 능력에 맞는 등산 코스를 선택한다.

★ 산을 오르기 전에 스트레칭과 준비 운동을 하고, 적당히 쉬면서 산에 오른다.

★ 날씨 변화에 대응할 수 있도록 얇은 옷을 여러 겹 입는다.

★ 응급상황에 언제든지 연락을 할 수 있도록 미리 핸드폰을 충전해 놓는다.

★ 오전과 오후 날씨를 반드시 확인한다.

★ 간단한 응급 처치법을 익히고, 당뇨나 심혈관 질환자는 응급약을 반드시 챙긴다.

★ 눈이나 비가 온 뒤에는 특히 주의한다.

★ 어두워질 경우를 대비하여 손전등을 꼭 챙긴다.

★ 혼자보다는 동료들과 같이 산행한다.

★ 비상 음식이나 간식, 음료수는 미리 챙긴다.

④ 국토순례

근래에 와서 우리 땅을 걸으려는 사람들이 늘고 있다. 일찍이 세계 오지 여행가인 한비야 씨는 전남 끝에서부터 강원도 고성까지 두발로 걷고 보고 느낀 것을 책으로 썼다. 요즘은 방학에 청소년들이 단체로 그런 행사를 하는 것을 볼 수 있다. 전국토 순례가 아니더라도 지방별로 답사를 하는 사람들이 꾸준히 늘고 있다.

이러한 분위기를 타고 새로운 문화생활과 여행문화 창출을 위해 문화체육관광부가 '스토리가 있는 문화생태탐방로' 프로젝트에 들어갔다.

'스토리가 있는 문화생태탐방로'란 늘어나는 도보관광 수요에 부응하고 새로운 여행문화의 창출, 친환경 관광 상품의 확충을 위한 것으로 각 지역의 아름다운 자연과 문화, 역사자원을 특성 있는 스토리로 엮어 국내외 탐방객들이 느끼고 배우고 체험할 수 있는 도보중심의 길을 말한다. 문화부는 이 프로젝트를 통해 자연과 사람, 마을과 문화가 어우러져 품격 있는 문화스토리가 흐르는 길을 만들어 국내외 관광객들에게 제공하겠다는 비전을 제시했다.

테마가 있는 길 조성

본 프로젝트는 문화형, 생태형, 복합형으로 구분하고 문화형은 ① 역사문화형(옛길, 순례길 등) ② 예술문화형(소설길 등) ③ 생활문화형(마을길 등)으로 재구분해 테마(스토리)가 있는 길을 조성해 나간다.

길의 공간범위는 옛길 4대강, DMZ, 백두대간, 남해안권 등 우리 국토의 선형공간을 대상으로 해 다양한 테마가 흐르는 길이 구축된다.

계획 중인 길로는

▲낙동강 따라 역사문화투어로드 ▲섬진강 따라가는 문학길 ▲삼남대로 따라가는 정약용 유배길 ▲보부상길 ▲이순신. 섬. 공룡. 습지 등을 테마로 한 남해안권 테마길 ▲DMZ주변 평화, 생명의 길 ▲원효대사 순례길 ▲슬로시티 체험길 ▲서편제 소리길 등이 있다.

다양한 탐방프로그램 및 인센티브 제공

'스토리가 있는 문화생태탐방로' 프로젝트는 우리 국토의 선형공간을 대상으로 문화가 흐르고 생태가 살아 숨 쉬는 친환경적인 녹색문화여행길을 조성하고 이 길 위에 청소년여행문화학교 운영 등 다양한 탐방프로그램과 인센티브를 제공한다.

문경새재 과거 길은 문경시가 2004년부터 '문경새재 과것길 달빛사랑여행' 이라는 걷기코스를 마련해 관심을 끌었다. 새재 1~2관문 왕복 7km 황톳길을 걷는 이 프로그램에는 그동안 1만5000여 명이 참가했다. 올해도 다음 달 11일부터 격주로 토요일에 마련된다.

퇴계 이황과 원효대사, 충무공 이순신 장군 등의 흔적이 남아 있는 '역사의 길' 이 되살아났다. '걷기' 에 대한 일반인의 관심과 역사문화를 복원하려는 지방자치단체들의 노력이 맞아떨어지면서 역사의 길에 대한 관심도가 높아지고 있는 것이다.

경북도는 30일 선조들이 다니던 낙동강 유역과 백두대간의 '영남 옛길' 1000km를 지역별로 특색 있게 복원해 테마형 생태문화 탐방길로 만드는 구상을 밝혔다. 이황이 사색을 하던 경북 안동의 퇴계 오솔길과 봉화군 청량산의 예던길(선비들이 다니던 길)을 잇는 20km를 지난해부터 시범적으로 조성한 데 이어 올해부터 추풍령 옛길, 안동 간고등어길 등 영남 옛길 뿐 아니라 멀리 울릉도의 우산국 옛길까지 생태문화탐방길을 복원 조성할 계획이다.

2015년까지 옛길 1000km를 모두 복원하는 한편 옛길 주변에 흩어져 있는 종택과 주막, 역사(驛舍) 등을 함께 되살려 '이야기가 흐르는 영남 옛길'을 꾸민다는 구상이다. 경주~청도~영천에 걸쳐 남아 있는 화랑 훈련장을 따라 신라 청년정신의 상징인 화랑도를 체험해보는 화랑체험길도 올부터 추진한다.

경남도가 추진하는 '이순신 장군 백의종군로'는 충무공이 백의종군했다가 다시 삼도수군통제사로 임명되기까지 '고난의 길'을 체험하는 길이다. 삼도수군통제사였던만큼 경남뿐 아니라 전라도의 자치단체도 참여해 지역의 경계를 뛰어넘는 '소통의 길' 역할도 기대된다.

경남도는 최근 전남 여수시와 순천시의 담당자들이 참석한 가운데 백의종군로 조성에 관한 최종 회의를 열고 올해 말까지 조성을 마무리할 계획이다. 진주~사천~하동~산청~합천을 잇는 백의종군로 161km를 조성해 이순신 장군이 1597년 머물렀던 합천군 율곡면 이어해 집과 진주시 수곡면 손경례 집 등을 올가을까지 복원할 계획이다. 이어해 집은 충무공이 40일 동안 지낸 곳이며 손경례 집에서는 3일 머물다 수군통제사로 다시 임명됐다.

우리 땅엔 걷고 싶은 길이 널려 있다. 마음만 먹으면 큰 돈 들이지 않고 얼마든지 이을 수 있다. 다행히 정부와 지자체에서 그러한 계획을 세우고 노력하고 있으니 기대가 크다.

걷고싶은 강원… 명품길 줄잇는다

강원도 곳곳에 제주 올레길과 맞먹는 특색 있는 명품길들이 조성된다. 춘천시는 올해 말 경춘선 복선전철 개통에 따른 수도권 관광객 유치를 위해 '봄내길' 조성에 나섰다. 자연과 문화가 어우러져 사람들이 걷고 싶은 길로 만들겠다는 구상이다. 이번에 조성되는 길은 신동면 증리 김유정 문학촌 인근 금병산 일대의 실레이야기길, 신사우동과 근화동 일원의 호수길, 서면 당림리와 덕두원리의 석파령 너미길, 남산면 강촌의 물깨말 구구리길 등 4곳이다. 춘천시는 다음 달 중 걷기 홍보물을 만들어 수도권에 집중 배포하고, 6월 걷기대회를 열 계획이다. 이어 10월에는 김유정 마을길 걷기대회와 목조계단, 쉼터, 이정표, 안내판 설치 등이 이뤄진다.

평창군도 올해부터 9억 원을 들여 자연의 아름다움과 예스러움이 깃든 '산림 수도(首都) 700리길'을 조성한다. 오대산 사거리~동피골 야영장 4.6km의 월정사 옛길을 새 단장하고 물레방아~무이예술관~이효석문학관 6.4km는 효석문학숲길로 만든다. 또 이효석 선생의 소설 '메밀꽃 필 무렵'의 주인공 허생원과 동이가 걸었

강원 평창군이 월정사 옛길로 새롭게 단장한 오대산 숲길
〈사진 제공 평창군〉

던 봉평면~평창읍 60km를 '허생원과 동이길'로 조성할 계획이다.

횡성군은 가칭 '횡성 올레길'을 만든다. 횡성군이 지역 내 걷기 좋은 코스를 개발해 조성할 횡성 올레길은 '안흥찐빵 사러 가는 길', '달구지길', '소 팔러 가는 길', '시장 가는 길' 등의 스토리텔링이 있는 길이다.

양양군은 6·25전쟁 당시 38선을 처음 돌파한 지역임에 착안해 '38선 산소길'을 만든다. 현북면 잔교리 38휴게소~서면 서림리 현서분교 38km로 숲속길을 자연친화적으로 복원하고 안내판, 전망대 등의 편의시설을 설치한다. 군은 상반기까지 길 조성을 완료한 뒤 올해 10월 1일 38선 돌파 60주년을 기념해 '범국민 38선 걷기대회'를 열 계획이다.

속초시는 영랑호변 8km를 '화랑도순례 산소길'로 조성해 화랑도 체험장, 장사동 횟집촌 등 관광지와 연계하기로 했다. 철원군도 용화동~승일교~고석정~지경리 10km를 수려한 자연경관과 금강산 철도 등 역사의 흔적을 느낄 수 있는 '금강산 가던 길'로 조성한다. 이무철 춘천시 관광기획담당은 "제주 올레길의 성공으로 걷고 싶은 길에 대한 국민의 관심이 크게 높아졌다"며 "경춘선 복선전철이 개통되면 수도권과의 접근성이 크게 좋아져 많은 관광객들이 봄내길을 찾을 것으로 기대한다"고 말했다.

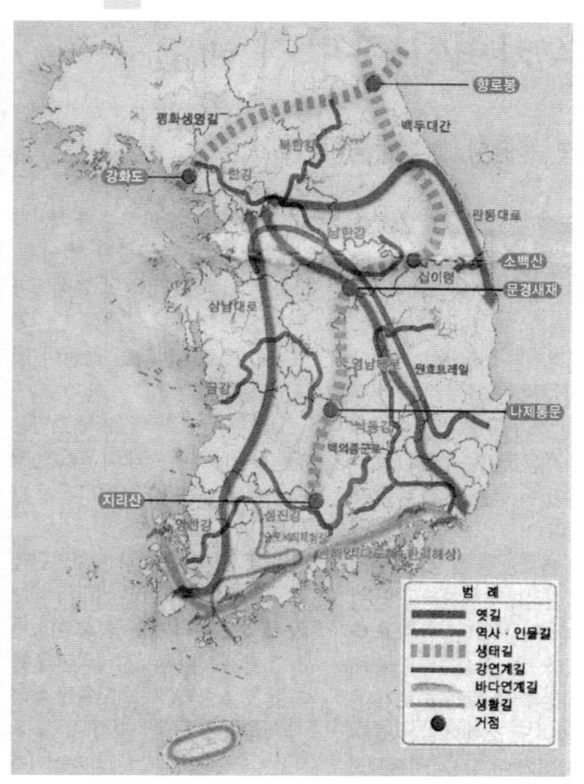

⑤ 탐방

　요즘은 생활에 여유가 생기고 다양한 취미를 가진 사람들이 늘어가면서 각종 탐방을 하는 사람들이 늘고 있다. 그것은 주로 자연탐방, 오지탐방, 역사문화유적탐방, 종교성지탐방(순례) 등이 있다. 그런데 이 탐방은 앞서 국토순례서 말한 역사문화생태탐방로에서 말하는 것과는 좀 다르다. 앞서 말한 그것은 국토를 여러 가지 코스로 걸으면서 그러한 것을 접하면서 가는 것이다. 그러나 여기서 말하는 탐방은 자연이나 오지, 역사문화유적, 종교의 성지 등을 위주로 심도 있게 살피면서 그 주변을 걷는 것이다. 이러한 탐방은 우리의 호기심을 충족시키면서 걷기 때문에 육체적으로, 정신적으로 아주 좋다. 그런데 정해진 곳을 다 살피고 정한 시간에 끝내려면 강도 높은 걷기가 요구되는 경우가 많다.

• 자연탐방

　자연경관으로 특별한 데가 많다. 강원도, 제주도에는 신비의 동굴이 많다. 설악산, 지리산 등의 국립공원에는 절경을 이룬 계곡이 많다. 변산반도의 채석강, 적벽강은 아주 이국적이다. 태안반도의 천리포, 만리포는 아주 시원하고 정겹다. 어느 돌담 너머로나 수평선이 보이는 제주도는 언제 가도 새롭다.

　특별한 생물이 서식하는 멋진 곳도 있다. 창녕의 우포늪은 온갖 희귀 생물이 가득한 방대한 늪으로 태고의 신비가 감돈다. 창원의 주남저수지는 철새들의 낙원으로 사람들이 모여든다.

　우리는 이러한 특별한 자연에 대하여 관심을 가지고 탐방할 때 육체의 건강을 다지면서 자연이 주는 여러 가지 지혜와 정보를 얻게 된다.

• 오지탐방

한비야 씨는 세계 여행을 많이 하였는데, 주로 걸어서 각 나라의 오지를 여행하였다. 우리나라에도 아직까지 깊은 산골에 오지 마을이 간혹 남아있다. 지리산에도 성삼재 바로 아래 해발 900m가까이 되는 곳에 "하늘아래 첫 동네" 심원마을이 있다. 문화가 뒤떨어진 후진국일수록 오지 마을이 많다.

그러한 곳을 찾아가는 것은 아주 힘들고 시간이 많이 걸린다. 대부분 걸어서 가야 하고, 거기 가도 문화적인 것이 거의 없기 때문에 적응하기 힘들다. 그러나 그러한 탐방을 통하여 우리는 우리 몸을 단련할 수 있다. 그리고 자연 속에서 살아가는 사람들의 모습을 볼 수 있고, 그들과 사귀므로 순수한 정을 나눌 수 있다. 그들은 다 각 민족의 고유한 문화와 생활습관을 가지고 있다. 그러므로 우리는 오지 탐방을 통하여 그곳의 참 모습을 볼 수 있다.

• 역사문화유적 탐방

역사문화유적을 제일 집중적으로 볼 수 있는 곳은 박물관이다. 세계 어느 나라나 현대도시는 거의 비슷하다. 그 나라를 가장 잘 알기 위해서는 박물관에 가야 한다.

우리나라는 경주나 부여, 서울 등의 옛 왕조의 수도가 있다. 서울의 세계문화유산에 등재된 조선 왕릉, 수원의 화성 등은 세계에 내놔도 손색이 없다. 중국에는 북경에 만리장성이 있다. 이집트에는 카이로에 스핑크스, 피라밋을 비롯한 유적이 즐비하다. 이태리 로마에는 옛 로마 시대의 유적이 가득하다. 로마 시는 시 전체가 역사문화유적이다.

이러한 역사문화유적은 인류의 공동자산이다. 이러한 유적은 지역별

로 탐방할 수도 있고, 테마별로 할 수도 있다. 요즘은 학생들은 물론이
고 일반인들까지 이러한 유적 탐방에 열을 올린다. 그런데 이러한 역사
문화탐방은 순 걸어서 해야 하는데 강한 체력과 인내심이 요구된다. 그
러나 이것은 많은 지적욕구를 충족시킨다. 인류의 과거를 보면서 현재
의 문제를 해결하고 새로운 미래를 여는 지혜를 얻는다.

• 종교성지 탐방(성지 순례)

오래 전부터 사람들은 신성한 장소나 신사를 순례해 왔다. 그것이 어
떤 이들에게는 종교적 의무가 될 수도 있고, 다른 이들에게는 자아발견
의 시간이 될 수도 있다.

요즘에 와서 성지 순례를 하는 사람들은 매년 늘고 있다. 전통적으로
이것은 주로 도보여행이다. 몇 주 또는 몇 달간 계속되기도 한다. 때로
는 명상과 기도의 시간이 포함되기도 한다.

우리는 홀리 랜드(가나안 땅, 이스라엘)를 주로 여행한다. 이집트, 그
리스, 터키를 포함시키기도 한다. 그런데 후자에 더 실제적인 유적이
많다. 우리는 이러한 성지에서 주님의 행적, 초기 교회의 역사를 보고
감동을 받는다.

그런데 우리는 다른 종교의 성지를 순례할 수도 있다. 우리는 로마에
서 로마 카톨릭의 웅장하나 잘못된 교회의 모습을 볼 수 있다. 캄보디
아의 앙고라 왓트에서 과거에 그곳에서 불교가 얼마나 강하게 사람들
을 사로잡았는가를 볼 수 있다.

이러한 성지순례는 순 걸어야 하고 장기간이 요구되기 때문에 강한
체력이 있어야 한다. 그리고 걷는 훈련이 되어 있어야 한다. 그런데 이
러한 성지순례는 신체를 단련하는데 아주 좋다. 그리고 많은 은혜와 감

동을 받고 묵상을 통하여 자아를 정립할 수 있기 때문에 정신적, 영적으로도 매우 유익하다.

그런데 성지순례를 하기 위해서는 사전 준비가 필요하다. 꾸준한 걷기를 통하여 육체를 단련해야 한다. 장기간에 대비하여 필요한 것들을 잘 챙겨야 한다. 그리고 사전에 그곳에 대한 정보를 주는 책을 많이 읽어야 한다. 이미 갔다 온 이들의 경험을 많이 들어야 한다. 일정을 잘 짜고 숙박할 곳을 잘 알아 두어야 한다.

⑥ 대륙횡단, 세계일주

성인 남자들의 가장 크게 해 보고 싶은 일이 세계일주 여행이라고 한다. 그러나 그러한 기회는 극히 적은 사람들에게 주어질 것이다. 간혹 어떤 사람들이 걸어서 대륙을 횡단하거나 온 세계를 일주한 기사를 본다. 참으로 대단한 사람들이다.

프랑스의 올리비에는 유명한 저널리스트로 은퇴한 후 61세의 나이로 걷기를 시작하였다. 그는 터키의 이스탄불에서 중국의 시안까지 11,000km의 실크로드를 4년에 걸쳐 걸었다. 그는 그 고된 길을 걸으면서 역사, 문화에 대한 해박한 지식으로 ‘나는 걷는다’는 책을 썼다.

한비야 씨는 세계일주 정도가 아니다. 온 세계 각 나라 오지 마을들을 두 발로 걸어서 샅샅이 뒤지고 다녔다. 가는 곳마다 그 곳 사람들과 함께 지내면서 정을 쌓았다. 그는 그러한 구수한 이야기들을 많은 책으로 엮어 들려준다.

오늘도 세계 곳곳에서 그러한 도전에 나서는 사람들이 있다. 북극과 남극에서 얼음과 추위와 싸우면서 걷는 사람도 있다. 사하라 사막 같은 곳에서 인간의 한계상황에 도전하는 사람도 있다. 온 세계를 일주하기 위해서 구간별로 나누어 꾸준히 걷는 사람도 있다.

그런데 이러한 대단위 횡단이나 일주는 아주 강한 집념과 체력, 인내심, 성취욕이 요구된다. 또한 이러한 일은 보다 더 강한 체력과 건강을 가져다준다. 만일 우리가 이러한 일은 하고자 한다면 많은 준비와 예비지식을 가져야 한다. 또한 거기에 필요한 강한 훈련도 받아야 한다. 그리고 기록할 준비를 하고 잘 정리하여 남에게도 알려주는 것이 좋을 것이다.

3. 멋진 코스들

(1) 꼭 가봐야 할 세계적 걷기 여행 코스

"내 생애 꼭 가봐야 할 걷기 여행" (스티브 와킨스, 클레어 존스 저, 신선해 역)에 소개된 것을 초하여 소개한다.

① 미국 – 옐로 스톤 국립공원 : 1872년 세계 최초의 국립공원이 되었다. 이 지역은 세 번의 대폭발이 있었다. 그랜드 케니언(Grand canyon)은 이곳의 가장 경이로운 명소다. 이곳은 땅이 끓으며 김이 올라오는 초현실적 경관이 연출된다. 평지와 높은 산, 깊은 계곡, 끓어오르는 강, 폭발하듯 분출하는 온천, 우레 소리를 내는 폭포 등 경이의 연속이다. 이 공원 전체에 있는 산책로는 며칠동안 오지탐험을 해도 된다. 이곳은 도보여행자의 천국이다.

② 이탈리아 – 아말피안 해안 : 나폴리(Naples) 남부의 소렌토(Sorreto)에서 살레르노(Salemo)까지 70Km나 쭉 뻗은 아말피(amalfi)해안은 낭떠리지 위로 난 길에서 바라보는 절경으로 유명하다. 이 해안의 마을들은 가파른 절벽에 위태롭게 매달려 있다. 이곳은 로마, 그리스, 비잔틴의 역사를 모두 거친 곳으로 요리와 와인으로 유명하다. 아말피 항은 작은 항구로 이 지역 산책로를 잇는 중심지다. 이곳은 즐거운 걷기 여행의 최적의 코스다.

③ 뉴질랜드 – 루트번 트랙 : 남알프스(Southern Alps)의 순수한 자연을
누비며 나 있는 38Km의 등산로, 이곳은 누구나 쉽게 갈 수 있다. 3일
일정으로 피오르드랜드(Fiordland), 마운트 어스파이어링(Mount
Aspiring) 국립공원 사이를 걸은 후 할리포드(Hollyford), 다트(Dart)계
곡으로 향한다. 산은 높고 계곡은 넓다, 눈만 돌리면 폭포다. 이곳은
자연이 빚어낸 불멸의 걸작으로 세계 최고의 걷기 여행지다.

④ 스코틀랜드 – 웨스트 하이랜드 웨이 : 이 길이 공식적으로 개방된 것
은 1980년이었다. 북쪽으로 울창한 산악지대까지 뻗은 웨스트 하이
랜드 웨이(West Highland Way)는 역사와 유산을 익히고 하이랜드의
중심을 걸을 기회를 준다. 이 길은 152Km로 스코틀랜드 최초의 장
거리 보행로다.   이 길은 스코틀랜드에서 가장 큰 담수호를 따라가
다가 가장 순수한 야생의 자연을 통과한 후 가장 높은 벤 네비스(Ben
Nevis) 산자락에 도착한다.

⑤ 일본 – 교토의 절과 신사 : 교토는 도쿄에서 남서쪽으로 370Km 떨
어진 곳으로 1천년이 넘도록 일본 제국의 종교적, 지적 중심지였다.
고대 동양의 혼이 숨쉬는 이 고도를 만끽하려면 절묘하게 지은 절과
신사를 걸어서 둘러보는 것이 최고다. 그것도 벚꽃철이 더욱 적격이
다. 절과 신사를 잇는 보행로는 동서남북의 기본방위 방향으로 나있
는데 이틀 정도 걸린다. 그 중에 가장 유명한 길은 철학자의 길이다.

⑥ 노르웨이 – 로포텐 제도 : 로포텐 제도(Lofoten Islands)는 4개의 큰
섬과 2개의 작은 섬으로 되어 있다. 대충 잘라낸 듯한 화강함 기둥,

툭하면 폭풍우가 몰아치는 바다, 이 모든 풍경을 감싸는 백일야의 햇빛, 과연 이곳은 자연의 가장 극적이고 놀라운 창조물이다. 노르웨이 북서 연안의 북극권에 속하는 이곳에는 한적한 산책로가 가득하다. 이 섬들 중에서 최고의 섬은 플라크스타드(Flakstadoy)다 .

⑦ 도미니카 – 모르네 트로이 피통 : 도미니카는 아직 문명의 손길이 닿지 않은 카리브의 섬이다. 이곳은 배낭을 지고 하이킹을 하기에 제격인 열매우림이 있는 곳이다. 모르네 트로이 피통 국립공원(Mome Trois Pitons National Park)의 규모는 6,880헥타로 가히 위압적이다. 이곳에는 각양가색의 수많은 보행로가 나 있어 누구나 자기 상황에 맞게 걸을 수 있다. 카리브 전역서 가장 좋은 트레일로 꼽히는 길은 태고의 자연과 지열지대를 지나 보일링 호수(Boiling lake)까지 나 있다.

⑧ 스페인 – 드로버즈 로드 : 안달루시아(Andalucia)의 드로버즈 로드(Drover's road)는 양치기, 노새나 염소를 모는 드로버(목자, 가축상인)들이 지나다니면서 다져진 길이다. 지금은 누구나 얼마든지 지날 수 있다. 그레잘레마(Grazalema)에서 시작되는 여러 갈래의 길은 주변 마을로 이어진다. 이곳은 목가적인 풍경을 만끽할 수 있다. 온갖 잡초와 들꽃이 만발한 초원지대를 통과한다.

⑨ 미국 – 보스톤 프리덤 트레일 : 보스톤(Boston)은 메사추세츠 만(mas-sachusetts Bay)의 북쪽에 있다. 이곳은 미국 독립전쟁의 씨앗이 발아한 곳이다. 보스톤 프리덤 트레일(Boston's Freedom Trail)은 1775년 폴 리비어(Paul Revere)가 영국군의 침입을 알리기 위해 말을 타고

달린 길이다. 4.8Km의 이 길은 보스톤 코먼 공원을 출발점으로 하는
것이 좋다. 이곳을 걸으며 미국의 역사와 정신을 읽을 수 있다.

⑩ 유럽 – 몽블랑 일주 : 몽블랑(Mont Blanc)은 눈모자를 쓴 봉우리, 푸
른 초원, 숲이 울창한 계곡 구불구불 흐르는 강, 울리는 카우벨이 있
는 낭만적인 산이다. 몽블랑 일주(Tour du Mont Blanc)는 서유럽의
지붕 위를 걷는 가장 멋진 코스다. 170Km에 달하는 이 길은 3개국
(스, 이, 프)에 걸치며 14일이나 걸린다. 매년 1만명 이상 하이커들이
이곳을 찾는다. 보통 출발지점은 사모니 계곡(Valle'e de chamonix)
레쿠슈(Les Houches)다. 하이라이트는 르브레방(Le Brevant)에서 몽
블랑의 전경을 조망하는 것이다.

⑪ 영국 – 남서해안 산책로 : 영국 남서부 반도는 대서양을 향해 솟아
있다. 험한 바위 벼랑, 길게 이어지는 모래 해변, 영국과 켈트족의 역
사가 서린 곳, 이곳 남서해안 산책로(South West Coast Path)는 영국
서 가장 긴 국립 보행로로 장장 1,013Km 나 된다. 이곳을 완주하려
면 두 달이 걸린다. 이길에서 가장 눈부신 장관을 선사하는 곳은 세인
트 아이브스(St.Ives)에서 제노르곶(Zennor herd)으로 이어진 길이다.

⑫ 독일 – 루트비히 왕의 길 : 루트비히 2세는 평화를 사랑하였다. 그는
22년간 바이에른(Bayem)을 다스리다가 1886년에 요절했다. 독일
남부의 바이에른은 이 나라에서 가장 크고 부유한 지역이다. 이곳의
루트비히 왕의 길(King Ludwig's Way)은 레오니(Leoni)에서 시작하
여 퓌센(Fussen)에서 끝난다. 총 길이 120Km로 1주간을 걷노라면 아

름다운 경관은 물론이고 전통문화에도 흠뻑 빠지게 된다.

⑬ 중국 – 후타오샤 : 후타호샤는 '호랑이의 도약' 이라는 뜻으로 원난성의 고원도시인 리장에서 북쪽으로 70Km거리에 위치해 있다. 이곳은 대협곡으로 중국의 최고의 트렉이며 23일 걸린다. 이곳을 걸으면 양쯔강과 옥룡쉐산 의 압도적인 풍광에 취하게 된다. 처우타우가 후타오샤로 가는 출발점이다. 이 협곡은 언제나 낙석과 산사태의 위험이 있다.

⑭ 이탈리아 – 돌로미터 산맥 : 알프스의 일부인 돌로미터 산맥은 이탈리아 동북부에 위치한다. 험준하고 위풍당당한 돌로미터는 유럽에서 가장 주목받는 산맥이다. 여름도 좋지만 겨울 설경이 더욱 좋다. 눈신을 신고 걸을 수 있는 하이킹 코스가 많다. 수많은 등산가와 익스트림 스키어들이 겨울이 되면 이곳으로 몰려든다. 눈신을 신고 걷는 코스로 적당한 두 지점은 페드라체스(Pedraces)와 아라 바(Arabba)다.

⑮ 프랑스 – 솜 전투지 : 1차 세계대전 당시 1916년에 5개월에 걸친 격전지인 솜 전투지(Battle of the Somme)는 파리 북쪽 130Km에 있는 아미엥(Amiens) 중북부에 위치해 있다. 당시 30만명이 전사하고 100명이 부상 당하였다. 지금은 푸른 들판과 넓은 언덕에 전통 프랑스 마을이 흩어져 있는 매력적인 지역이다. 이 지역은 보행로가 무수히 많다. 1시간에서 온 종일까지 다양한 코스가 있다. 이곳을 걸으며 그 참혹한 전쟁의 비극을 생생히 느낄 수 있다. 이곳에는 수많은 전쟁 기념비, 기념관, 묘지를 만날 수 있다.

⑯ 남아프리카 공화국 – 가든 루트 : 가든 루트(Garden Route)는 케이프 타운(Cape Town)서 엘리자베스 항(Port Elizabeth)으로 이어지는 200Km 구간이다. 이 길을 중심으로 해안, 산, 숲으로 들러싸인 주변 지역을 돌아볼 수 있는 산책로가 무수히 많다. 이 지역 원주민 코이코이(Khoikhoi)족은 이 길을 "아우테니쿠이"(꿀의 땅)이라 한다. 이곳은 남아프리카의 파라다이스다. 아프리카 대륙 끝자락에 있는 이런 변화무쌍한 풍광을 감상하며 걷는 일은 특이하고 유쾌한 모험이 될 것이다.

⑰ 말리 – 도곤 컨트리 : 말리(Mali)는 서아프리카 중심부 깊숙한 곳에 있다. 도곤 컨트리(Dogon Country)는 말리의 수도인 바마코(Bamako)에서 동쪽으로 10시간을 운전해야 하는 곳에 있다. 눈부신 오렌지빛 낭떠러지와 반디아가라(Bandiagara) 절벽을 에둘러 난 트렉을 따라 걸으면 딴 데서 볼 수 없는 기이한 풍광은 물론 도곤족 전통이 잘 보존된 것을 볼 수 있다. 문명의 편리함은 전혀 없으나 인류 조상의 고대 생활방식으로 되돌아가는 시간여행을 즐길 수 있다.

⑱ 미국 - 낙수장 : 낙수장은 펜실베니아 쪽 앨리게니 산맥(Allegheny Mountains)의 일부인 로렐 하이랜즈(Laurel Highlands), 그리고 그안의 작은 마을 오하이오파일(Ohiopyle) 근처에 있다. 낙수장은 대부호 카우포만의 별장이었다. 저명한 건축가 프랭크 로이드 라이트(Frank Lyoyd Wright)의 걸작품으로 자연과 완벽한 조화를 이룬다. 그 주변에는 32Km에 달하는 트레일이 곳곳에 뻗어 있어 하이킹 하기에 좋다. 낙수장에서 계곡이 넓어지는 하류로 향한 트레일이 가장 멋지다.

⑲ 인도 - 다르질링 티 트렉 : 다르질링 티 트렉은 세계의 지붕이며, 눈으로 뒤덮인 캉첸중가(Kangchenjunga), 로체(Lhotse), 마칼루(Makalu), 에베르스트(Everest)를 걸을 수 있는 길이다. 이 전경은 보는 것만으로도 장관이지만 경외감마저 들게 한다. 이 길은 인도 북서부 서벵골주(West Bengal)의 북쪽 고산지대를 아우르는 거점인 다르질링(Darjeeling)에서 시작된다. 이곳은 날씨가 좋아야 한다. 4~5월, 10~11월이 적기다

⑳ 그리스 - 메테오라 : 메테오라(Meteora)는 그리스 중앙에 있다. 거기 있는 광활한 테살리아(Thessaly) 평원은 비잔틴 수도원들이 바위 위에 늘어선 종교적 지역이다. 이곳은 그리스 정교회 수사들의 영적 안식처였다. 이 종교적 성소를 잇는 길이 나있어 우리는 영적인 길을 걸을 수 있다. 수사들이 살고 있는 6개의 수도원을 잇는 길은 언제나 개방되어 있다. 가장 잘 알려진 코스는 10Km로 성 게오르기오스 만델라(Agios Georgios Mandelas)교회에 이르는 것이다.

㉑ 네덜란드 – 암스텔담 운하 : 암스텔담은 운하의 도시다. 도시 중앙을 에워싼 비교적 큰 운하들을 뭉뚱그려 "테두리 운하"(Grachtengordel)라고 한다. 운하를 따라 나 있는 자갈길은 사무실, 주택, 식당, 술집과 조화를 이룬다. 일하고 쉬며 노는 여기서 암스텔담의 삶과 혼을 찾을 수 있다. 운하를 따라 걸으면 이 도시의 매력에 빠져든다. 암스텔담 운하에서는 이 도시인들의 삶의 모든 면면을 목격할 수 있다. 도시 안에는 온갖 종류의 숙박업소가 있다.

㉒ 페루 – 잉카 트레일 : 해발 1,438~1,533m 고지의 잉카 제국은 칠레 중앙에서 안데스 산맥을 타고 남부 콜롬비아까지 세력을 떨쳤다. 그들은 2만 3천Km의 길을 닦았다. 안데스 산맥의 눈 덮인 봉우리와 짙푸른 골짜기들 틈에서 산꼭대기를 누비는 잉카 트레일(Inca Trail)은 지구상에서 가장 유명한 걷기 여행지다. 이곳은 진한 감동을 주는 여러 유적지과 마주친다. 이곳은 개인적으로는 안되고 공인 여행사를 통해야 한다.

㉓ 중국 – 워룽 자연보호구역 : 워룽은 쓰촨성 성도인 청두에서 북쪽으로 140Km 떨어져 있다. 이곳은 안개가 깔린 깊숙한 골짜기와 높이 솟은 산들이 있다. 귀여운 대왕 판다가 서식한다. 자연보호구역 내의 트렉은 굉장히 다양하다. 한나절 코스부터 몇 주 코스까지 있다. 그 중에 영웅 계곡(Hero Valley)으로 들어가는 1일 하이킹 코스가 매력적이다. 판다는 사육 센트에서 많이 볼 수 있고, 깊은 계곡를 걸으면서 야생도 볼 수 있다.

㉔ 영국 – 코스트 투 코스트 : 해안 둘, 국립공원 셋, 나라 전체를 횡단,
이것은 코스트 투 코스트(Coast to Coast) 길이 사랑 받는 이유 중 일
부일 뿐이다. 아일랜드해와 북해를 잇는 307Km의 이 산책로는 영국
보도 여행가 알프레드 웨인라이트(Alfred Wainwright)가 개발한 것이
다. 세인트비즈 끝자락의 높은 벼랑을 누비면서 이 길을 시작할 수
있다. 시간이 없어 한 구간만 선택한다면 호수 지방을 통과하는 코
스가 최고다.

㉕ 탄자니아 – 킬리만자르산 : 5,895m의 휴화산인 컬리만자르(Killiman
-jaro)는 산맥에 속하지 않고 홀로 고독하게 서서 그 위용을 자랑한다.
이 산은 아프리카의 최고봉으로 매년 수천명의 사람들이 정상의 만
년설을 밟으려 온다. 가장 유명한 등산로는 마랑구(Marangu)이고, 산
장에서 묵으며 5~6일 등반하는 코스다. 이 산은 고산병에 특히 유의
해야 한다.

㉖ 터키 – 리키안 웨이 : 테케 반도(Teke Penninsula) 가장 자리를 따라
흘러가는 리키안 웨이(Lycian Way)는 동쪽 안텔리아(Antalya)에서 서
쪽 페티예(Fetihye)까지 500Km나 된다. 이곳은 그리스, 페르시아, 로
마, 오스만 제국이 지배했고, 알렉산드 대왕도 통과했다. 이 길은 케
이트 쿨로우(Kate Clow)의 아이디어로 만들어졌다. 이곳을 걷는 여
행자들은 신비한 자연 풍광은 물론이고 정반대의 해안을 잇던 옛 무
역로와 고대도시의 흔적을 볼 수 있다.

㉗ 슬로베니아 – 카르스트 컨트리 : 슬로베니아는 이탈리아 북동쪽에

있는 신생 독립국이다. '카르스트'(Castle)는 강수에 침식된 석화암 지형을 이룬다. 카르스트 평원을 횡단하는 루트는 다양하다. 그중에 탁월한 코스는 프레드야먀 성(Predjama Castle)에서 슈코치안(Skocjan)의 동굴계로 이어지는 1주일 코스다. 카르스트 컨트리는 문화와 역사가 흥미로운 조합을 이루는 곳이다. 이 지역은 높은 산이 없기 때문에 모든 길이 걷기에 아주 편하거나 약간 힘들다.

㉘ 호주 – 그레이트 오션 워크 : 그레이트 오션 워크(Great Ocean Walk)는 아폴로만(Apollo Bay)에서 출발하여 클레넴플 홈스테드(Glenamble Homestead) 근방까지 완주하는데 8~9일 걸린다. 아폴로만까지는 멜버른(Melboume)에서 남서로 2시간 30분 거리다. 그레이트오션 워크는 오트웨이 지역(Otway Ranges), 배스 해협(Bass Strait)과 남부 해안 사이에 끼어 있고 그 길이가 91Km나 된다. 이 길의 압권은 "12사도(Twelve Apostles) 바위"다. 이 바위가 대미를 장식한다.

㉙ 볼리비아 – 타케시 트레일 : 볼리비아에는 걸을 만한 길이 무척 많다. 그 중에 잉카 제국이 발아한 태양의 섬(Isla de sol)을 걸으면 말 그대로 "시간을 관통"한다. 그리고 여기엔 고대의 포장 무역로였던 타케시 트레일(Tkesi Trail)이 있다. 안데스 고지에서 아마존 입구까지 43Km 나 뻗은 길이다. 이 길은 여러 트레일 중에서 가장 쉬운 코스다. 이곳은 고산 지대이므로 먼저 현지 환경에 적응하는 것이 필수다.

㉚ 미국 – 코요테부츠 : 코요테부츠(Coyote Buttes)는 아리조나(Arizona) 북부 유타(Utah)주 경계선 근처에 있다. 이곳은 자연보호구역 안에

있다. 이곳은 분홍색, 보라색, 주황색, 노란색 등이 섞여 무수한 층을
이룬 암석층이 바람, 비, 홍수에 의해 상상을 초월하는 물결 모양 나
이테를 드러낸다. 이곳은 남북으로 나누어지며 웨이브(Wave)가 가
장 유명한 명소다. 이곳을 걸으며 2백만년 전에 형성된 엄청나고 경
이로운 경치를 감상할 수 있다.

(2) 유럽의 꼭 걷고 싶은 길

"유럽의 걷고 싶은 길"(김남희저)에 소개된 것을 초하여 소개한다.

① 이탈리아 – 토스카나(Italy, Toscana) : 토스카나는 이탈리아 중부 주 (州)로 아펜니스 산맥과 티레니아 해 사이에 위치해 있다. 고대 에트 루니아 문명의 발상지로 이탈리아를 상징하는 모든 것을 다 갖추고 있다. 세계의 예술가와 관광객에게 넘치는 사랑을 받아온 곳이다. 이 주의 수도는 피렌체다. 그림처럼 펼쳐지는 초록색 구릉에 수많은 나무들이 정취를 더한다.

② 이탈리아 – 코모 호수(Italy Lago di Como) : 이탈리아 북부 멀라노에 서 한 시간 거리인 코모는 이탈리아에서 가장 깊은 호수(420m)로 46Km의 해안선을 형성한다. 꺼꾸로 놓은 Y자 모양이다. 호수 주변 에 30여 개의 크고 작은 마을이 있다. 주변에 2천미터가 넘는 산들이 솟아 있어 트래킹 코스로 좋다.

③ 스페인 – 라스 알푸하라스(Spain, Las Alpujarras) : 시에라 네바다 산 맥 남쪽에 자리 잡은 70Km의 계곡이 라스 알푸하라스이다. 발코니 마다 화려한 꽃들을 내건 하얀 집들이 가득한 마을들이 이 계곡 곳곳 에 자리 잡고 있다. 이 마을들에는 올리브, 무화과, 아몬드, 밤나무가 가득하다. 이곳을 다 돌아보는 데는 5일이 걸린다.

④ 프랑스 – 샤모니(France, Chamonix) : 몽불랑 근방 해발 1035m에 자

리 잡은 샤모니는 알피니즘의 발상지이고 몽불랑 등반기지이다. 수
많은 산악인, 스키인, 자연을 사랑하는 이들의 휴식처이다. 수백개의
걷기 코스가 있다. 어디서나 설산이 보이고 넓은 초원과 멋진 마을
들이 손짓한다.

⑤ 프랑스 – 몽생미셸(France, Mont Saint Michel) : 몽생미셸은 로르망
디 해변에 뜬 작은 섬이다. 그 바위섬 꼭대기에 장엄한 수도원이 있
다. 이곳은 세계문화유산으로 지정되었다. 프랑스의 두 번째 인기
있는 관광지로, 해마다 350만명이 찾아온다.

⑥ 아일랜드 – 위클로 웨이(Ireland Wicklow Way) : 아일랜드서 가장 유
명한 도보여행길이다. 아일랜드 수도 더블린에서 시작하므로 접근
성이 좋다. '아일랜드의 정원' 이라는 카운티 구릉을 지나 위클로 마
운틴 국립공원을 거쳐 클로니컬에 이르는 132Km의 길이다. 전형적
인 아일랜드의 시골 풍경을 감상할 수 있다.

⑦ 잉글랜드 – 레이크 디스트릭트(England the Lake District) : 잉글랜드
북서 컴브리아 주에 위치한 동서 50Km, 남북 40Km의 국립공원이다.
영국 도보여행의 심장이다. 16개의 호수, 산, 계곡으로 가득찬 아름
다운 풍경을 자랑한다. 유네스코 지정 세계자연유산이다. 워즈워스
의 생가와 박물관, 포터의 농가인 힐탑, 베아트릭스 포터 갤러리, 존
러스컨의 저택과 박물관이 있다. 이 지역의 소유권을 가장 많이 가
진 단체는 내셔널 트러스트이다.

(3) 한국의 국립공원

국립공원은 '우리나라의 자연생태계나 자연 및 문화경관을 대표할만한 지역'으로서, 이를 보호하고 지속가능한 이용을 도모하기 위해 국가가 지정, 관리하는 곳이다. 1967년 지리산을 최초로 지정한 이후, 현재

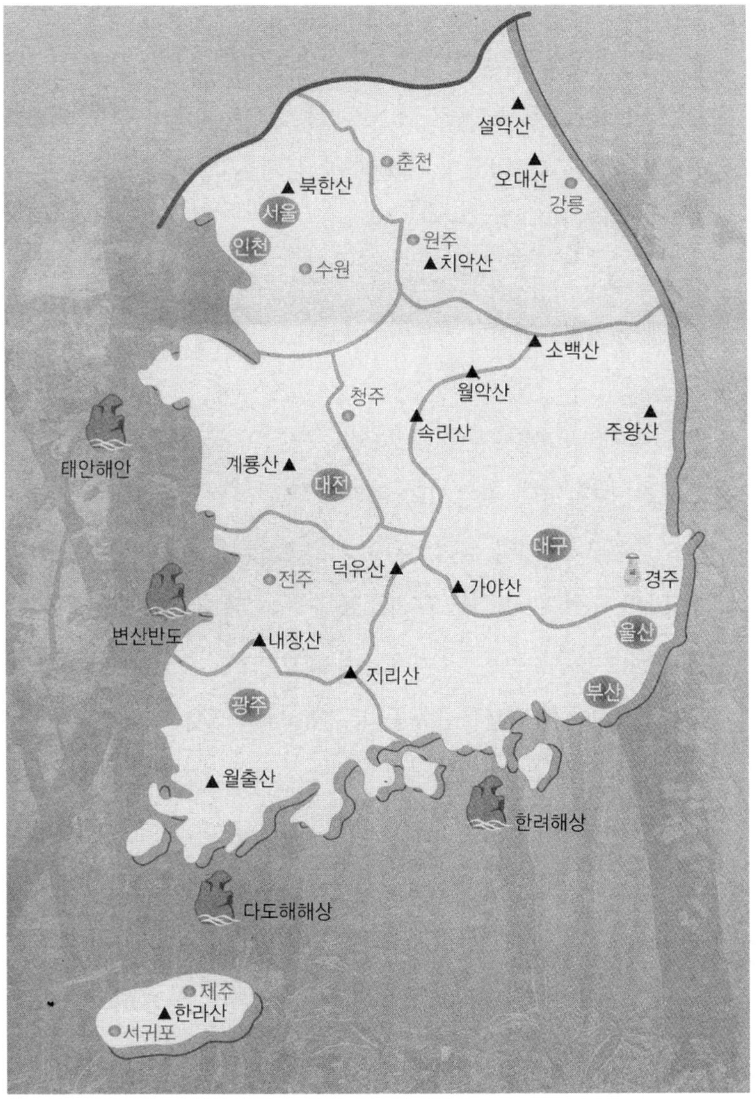

20개소가 지정되어 있으며 국토 육상면적의 3.7%가 국립공원으로 보호받고 있다.

- 국립공원 관리공단 www.npa.or.kr
- (121-717)서울시 마포구 공덕동 252-5 태영빌딩 / 02-3272-5593~4

① 가야산 - 우뚝 솟은 상왕봉(1,430m)을 중심으로 두리봉, 깃대봉, 단지봉, 남산제일봉 등의 암석봉우리로 이루어져 있다. 가야산 중턱에 위치한 법보사찰 해인사에는 팔만대장경과 유네스코 지정 세계문화유산인 장경판전이 있으며, 해인사 앞자락을 굽이쳐 흐르는 홍류동계곡은 절경을 자랑한다.

- 공원사무소 - 경남 합천군 가야면 구원리 123-1
- 전화 055-982-7810 / http://gaya.knps.or.kr

② 경주 - 우리나라에서 유일한 사적지 중심의 국립공원으로, 천년 이상 신라의 수도였던 경주시의 일부를 국립공원으로 지정한 것이다. 왕과 귀족들의 거대한 무덤 700여 기와 불국사, 석굴암, 안압지, 첨성대 등 많은 유적이 있으며, 유네스코에 의해 세계 10대 문화유적지로도 지정되었다.

- 공원사무소 - 경북 경주 황남동 46 전화 054-779-6709
- www.gyeongju.gyengbuk.kr

③ 계룡산 - 우리나라 풍수이론에서 가장 유명한 산으로 알려져 있다. 대전에서 가까운 거리에 있고 산세가 험하지 않아 도시형 국립공원으로 볼 수 있으며 갑사, 동학사, 신원사 등 세 개의 유명사찰이 자리

하고 있다.

　· 공원사무소 – 충남 공주시 반포면 학봉리 777

　· 전화 042-825-3002 / http://gyeryong.knps.or.kr

④ 내장산 – 내장사지구와 백양사지구로 나누어지며, 단풍나무를 비롯
한 낙엽활엽수가 많아 봄의 신록과 가을의 단풍이 아름답다. 굴거리
나무와 비자나무군락이 천연기념물로 지정되어 있으며, 내장사지구
에 탐방안내소가 있어 탐방에 필요한 정보를 얻을 수 있다.

　· 공원사무소 – 내장사지구: 전북 정읍시 내장동 59-10 전화 063-538-
7875 / 백양사지구: 전남 장성군 북하면 약수리 252-1 전화 061-392-
7288 / http://naejang.knps.or.kr

⑤ 다도해해상 – 여수~목포 구간의 바다에는 크고 작은 섬 1,760여 개
가 있는데 '섬이 많은 바다'라는 뜻의 '다도해'는 여기서 유래했다.
국립공원지역에는 섬 전체가 천연기념물로 지정된 홍도 외에도 흑
산도, 보길도, 청산도, 거문도 등을 포함하여 약 350여 개의 섬이 있
다. 각 섬에는 따뜻한 해양성 기후의 영향을 받아 난온대성 상록활
엽수림이 잘 자라는데, 소안도, 미라리 상록수림, 예작도 감탕나무,
관매도 후박나무 등이 천연기념물로 지정되어 있다.

　· 공원사무소 – 완도 · 여수 · 고흥지구: 전남 완도군 완도읍 개포리
1240-8 전화 061-554-5474 / 목포 · 홍도지구: 전남 목포시 옥암동
1091-5 전화 061-284-9115 / http://dadohae.knps.or.kr

⑥ 덕유산 – 무주구천동은 맑은 긴 계곡으로 유명하며, 적상산(1,029m)

지역은 적상산성과 안국사 등의 사적지가 있어 경관조망과 산책은 물론 역사ㆍ문화 탐방에도 적합하다. 아름다운 자연 속에 위치한 덕유대자연학습장은 4,000명을 동시에 수용할 수 있는 야영시설이며, 무주리조트에는 스키장과 숙박시설이 있어 가족단위의 휴양과 레저활동을 할 수 있다.

· 공원사무소 – 전북 무주군 설천면 삼공리 411-8

· 전화 063-322-3174 / http://deogyu.knps.or.kr

⑦ 변산반도 – 해안쪽의 외변산과 산악쪽의 내변산으로 나뉜다. 외변산에는 마치 수만 권의 책을 쌓아 놓은 것 같은 모습이 장관을 이루는 채석강과 해식동굴이 있으며, 푸르른 송림과 넓은 갯벌이 있는 고사포해수욕장도 있다. 내변산에는 의상봉(508m)을 비롯하여 옥녀봉, 관음봉, 신선봉 등 400m 안팎의 산봉 10여 개가 둘러서 있으며, 천연기념물로 지정된 호랑가시나무, 후박나무, 꽝꽝나무, 미선나무 군락지가 있다. 아름다운 전나무 숲길이 있는 내소사, 그리고 백제의 마지막 항전지로 알려진 울금바위를 배경으로 하는 개암사 등 사찰이 있다.

· 공원사무소 – 전북 부안군 변산면 대항리 415-24

· 전화 063-582-7808 / http://byeonsan.knps.or.kr

⑧ 북한산 – 우이령을 경계로 백운대, 만경대, 인수봉이 있는 북한산 지구와 선인봉, 자운봉이 있는 도봉산지구로 구분되는데 연간 500만 명 이상이 탐방하여, 단위면적 당 가장 많은 탐방객들이 찾는 국립공원으로 한국 기네스북에 올라 있다. 북한산성과 관련된 유적과 도선

사, 진관사, 망월사 등 문화적 가치가 높은 사찰들이 많으며, 정릉지구에 있는 탐방관리사무소에서 탐방에 필요한 정보를 얻을 수 있다.

· 공원사무소 – 북한산지구: 서울 성북구 정릉4동 산1-1 전화 02-909-0497 / 도봉산지구: 경기 의정부시 호원동 229-104 전화 031-873-2791 / http://bukhan.knps.or.kr

⑨ 설악산 – 우리나라 최고의 지형경관과 아름다운 단풍을 자랑하는 곳이다 최고봉인 대청봉(1,708m)을 중심으로 서쪽을 내설악, 남쪽을 남설악, 동해쪽을 외설악으로 구분한다. 부처의 진신사리를 모시고 있는 봉정암(1,224km)과 만해 한용운이 기거했던 백담사가 있으며, 설악동에는 케이블카가 있다.

· 공원사무소 – 강원 속초시 설악동 산43-1

· 전화 033-636-8355 / http://seorak.knps.or.kr

⑩ 소백산 - 비로봉(1,439m)에서 국립천문대가 있는 연화봉(1,394m)까지의 고원지대 풍경이 아름다우며, 비로봉 주변의 200~800년 된 3,800여 그루의 주목군락은 천연기념물로 지정되어 있다. 또한 부석사에는 무량수전, 석등, 소조여래좌상, 조사당 벽화, 삼층석탑, 당간지주, 고려각판 등의 국보급 문화재가 많아 자연과 역사문화 탐방에 제격인 공원이다.

　·공원사무소 - 영주지구: 경북 영주시 풍기읍 수철리 산86-51

　·전화 054-638-6196 / 단양지구: 충북 단양군 단양읍 천동리 산9-1
　전화 043-423-0708 / http://sobaek.knps.or.kr

⑪ 속리산 - 팔상전, 석연지, 쌍사자석등 등 귀중한 문화재가 있는 법주사와 문장대(1,054m)가 유명하며, 계곡으로는 화양동계곡, 선유동계곡, 쌍곡계곡이 아름답다. 세조가 벼슬을 하사했다는 '정이품송'은 이 공원의 상징이기도 하다.

　·공원사무소 - 충북 보은군 내속리면 상판리 19-2
　·전화 043-542-5267 / http://songni.knps.or.kr

⑫ 오대산 - 문화재가 많은 월정사지구와 기암괴석의 아름다운 계곡이 있는 소금강지구로 구분된다. 월정사 입구의 200~300년 된 전나무 숲길은 사계절 아름다운 풍경을 보여주며, 월정사와 상원사의 국보급 문화재는 탐방의 즐거움을 더해 준다. 진고개를 넘어 동해와 인접한 소금강지구로 연결되는 국도 6호선은 아름다운 풍경을 만끽할 수 있는 드라이브 코스이기도 하다.

　·공원사무소 - 강원 평창군 진부면 간평리 75-6

· 전화 033-332-6417 / http://odae.knps.or.kr

⑬ 월악산 - 충주호와 어우러져 아름다운 경관을 연출하는데, 중주호 쪽에 인접해 있는 영봉(1,097m)은 달과 어우러지는 밤이면 더욱 아름답다. 계곡으로 송계계곡, 선암계곡, 용하계곡이 대표적이며, 미륵리사지에 있는 석불입상과 5층석탑은 그 모양이 아름다울 뿐만 아니라 신라왕조의 마지막 왕자인 마의태자 전설이 얽혀있다.

· 공원사무소 - 충북 제천시 한수면 송계리 693-1

· 전화 043-653-3250 / http://worak.or.kr

⑭ 월출산 - 우리나라에서 제일 좁은 면적(42㎢)의 국립공원이지만 영암평야에 우뚝 솟아 있어 큰 산으로 보인다. 이곳은 동백나무, 붉가시나무 등 난대식물과 굴참나무, 노각나무 등 온대식물이 함께 자라는 특징을 지니고 있다. 마애여래좌상은 해발 700m에 위치한 자연 암석에 8.6m의 거대한 불상을 조각한 것으로 국보로 지정되어 있으며, 풍수의 원조 도선국사가 세웠다는 도갑사와 875년에 건립된 무위사가 있다.

· 공원사무소 - 전남 영암군 영암읍 개신리 484-50

· 전화 061-473-5210 / http://wolcul.knps.or.kr

⑮ 주왕산 - 8세기경 중국, 당나라에서 반란으로 쫓겨 온 사람이 '주왕'을 자칭하며 숨어 살아 그 이름을 주왕산이라 했다는 전설이 있는데, 기암, 주왕암, 백련암 등 그와 관련된 지명이 곳곳에 남아 있다. 절골의 주산지는 역사 깊은 저수지로서 물속의 아름드리 왕버들과

어울려 독특한 아름다움을 보여주며, 약수탕지역은 달기약수로 유명하다. 상의지구에 탐방안내소가 있어 탐방에 필요한 정보를 얻을 수 있다.

　· 공원사무소 - 경북 청송군 부동면 상의리 333-1

　· 전화 054-873-0014 / http://juwang.knps.or.kr

⑯ 지리산 - 1967년에 지정된 우리나라 최초의 국립공원이다. 백두산, 한라산 다음으로 높은 천왕봉(1,915m)을 비롯하여 반야봉, 노고단 등 고산준령과 화엄사, 쌍계사, 실상사 등 유명사찰이 있다. 지리산 자락이 이어지는 구례와 하동을 거쳐 남해 쪽으로 아름다운 섬진강이 흐른다. 2002년부터 반달가슴곰의 복원과 관리를 위한 본격적인 조사와 연구가 이루어지고 있다.

　· 공원사무소 - · 산청 · 함양 · 하동지구: 경남산청군 시천면 사리 922-18 전화 055-972-7771 · 화엄사지구: 전남 구례군 마산면 황전리 511-1 전화 061-783-9100 · 뱀사골지구: 전북 남원시 산내면 부운리 산93-4 전화 063-625-8911 / http://jiri.knps.or.kr

⑰ 치악산 - 비로봉(1,288m)과 향로봉을 중심으로 구룡, 부곡, 금대, 성남지구로 나누어진다. 성남리에는 마을의 수호신을 모시는 성황림이 있는데, 이 숲은 한국의 대표적인 온대 낙엽활엽수림으로 마을 사람들의 보호를 받아왔으며, 천연기념물로 지정되어 있다. 구룡지구의 아름다운 숲과 계곡에는 대곡야영장과 자연관찰로가 있으며, 금대지구에는 자동차야영장이 있어 가족단위의 탐방에 안성맞춤이다.

　· 공원사무소 - 강원 원주시 소초면 학곡리 900

· 전화 033-732-5231 / http://chiak.knps.or.kr

⑱ 태안해안 - 우리나라의 대표적인 리아스식 해안인 태안반도와 안면
도 해안을 국립공원으로 지정한 것으로 삼봉, 연포, 몽산포 등 해수
욕장과 갯벌이 많다. 특히 삼봉과 기지포에는 모래언덕(사구)이 많
아 독특한 경관과 식생을 볼 수 있다.

 · 공원사무소 - 충남 태안군 태안읍 장산리 16-1

 · 전화 041-672-9737 http://taean.knps.or.kr

⑲ 한라산 - 정상부(1,950m)에 화산폭발로 인해 형성된 호수인 백록담
이 유명하며, 1,800여 종의 다양한 식물로 이루어진 울창한 자연림이
광대한 초원과 더불어 장관을 이룬다. 공원구역의 60%가 천연보호
구역으로 지정되어 있으며, 유네스코에서는 생물권보전지역으로 지
정하였다.

 · 공원사무소 - 제주 제주시 해안동 산220-1

 · 전화 064-713-9950 www.jeju.go.kr

⑳ 한려해상 - 한려해상국립공원의 '한려'는 한산도와 여수 두 지명의
첫 글자를 합한 것으로, 200여 km에 이르는 두 지역 사이의 많은 섬
들과 아름다운 바다를 국립공원으로 지정하였다. 바다와 섬, 육지가
빚어내는 경관이 아름답다.

 · 공원사무소 - 남해지구 : 경남 남해군 상주면 상주리 634

 · 전화 055-863-3521 / http://hallyeo.knps.or.kr

(4) 사라지기 전에 꼭 가봐야 할 우리 길(옛길 박물관 추천)

"걷는 것이 쉬는 것이다"(김삼환 저)에서 소개된 것을 초하여 소개한다.

(가) 물 따라 가는 길

① 임실, 섬진강

섬진강은 임실을 거치며 흘러 영호남을 가르며 남해로 들어간다. 섬진강 500리는 아름답지 않은 곳이 없다. 가장 깨끗하고 때묻지 않은 자연이 살이 숨쉰다. 그중에서 김용택 시인이 나고 자란 상류 임실의 진메-천담-구담-내룡-장구목을 잇는 길이 더욱 그러하다. 이 마을들은 아직도 버스가 들어가지 않는다. 마을과 마을은 지금도 강에 놓인 징검다리로 건너서 오가기도 한다(임실군 문화관광과: Tel. 063-640-2540).

② 완도, 청산도

완도는 청산도와 한 묶음이다. 완도서 철부선을 타고 50분 가면 '푸른 섬' 청산도가 나타난다. 완도는 남해의 독특한 자연미에 해상왕 장보고를 비롯한 역사적인 사건이 더해졌다. 해상왕 장보고의 청해진이 있다, 청산도는 느긋하게 걸어도 하루면 충분하다. 도청리-당리-신흥리-진산리-국화리를 거쳐 온 섬을 한 바퀴 도는 코스다. 이곳은 영화 '서편제'와 '봄의 왈츠'의 촬영지로 유명하다. 봄철이 제일 좋다 (청산면사무소 : Tel. 061-550-5227).

③ 제주, 올레

올레는 집과 마을을 이어주는 길을 뜻하는 제주의 사투리다. 올레는 사람 사이의 소통을 의미한다. 올레를 부활시킨 이는 서명숙씨다. 그는 스페인의 산타아고 순례길 800Km를 걷고 그 보다 더 아름다운 아일랜드 트레일을 꿈꾸면서 이 길을 개척한 것이다. 현재 올레는 11개의 코스가 개척되었다. 그중 가장 인기 있는 코스는 제1코스다. 말미 오름에서 보는 제주 동편의 풍경이 아주 멋지다. 앞으로 다 개척되면 400Km 이상이 된다(제주 올레 : Tel. 064-739-0815).

④ 지리산 길(둘레길)

지리산은 한국 최초의 국립공원이고, 가장 크고 아름다운 국립공원이다. 지리산은 경남, 전남북, 3개도에 걸쳐 있다. 이 거대한 지리산에 둘레길을 내고 있다. 지리산을 빙 두르며 가는 길에는 산에서 흘러 내리는 청정한 강과 함께 가는 곳이 많다. 어느 곳에서나 계속 지리산의 웅장한 자태를 보고 걷는다. 옛길을 복원하여 걸으며 소통의 문화를 새롭게 한다. 총 3,100km가 되는데, 현재 개통된 구간은 수철, 동강, 금계, 인월, 운봉, 주천을 잇는 70km다(지리산 길 안내센터 : 063-635-0850).

⑤ 제주, 다랑쉬오름

오름은 제주 산안인 김종철 씨의 소개로 세상에 알려졌다. 오름은 제주도의 기생화산이다. 제주도의 오름은 모두 368개나 된다. 다랑쉬오름은 제주 오름의 여왕이다. 다랑쉬오름은 완벽한 균형미를 자랑한다.

완벽한 원추형이다. 이 오름은 오르는데 20분이면 된다. 오름의 정상에 서면 풍경이 탁월하다. 굼부리(분화구)의 깊이가 115m나 된다. 그 굼부리를 돌면 1.5Km다. 이곳은 제주 4.3항쟁의 역사적 아픔이 스며 있다(제주도 문화관광교통국 : Tel. 064-710-2410).

⑥ 부안 변산

서해안에서 최고의 비경지로 꼽는 변산에 직소폭포가 있다. 직소폭포에 가는 길은 두 갈래다. 하나는 내소사에서 출발해 관음봉을 거치며 변산의 속살을 더듬어가는 산행 코스다. 다른 하나는 내변산 깊숙이 들어가 내변산 탐방지원센타서 트래킹해 다가가는 코스다. 직소폭포에 닿으면 물소리가 웅장하고 갑자기 하늘이 툭 터진다. 그 높이가 30m에 이르고 하얀 명주천을 떨어뜨린 것 같은 물줄기가 바위를 가르며 쏟아진다. 물이 많은 여름이 좋다(T. 변산국립공원: 063-582-7808).

⑦ 청송, 주왕산

주왕산은 721m로 속 깊은 산이다. 주왕산 깊은 속살로 안내하는 계곡이 주방천이다. 이 계곡으로 드는 길은 폭포와 거대한 바위가 어우려져 천하절경이다. 봄에는 수달래가 만발하고 가을이면 돌단풍이 핏빛처럼 곱다. 계속 올라가면 오지마을 내원동이 있다. 그러나 지금은 사라졌다. 주왕산은 중국서 온 주왕의 전설로 가득하다. 내원동까지 갔다 오는데 왕복 4시간이면 된다(주왕산 국립공원 : Tel. 054-873-0041).

⑧ 문경, 토끼비리

조선시대 모든 길은 한양으로 통했다. 그중 영남대로는 한양서 부산
포로 가는 길이다. 문경시 내성면 영강이 산자락을 급하게 휘감아 돌아
나가는 진남교반에 있는 토끼비리는 번성하던 영남대로를 보여주는 상
징적 길이다. 토끼비리는 석현성에서 1.5Km 이어진 후 영강을 건너간
다. 이 길은 까마득한 벼랑을 따라 나 있다. 지금은 탐방객을 위해 나무
다리가 설치되어 있다. 진남교반은 경북팔경중 하나다(문경시 문화관
광과 : Tel. 054-550-6393).

(나) 너와 나를 잇는 고개

⑨ 평창, 대관령 옛길

대관령은 조선시대 한양과 강릉을 잇는 관동대로의 대미를 장식한다.
이 길의 역사는 삼국시대까지 거슬러 올라간다. 고속도로보다 옛길은
수천년 역사를 간직한 이 고개와 교감을 나누게 한다. 이 옛길은 국사
성황당에서 시작하여 반정, 주막터, 원울이재, 대관령 박물관을 거친다.
재에 올라서면 시원한 동해가 손짓한다. 대관령에는 알프스를 연상케
하는 목장이 있다. 이곳은 황태의 본고장이다. 대관령 옛길은 어느 구
간이나 편하다(강릉시 문화관광과 : Tel. 033-640-5129).

⑩ 평창, 백운산 칠족령

동강은 강원도 심심산골을 휘감아 흘러간다. 정선군 정선읍 가수리

에서 시작해 영월군 영월읍에 이르는 51Km의 물줄기다. 백운산 칠족
령은 동강이 백운산 자락을 360도 휘감아 도는 곳에 있다. 동강의 굽이
가운데 가장 드라마틱한 구간이다. 칠족령 가는 길은 문희마을서 시작
한다. 칠족령까지는 길이 평안하다. 그러나 제장까지는 험한 바위능선
을 따라 내려가야 한다. 이곳은 정선아라리으로 유명하다(정선군 문화
관광과 : Tel. 033-330-2542)

⑪ 인제, 점봉산

숲을 이야기할 때 인제 점봉산(1,424m)을 뺄 수 없다. 이 산은 한계령
을 가운데 두고 설악산과 마주 본다. 점봉산의 동쪽은 기암괴석이 하늘
을 찌른다. 서쪽은 산세가 포근하고 극상의 원시림 천국이다. 특히 자
작나무 숲이 특이하다. 진동리 설피밭을 출발하여 단목령, 강선골로 간
다. 한국서 가장 아름다운 숲길이다. 이곳은 훼손을 막기 위해 출입을
통제한다(인제군 문화관광과 : Tel. 033-460-2082).

⑫ 정선, 백운산 화절령

백두대간 함백산에서 가지 쳐 나와 만항재를 넘어 서쪽으로 뻗은 산
줄기가 있다. 이 능선의 잘룩한 안부에 몇 개의 고개가 있는데 그 중에
하나가 화절령(꽃꺾기재)이다. 이 고개는 옛부터 영월서 정선으로 질러
가는 길이다. 이 고개는 봄이면 진달래와 철쭉이 만발한다. 그러나 지
금은 탄광의 흔적으로 가득하다. 운락초교 터서 출발하여 화절령, 도롱
이못, 아롱이못을 지난다(정선군 문화관광과 : Tel. 033-560-2368).

⑬ 문경, 새재와 옛길박물관

문경 새재는 경북 문경과 충북 충주를 잇는 백두대간 옛 고개다. 영남 대로의 첫 관문이다. 문경 새재의 세 관문은 적을 방어하기 위한 것이다. 이 길은 옛 모습 그대로를 가장 잘 간직하고 있다. 아울러 걷기도 아주 좋다. 많은 역사적 이야기와 전설이 이 길 위에 흐르고 있다. 제1 관문서 출발하여 2, 3관문을 지나 조령산 자연휴양림에 이른다. 출발지에 있는 옛길 박물관은 꼭 들러야 한다(문경새재도립공원 : Tel. 054-571-0709).

⑭ 영주, 죽령 옛길

죽령 옛길은 문경 새재, 추풍령과 함께 영남서 한양으로 가는 3대 관문의 하나였다. 이 길은 신라 시대, 158년에 시작된 길이다. 이 길은 삼국의 불꽃 튀는 격전장이었다. 그후 이곳은 영남과 한양을 잇는 중요한 길목이었다. 이 길은 희방사서 시작하여 느더정, 주막거리를 지나 죽령에 이른다. 이곳은 산적을 물리친 다자구 할머니와 상원사 동종의 전설이 있다. 길이 아주 수월하다(소백산국립공원 : Tel. 054-638-6194).

⑮ 순천, 조계산 굴목이재

선암사는 그야말로 꽃절이다. 선암사를 왼쪽으로 돌아가면 굴목이재로 가는 길이다. 이 길은 승선교서 시작하여 선암사, 편백나무숲, 굴목이재를 지나 송광사로 가는 길이다. 선암사는 태고종의 본산이고, 송광사는 조계종 삼보 사찰중 하나다. 이 길은 활엽수림이 선사하는 녹음을 만끽할 수 있다. 선암사는 차밭으로 유명하다. 이 길은 7Km 정도로, 3시간이 조금 넘는 길이다(순천시 문화관광과 : Tel. 061-749-3022).

⑯ 밀양, 재약산 사자평

　재약산은 영남 알프스의 한 산으로 200만평이 넘는 억새 평원으로 유명하다. 이곳은 원래 화전민이 산에 불을 놓아 밭을 일궈먹던 곳이다. 표충사를 시작으로 흑룡폭포를 거쳐 사자평에 이른다. 사자평의 억새는 전국에서 최고다. 수미봉, 사자봉을 거쳐 계속 북쪽으로 가다가 가파른 길을 내려서면 얼음골에 이른다. 얼음골에는 여름에 얼음이 언다(밀양시 문화관광과 : Tel. 055-359-5646).

⑰ 산청, 지리산 장터목

　산은 지리산이다. 백두대간 끝자락에 우뚝 솟은 천왕봉은 1915m로 남한에서(제주도 외) 제일 높다. 그중 장터목(1,750m)은 천왕봉에 오르는 길목에 있다. 이곳은 삼국시대부터 장이 섰던 곳이다. 산청, 함양, 사람들이 물물교환을 했다. 지금은 천왕봉에 오르는 사람들의 휴식처다. 현대식 산장이 있다. 천왕봉의 일출 못지 않게 장터목의 석양도 장관이다. 참샘, 하동바위를 지나 백무동으로 간다(지리산국립공원 : Tel. 055-972-7771).

(다) 풍경이 된 사람들을 찾아가는 길

⑱ 고창, 선운산 선운사

고창 선운산(345m) 가는 길에는 꽃이 있고 선운사가 있고 미당 서정주의 시가 있다. 선운사에서 출발하여 도술암을 거쳐 천마봉에 오른다. 선운사 하면 동백꽃이 떠오른다. 선운사 뒤에는 추사 김정희가 반한 차밭이 있다. 일주문을 지나면 단풍나무가 도열 한다. 진흥굴에서 신라의 진흥왕을 만난다. 도술암 뒤 마애불을 뒤로 하고 천마봉에 오르면 최고의 전망대다. 이 선운산은 미당의 자취가 있어 즐겁다. 고창은 고인돌과 모양성이 있어 옛스럽다(선운산도립공원 : Tel. 063-563-3450).

⑲ 장성, 축령산 숲

춘원 임종국은 축령산에 일생의 과업으로 나무를 심어 "22세기 후손에게 물려줄 숲"을 만들었다. 그는 "산림왕"이 되었다. 하늘을 향해 뻗어 있는 편백나무, 삼나무의 위용이 대단하다. 출발지인 금곡마을은 "태백산맥", "내 마음의 풍금", "왕초" 등의 촬영지다. 금곡마을, 고갯마루, 샘터, 숲속의 교실, 조림기념비를 거치면 서늘한 숲길을 거닌다. 장성에는 홍길동의 생가가 있다(장성군 문화관광과 : Tel. 061-390-7224).

⑳ 문경, 하늘재

935년 11월, 서라벌을 떠난 마의태자는 보름 만에 하늘재에 섰다. 하늘재는 백두대간을 넘는 최초의 고개였다. 죽령보다 2년 빠르다. 이곳은 신라와 고구려의 접경지다. 문경새재는 양반들의 길이고, 하늘재는 민초들의 길이다. 하늘재는 미륵사지에서 30분 정도 숲속 길을 걷으면 도착한다. 마의태자와 덕주공주의 애틋한 사연을 새기다 보면 어느덧 닿는다(월악산 국립공원 : Tel. 043-653-3250).

㉑ 해남, 두륜산 대흥사

해남 두륜산(709m)은 산도 좋지만 대흥사가 있어 흥미롭다. 이 절은 큰 절이다. 이 절은 13명의 큰 승려를 배출했다. 그 중에 마지막이 초의선사다. 그는 한국의 차 문화를 일으켜 새운 분이다. 대흥사 매표소서 절 마당까지 4Km는 아름다운 숲길이다. 도중에 있는 유선장이란 여관은 "서편제"의 촬영지다. 부도밭, 대흥사, 표충사, 일지암을 거쳐 진불암으로 간다. 일지암에 다선체험센타가 있다(해남군 문화관광과 : Tel. 061-530-5540).

㉒ 강진, 만덕산 다산초당

조선 실학자 다산은 신유박해에 연루되어 강진으로 유배되었다. 그후 만덕산 중턱에 초당을 짓고 15년을 지내며 실학을 꽃피웠다. 다산은 심사가 울적할 적마다 산길을 달려 백련사의 혜장을 찾았다. 이 길은 다산유물전시관에서 시작된다. 다산초당은 한낮에도 그늘에 묻혀 있다. 이 길은 오솔길로 이어진다. 백련사는 동백숲이 반긴다. 이 길은 다시 걸어 되돌아와야 한다(강진군 문화관광과 : Tel. 061-430-3807).

㉓ 봉화, 청량산 청량사

청량산(870m)은 주왕산, 월출산과 함께 3대 기악(奇岳)으로 불린다. 산세가 빼어나고 독특한 암봉이 많다. 산 중턱에 제비둥지 같은 청량사를 두고 수많은 봉우리가 둘러섰다. 청량사는 신라 문무왕 3년에 원효대사가 창건했다. 12봉을 다 두르려면 6시간은 걸린다. 입석-웅진전-청량사 왕복은 2시간, 입석-웅진전-자소봉-하늘다리-청량사-산꾼의 집- 입석은 4시간 걸린다(청량사도립공원 : Tel. 054-673-6194).

(5) 정겨운 섬 여행

"섬을 걷다"-(강재윤 저)-에 소개된 것을 초하여 소개한다.

(가) 바람이 불어오는 곳

① 거제 지심도: 숲은 바람 속에서 깊어간다.

지심도행 배는 장승포에서 뜬다. 지심도는 작은 섬이나 동백꽃으로 유명하다. 꽃이 피는 3월에는 관광객이 붐빈다. 동백섬 흙길을 걸으며 사유에 젖을 수 있다.

② 통영 욕지도: 남태평양이 보인다.

통영항을 출발한 배는 한참을 달려 욕지도에 이른다. 그 사이 연화, 두미, 세존, 미륵, 반야를 거친다. 남태평양의 시원한 전망이 시작된다. 옆에 노대도가 붙어 있다.

③ 통영 연화도: 주변 섬들이 펼쳐진 모습이 연꽃 같다.

옛 사람들이 바라던 연화세계가 여기인가. 통영 앞바다 섬들은 불교 전설로 가득하다. 그러나 연화봉 정상서 바라보는 연화도가 연꽃 모양 은 아니다. 주변 섬들이 펼쳐진 모습이 연꽃 모양 같다.

④ 통영 우도, 두미도: 작은 섬들은 외롭지 않다.

우도는 연화도와 지척이다. 5백 년 된 당산나무가 있다. 구멍섬을 지나 두미도에 이른다. 작은 섬이나 967m나 되는 천왕산이 지킨다. 이 섬은 삼천포와 왕래한다.

⑤ 통영 매물도, 소매물도: 계속 머무르고 싶은 환상에 젖는다.

통영에서 출발하여 한산도, 비진도를 거쳐 매물도에 간다. 매물도는 일본군 포진지가 있다. 소매물도는 등대가 있고 갈매기가 나는 멋진 섬이다. 기이한 바위와 바다 풍경은 감탄이 절로 난다.

(나) 가시나무도 제 가시를 숨기지 못하고

⑥ 완도 에서도: 한국의 이스터섬.

완도항에서 세 시간 걸리는 섬이다. 제주와 완도의 중간에 있다. 이곳은 돌과 바람으로 유명하다. 온통 돌집, 돌담으로 가득하다. 돌담은 이 섬의 수호신이다. 무인등대가 있다.

⑦ 완도 덕우도: 숲이 지붕이 된 섬

덕우도는 완도에서 26km 거리다. 섬은 위태로워 보이고 가장 높은 곳이 130m 높이다. 수백 년 된 동백나무를 비롯한 고목으로 형성된 숲이 있다. 농토는 경작되지 않고 어업으로 상당한 수입을 올린다.

⑧ 옹진 자월도: 붉은 달의 섬

자월도는 인천항에서 32km 거리에 있다. 여러 작은 섬을 거느린다. 이곳의 주산은 국사봉(166m)이다. 국사봉 산정에서 겨울 산을 보며 서해를 느낀다.

⑨ 옹진 대이작도, 소이작도: 옛 해적의 섬

자월도 근방에 두 개의 이작도가 있다. 소이작도는 옛 해적의 소굴로 그 유적이 휘청골에 있다. 해변에 주먹 쥐고 검지를 치켜든 모습의 '손가락 바위'가 있다. 대이작도는 '섬마을 선생님'의 배경이 됐던 섬이다. 그 앞에 있는 모래섬 풀등은 생태 보전 지역으로 바다의 오아시스다.

⑩ 신안 임자도: 사막 같이 모래가 가득한 섬

무안군 지도읍 점암에서 20분에 임자도로 간다. 이곳은 백암 승려가 경전들을 수습해 간 곳이다. 한국 최장 해수욕장 '명사 삼십리'가 있다. 대파가 온 모래밭을 채운다.

⑪ 군산 어청도, 연도: 중국을 바라보는 섬

군산서 여객선으로 세 시간 거리에 어청도, 연도가 있다. 이곳은 중국의 닭 우는 소리가 들리는 섬이다. 고래잡이의 전진기지다. 서방산 정상에 봉수대가 있다.

(다) 돌과 바람의 나라

⑫ 제주 가파도: 온갖 바람이 지나가는 섬

가파도는 서귀포시 모슬포항에서 5.5km거리에 있다. 가파 포구는 성게 향으로 가득하다. 이곳에는 패총의 흔적, 고인돌이 있다. 이곳은 바람과 더불어 산다.

⑬ 제주 마라도

이곳은 국토 최남단비가 있다. 솟아난 구릉 하나 없이 평평하다. 숲이 없다. 마라도 앞바다는 청보석처럼 푸르나 일제가 인간 어뢰를 숨겨두기 위해 판 해변 동굴이 많다.

⑭ 제주 추자도

추자군도는 제주 본섬의 북쪽에 있다. 해남 땅끝 마을서 바다 속으로 이어진 줄기에서 솟아난 섬으로 진짜 땅 끝이다. 상하추자가 212m의 대교로 하나가 되었다.

⑮ 통영 추봉도: 처참한 포로수용소의 기억

추봉도는 한산도와 다리로 연결된다. 거제도가 코앞이다. 1952년에 포로가 1만 명이나 수용됐던 곳이다. 여기곡(女妓谷)은 기생촌이었는데 예곡(禮谷)으로 개명되었다.

⑯ 통영 비진도: 안팎 두 섬이 모래톱으로 연결된 섬

비진도는 통영서 매물도로 가는 배가 내려주는 섬이다. 안 섬, 바깥 섬 두 개가 모래톱으로 연결되었다. 그 모래톱이 해수욕장이다. 남도의 낭만이 넘실거린다.

(라) 달이 차고 기우는 그곳

⑰ 강화 볼음도, 아차도, 주문도, 말도: 끝나지 않은 전쟁을 생각나게 하는 섬.

이 섬들은 바다의 민통선 안에 있다. 그래서 섬이지만 농사가 주업이다. 이 섬들의 인구는 650명이고 그중 80%가 개신교 신자다. 기독교 왕국이다.

⑱ 강화 석모도: 갈매기가 떼로 모여드는 섬

강화 본섬의 외포리와 석모도 간의 뱃길은 5분 남짓 걸린다. 여기 갈매기는 새우깡이 주식이다. 보문사에서 보는 바다 전망은 아주 시원하고 아름답다.

⑲ 강화 미법도, 서검도: 전쟁의 상처가 가득한 섬

미법도와 서검도 사이에 무인도 괴뢰섬이 있다. 간첩이 침투했다 도주한 곳이다. 이 섬들은 민통선 안에 있다. 군사적 긴장이 생태계의 보

고를 만들었다. 주민들은 간첩 누명을 쓰기도 하였다.

⑳ 여수 거문도: 국립공원이 된 비경의 섬

거문도는 동도, 서도, 고도 세 섬이 모여 하나다. 거문도에는 크고 작은 바위섬들이 비경을 만들어 내는 백도가 있다. 거문도에서는 영국군 수병의 묘지도 있다.

㉑ 대천 외연도: 사랑나무 숲 아래에서

외연도는 대천항서 53km, 보령의 70여 개 섬들 중 가장 먼 섬이다. 10여 개의 유무인 섬으로 구성된 외연열도의 중심이다. 외연도의 당산 숲, 사랑나무 숲은 영원하리라.

(6) 꼭 한 번 가봐야 할 숲길

"숲속 걷기 여행"(이천용 저)에 소개된 것을 초하여 추천한다.

(가) 천년 고도와 함께 살아온 역사의 숲

① 종묘: 서울 한복판을 지키는 경건한 숲

'종묘'는 조선시대에 역대 왕과 왕비의 신주를 모시고 제사를 지낸 왕가의 사당이다. 서울 종로구 훈정동에 있다. 산책로가 잘 되어 있고 숲의 주종은 참나무류이다(T. 02-765-0191).

② 창덕궁 후원: 자연미가 돋보이는 은유의 숲

창덕궁은 태종이 이궁(태자궁, 세자궁)으로 창건한 동궁이다. 서울 종로구 와룡동에 있다. 후원의 숲은 다양하고 활엽수가 대부분이다. 유네스코에 의해 세계문화유산으로 지정되었다(T. 02-762-8261).

③ 영릉: 희귀한 거목들과 왕릉을 둘러싼 솔 숲

영릉은 조선 17대 효종과 인선왕후의 능이다. 경기 여주군 능서면에 있다. 울창한 숲속에 자리하여 산책하기에 좋다. 세종대왕 능과 함께 사적 195호로 지정되었다 (T. 031-885- 3123).

④ 융건릉: 왕릉으로 이어지는 참나무 숲 길

융건능은 융릉(장조: 사도세자와 헌경왕후 혜경궁 홍씨)과 건릉(정조
와 효의왕후 김씨)을 합쳐 말한 것이다. 경기 화성시 태안면에 있다. 주
로 상수리나무 숲이다. 5월에 가면 좋다(T. 031-222-0142).

⑤ 영월 청령포: 단종을 위로하던 관음송과 소나무 숲

청령포는 단종의 유배지다. 강원 영월군 남면에 있다. 앞으로는 강물
이고 뒤로는 험준한 절벽이다. 청령포 숲에는 600살이 넘는 관음송과
절경을 이루는 숲이 있다 (T. 033-374- 1317).

⑥ 중주 탄금대: 악성 우륵과 함께 한 소나무 숲

탄금대는 악성 우륵이 가야금을 연주한 곳이고, 신립장군이 배수진을
치고 싸우다가 전사한 곳이다. 충북 충주시 칠금동에 있다. 기암절벽
에 송림이 어우러진 수려한 산천이 일품이다(T. 043-848-2246).

⑦ 소수서원 숲: 아름답고 청신한 선비들의 쉼터

소수서원은 주세붕이 세운 최초의 사액서원이다. 경북 영주군 순흥
면에 있다. 이곳은 선비의 기개를 이어 받은 듯 청신한 소나무가 병풍
을 두른 듯하다. 주변에 소수박물관이 있다(T. 054-638-5831).

⑧ 월송정 솔 숲: 그윽한 솔 숲 지나 바다가 열리는 곳

월송정은 솔 숲 너머 바다를 바라보는 관동팔경의 하나로 꼽히는 정자다. 경북 울진군 평해읍에 있다. 이 숲은 앞쪽은 오래된 소나무고 뒤쪽은 해송 숲이다. 그 옆에 평해 황씨 종중 숲도 있다(T. 054-782-1501).

⑨ 부용대: 서애 류성룡의 안식처가 되어준 숲

부용대는 연꽃이란 의미의 절벽인데, 화회마을 북쪽에 자리한 언덕이다. 경북 안동군 풍천면에 있다. 부용대 가는 길에 300m 길이의 솔 숲이 있고 그 가운데로 길이 나 있다(T. 054-856-3013).

⑩ 경주 남산: 곳곳에 풍성한 소나무 숲

남산은 경주의 얼굴로 수많은 보물이 있다. 경북 경주시 배동에 있다. 아름다운 나무가 많기로 유명한 산이다. 여러 왕릉을 거치며 숲길을 걷는데 4시간이 걸린다(T. 054-779-6395).

⑪ 경주 계림과 월성: 천년고도와 함께 살아온 천년 숲

"계림"은 경주의 다른 이름이다. 월성은 신라의 궁궐이 있던 곳이다. 이곳은 예나 지금이나 울창한 숲을 유지해 오고 있다. 경북 경주시 교동에 있다. 귀하고 특색 있는 나무가 많다(T. 054-779-6395).

⑫ 명옥헌 원림 : 배롱나무 꽃이 피면 낙원이 되는 정원

명옥헌 원림은 자연속에 정자를 배치한 전통정원이다. 원림은 조선 전통 정원의 백미이다. 전남 담양군 고서면에 있다. 배롱나무가 많고 900살 넘은 은행나무도 있다(T. 080-380 -31114).

⑬ 녹우단 비자나무 숲: 새와 바람을 안고 걷는 비자나무 숲

녹우단은 해남 윤씨 종가이다. 호남의 대표적 고건축물이다. 그 중에 고산 윤선도의 사당이 있다. 전남 해남군 해남읍에 있다. 이곳의 비자나무 숲은 인공 숲이다(T. 061-530-5548).

(나) 자연의 속삭임이 들리는 숲

⑭ 광릉 숲과 국립수목원: 고요한 숲의 소리를 듣는 날

광릉 숲은 조선 세조가 묻힌 광릉의 부속림으로 500년도 더 된다. 국립수목원이 들어선 뒤 더 유명하다. 경기도 포천시 소흘읍에 있다. 조림이나 천연림과 다르지 않다. 백두산 호랑이도 볼 수 있다(T. 031-540-2000).

⑮ 이천 산수유와 반룡숲: 가장 먼저 봄을 전하는 노란 전령사

3월 하순에 경기 이천 백사면에서 산수유꽃 축제가 열린다. 산수유가 가장 많은 곳은 도립리다. 480년 된 반룡송도 볼 수 있다. 이천 쌀밥과 온천으로 유명하다(T. 031-633-0100).

⑯ 오대산 소금강: 바위 위에 앉은 소나무 숲

　오대산 소금강은 수려한 경치를 자랑한다. 금강송이 황토빛 수피를 자랑하고, 개울에는 금강석이 눈부시다. 강원 강릉시 명주면에 있다. 만물상까지 왕복 5시간 걸린다(T. 033-661-4161).

⑰ 대관령 자연 휴양림: 자연림이 무색하게 포근한 인공조림 숲

　대관령 자연휴양림은 한국 최초로 조성된 숲이다. 4백 헥타르나 되는 인공 숲이다. 강원 강릉시 성산면에 있다. 소나무와 활엽수가 서로 벗한다. 자생식물원도 있다(T. 033-644-8327).

⑱ 동해 무릉계곡: 계곡과 바위와 나무, 삼위일체의 숲

　두타산과 청옥산을 배경한 무릉계곡은 기암 괴석과 푸른 못이 어울린 절경이다. 강원 동해시 삼화동에 있다. 숲은 깊어질수록 천연림의 형태를 보인다(T. 033-532-2801).

⑲ 의림지: 가장 오래된 저수지와 왕솔 숲

　의림지는 한국의 가장 오래된 저수지다. 충북 제천시 모산동에 있다. 의림지 둑에는 200여 년생 소나무가 180여 그루나 있다. 수양버들 고목도 늘어져 있다(T. 043-641-5142).

⑳ 속리산 오리 숲: 피안의 세계로 드는 숲길

법주사 입구까지 5리가 된다 하여 '오리 숲'이라 한다. 충북 보은군 내속리면에 있다. 토종 활엽수가 울창하며 걷다 보면 속리를 느낀다. 정이품송도 만날 수 있다(T. 043-452-5267).

㉑ 송호리 솔 숲: 금강변의 소나무 숲과 양산팔경

송호리 솔숲은 양산팔경의 하나로 평지에 있는 숲이다. 충북 영동군 양산면에 있다. 강선대에 오르면 춤추는 듯 한 소나무를 감상할 수 있다. 그 앞으로 금강이 흐른다(T. 043-740- 3228).

㉒ 안면도 솔 숲: 조선 왕실이 관리한 대표적인 봉산

안면도 솔숲은 500년 역사의 숨결을 간직하고 있다. 충남 태안군 안면읍에 있다. 이 숲은 조선 왕실에 소나무를 공급하였고, 지금은 휴양림으로 사랑받는다(T. 041-674-5019).

㉓ 사선대 숲: 천연기념물 나무가 가득한 숲

사선대는 밑으로 오원천이 흐르고 주변에는 울창한 숲이 꽉 차 운치를 더한다. 전북 임실군 관촌면에 있다. 천연기념물(산개나리 가침박달나무) 군락이 있다(T. 063-643-2575).

㉔ 오동도: 푸른 바다에 떠있는 동백 숲

오동도는 육지의 최남단 전남 여수 앞바다에 떠 있는 작은 섬이다. 여수항과 방파제로 연결되어 있다. 동백 외에 다양한 나무 군락이 있다. 주변에 볼 곳이 많다(T. 061-690-7301).

(다) 숲에 들어가 바라보는 피안의 세계

㉕ 오대산 전나무 숲: 일 년 내내 푸르고 꿋꿋한 나무들

월정사 입구 전나무 숲은 잘 알려진 명품 숲이다. 전나무 숲은 사철 경관이 수려하고 공기는 청량하다. 강원 평창군 진부면에 있다. 일주문까지 계속 숲이 이어진다(T. 033-322- 661~5).

㉖ 영월 법흥사의 숲: 아름다운 솔 숲과 할아버지 밤나무

법흥사 솔 숲은 그 자체로도 아름답지만 오고가는 길 풍경이 정겹다. 길 자체가 생태여행이 된다. 강원 영월군 수주면에 있다(T. 033-374-9177~8).

㉗ 태화산의 숲: 백범 김구 선생이 머문 숲

태화산의 소나무 숲은 아주 울창하다. 이곳 마곡사 백련암에 김구 선생이 머물렀다. 충남 공주시 사곡면에 있다. 봄이면 연녹색의 새잎이 산을 뒤덮는다. 경치가 빼어나다(T. 041-841 -6221).

㉘ 문경 운달계곡 숲: 김룡사를 감싸안은 숲

운달계곡을 끼고 들어가는 길과 김룡사 주변 숲은 100년 이상 된 여러 수종의 나무가 있다. 경북 문경시 산북면에 있다. 전나무와 활엽수가 그려내는 봄 풍경은 사람들을 매료한다(T. 054-552-7006).

㉙ 운문산의 숲: 천천히 걸을수록 좋은 소나무 숲

영남 알프스 7산중 가장 경관이 수려한 운문산 자락에 운문사가 있다. 그 입구에는 최고의 소나무 숲이 울창하다. 경북 청도군 운문면에 있다. 유명한 처진 소나무도 본다(T. 054- 372-8800).

㉚ 가야산의 숲: 팔만대장경을 품은 유서 깊은 숲

주차장에서 해인사 입구까지 4km에 이르는 홍류동 계곡길은 100여 년 된 소나무 숲이 아름답다. 경남 합천군 가야면에 있다. 해인사에서 팔만대장경을 볼 수 있다(T. 055-934- 3007).

㉛ 변산반도의 숲: 하늘을 가리는 전나무 숲길

대변산에는 변산과 내소사가 으뜸이다. 내소사 일주문에서 시작하는 전나무 숲길에는 늘 청신한 기운이 가득하다. 전북 부안군 진서면에 있다. 절 안에는 천년 된 느티나무가 있다(T. 063-583-7281).

㉜ 고창 은사리 단풍나무 숲: 별세계인 듯 화려한 가을 숲

이 숲은 천연기념물이 되었다. 전북 고창군 고수면에 있다. 문수사로 가는 길에 100~400년 된 단풍나무 고목이 즐비하다. 온통 단풍나무 천지다(T. 063-562-0502).

㉝ 내장산의 숲: 낙엽도 아름다운 단풍의 명산

정읍의 내장산은 가을만 되면 단풍 보러 사람들이 전국에서 몰려든다. 단풍나무가 내장사로 가는 길에 가지런히 도열하여 터널을 만든다. 내려올 때는 자연관찰로로 오는 것이 좋다(T. 063-578-8741).

㉞ 백암산의 숲: 갈참, 단풍, 비자나무의 합창

전남 장성의 백암산은 백양사와 애기단풍으로 유명한 곳이다. 5천 그루의 비자나무 숲은 천연기념물이다. 큰 느티나무, 보리수나무도 있다(T. 061-392-7502).

㉟ 두륜산 구림리 숲: 숲에서 들여다보게 되는 피안의 세계

두륜산 기슭의 대흥사 가는 길은 신갈, 편백, 동백나무 숲으로 한 여름에도 짙은 그늘이 진다. 전남 해남군 삼산면에 있다. 인파를 피해 새벽에 가는 것도 좋다(T. 061-530-5549).

(라) 사람을 위해 가꾸고 보전한 숲

㊱ 대청도의 숲과 사막: 사막에서 살아가는 나무들

대청도는 인천광역시 옹진군에 속한다. 인천서 200km나 가야 한다. 대청도에는 모래사막, 백사장, 방풍림 소나무들, 동백 숲이 있다. 1박 2일로 해야 한다(T. 032-888-9600).

㊲ 남한산성 숲: 산성을 지키는 소나무 숲

남한산성은 성곽을 따라 길이 잘 나 있다. 봄에는 아카시아 꽃, 가을에는 단풍, 겨울에는 눈에 덮인 소나무들로 사계절 아름답다. 경기 광주시 중부면에 있다(T. 031-742-7856).

㉘ 서산 해미읍성 숲: 천주교도의 혼이 깃든 회화나무와 숲

해미읍성은 왜구에 대한 방비책으로 쌓은 성이다. 이곳은 천주교를
박해한 곳으로도 유명하다. 순교하는 천주교도를 지켜본 화화나무, 아
주 멋진 숲이 있다(T. 041-660-2540).

㉙ 공주 공산성: 느티나무 고목과 숲에 감싸인 산성

공주 금강변에 자리 잡은 공산성은 백제시대의 산성이다. 충남 공주
시 금성동에 있다. 성 안에는 느티나무 고목이 많다. 숲길은 갈참나무
를 주축으로 활엽수가 꽉 차 있어 그늘이 짙다(T. 041-856-0331).

㊵ 부여 부소산성: 백마강이 휘도는 낙화암과 울창한 소나무 숲

부소산성은 백제시대에 쌓은 토성이다. 충남 부여군 부여읍에 있다.
이 성은 여러 산성 중에서도 숲이 많은 곳이다. 주로 소나무 숲이다. 삼
천 궁녀가 빠져 죽은 낙화암도 있다(T. 041-830-2512).

㊶ 거창 동호리 숲: 연안 이씨가 보전한 소나무 숲

동호리 숲은 연안 이씨가 보전한 숲이다. 경남 거창군 웅양면에 있다.
싱그러운 소나무 숲을 지나면 상수리나무 숲이 이어진다. 연안 이씨 기
념비 옆에 500년 된 노송 셋이 서 있다

㊷ 함양 상림: 한국 최초의 조림가 최치원이 만든 숲

상림 숲은 최치원 선생이 함양 태수로 있으면서 홍수를 막기 위해 조성한 활엽수 숲이다. 경남 함양군 함양읍에 있다. 조성한 숲 중 가장 넓다. 옆으로 거대한 연 밭이 있다(T. 055- 960-5163).

㊸ 덕유산 자연휴양림: 외래 수종 조림 숲

덕유산 자연휴양림 입구를 지나 다리 건너 왼쪽으로 산책로가 있다. 50분 정도 가면 독일 가문비나무 숲이 나온다. 전북 무주군 무풍면에 있다(T. 063-322-1097).

㊹ 법성포 숲쟁이: 해풍이 빚은 아름다운 수형

전남 영광군 법성읍 법성포에 느티나무 위주의 활엽수림 "숲쟁이"가 있다. 숲쟁이는 마을 근방의 수풀을 말한다. 적군을 방어하기 위해 조성한 숲이다(T. 061-353-3701~5).

㊺ 담양 관방제림: 희귀한 푸조나무의 축제

관방제림은 관에서 조성한 숲이다. 전남 담양의 관방제림은 수해방지가 목적이다. 주로 푸조나무가 많다. 천연기념물이다. 근방에 있는 메타세쿼이아, 대나무 숲도 일품이다(T. 061- 380-3114).

㊻ 둔동마을 숲쟁이: 마을과 강 사이의 숲

전남 화순의 동복호 주변은 경관이 아름답다. 동복천을 따라 수백미
터나 늘어선 숲이 보인다. 둔동 숲쟁이는 500년 전에 조성된 것으로 느
티나무, 서어나무, 왕버들 등이다(T. 061- 374-0001).

㊼ 제주 비자림: 천년의 역사를 지닌 원시의 숲

제주 비자림은 천연기념물이다. 제주시 구좌읍에 있다. 45ha에
500~800년생 비자나무 2,800여 그루가 자생한다. 세계적으로도 보기
드문 원시의 숲이다(T. 064-710-6648).

4. 걷기 전에 알아야 할 것들

우리는 걷는 것은 늘 하는 일이므로 예사로 생각하고 무조건 하면 된다고 생각하기 쉽다. 그러나 그것은 그렇지 않다. 우리가 본격적인 걷기를 하려면 사전에 미리 알아두어야 할 것들이 있다.

(1) 신발, 의복 그 외 챙길 것

① 신발: 발은 우리가 서 있을 때 몸무게를 지탱하고 몸의 중심을 잡아준다. 걸을 때는 몸을 받들고 이동시키는 가장 중요한 기관이다. 그런데 이 발을 보호하는 신발은 아주 중요하다. 만일 신발이 제 역할을 못하면 발 모양이 변하고, 무좀이나 티눈, 굳은살 등의 여러 문제가 생길 수 있다. 거의 대부분의 발의 문제는 부적절한 신발 때문에 생긴다. 대부분의 기능성 신발은 외부충격으로부터 발을 최대한 보호하기 위해 특별하게 제작된다.

신발을 고를 때 가장 중요한 고려 사항은 미드솔(중창)이다. 미드솔(중창)은 여러 상표와 모델 사이에 큰 차이를 나타내는데 첨단 기법을 적용시키는 부분이다. 주로 충격의 흡수, 마찰열의 최소화, 중량의 최소화가 핵심 기능이다.

걷기를 위한 신발은 조금 넉넉해야 하며, 등산화는 더욱 그렇다. 신었을 때 충격이 잘 흡수되고, 열이 덜 나고, 가벼우므로 발이 편해야 한다.

발 모양에 따라 끈을 달리 매므로 발을 편하게 할 수 있다.

② 의복: 운동할 때 옷도 중요하다. 걷기를 할 때도 옷이 날개다. 달리기용으로 나온 러닝셔츠는 땀을 잘 흡수하고 열을 빠르게 발산한다. 그러니 한 여름에 좋다.

가장 좋은 옷은 피부로부터 습기를 잘 흡수하고, 피부가 숨을 쉴 수 있도록 면과 같은 자연 섬유로 된 것이다. 더운 날씨에는 몸을 시원하게 하고, 추운 날씨에는 몸을 따뜻하게 하면 된다.

* 바지: 땀을 자 흡수하는 면이나 나일론 재질이 좋다.

* 상의: 편안해야 하고 팔의 스윙이 자유로워야 한다.

* 양말: 습기를 잘 흡수하고 충격을 높이는 두꺼운 것이 좋다.

* 모자: 여름에는 그늘을 지우고, 겨울에는 따뜻하게 한다.

③ 그 외의 것들

* 선글라스: 강한 햇빛과 자외선으로부터 눈을 보호한다.

* 만보계: 걸음 수와 운동거리를 측정함으로 자신의 운동량을 알 수 있다.

* 물: 30분 이상 걸을 때는 마실 물을 준비해야 한다. 목이 마르기 전에 미리 마셔야 한다. 걷는 내내 소량을 자주 마셔야 한다.

* 배낭: 걷는 시간이 늘어나 휴대품이 많아질 때는 배낭에 넣는 것이 제일 간편하고 좋다.

'물'을 꼭 마셔라

▶ 규칙적으로 물을 마셔 주면 체내의 찌꺼기와 독소가 제거되고 피부가 건강하고 윤기 있게 유지된다.

▶ 체내 기관이 원활히 돌아가기 위해서는 적절한 수분이 필요하다.

특히 신장과 결장에 수분섭취가 미치는 영향은 크다. 방광염 같은 요로염증이 예방되며 결장에 염증이 날 위험이 줄고 변비를 예방한다.

▶ 음식물에 함유된 모든 필수 비타민, 당분, 영양소가 체내에 골고루 흡수되게 도와주는 소화효소를 생성하는데 꼭 필요하다.

▶ 수분섭취에 따라 체온 조절이 가능하기 때문에, 특히 더운 날에는 충분히 물을 마셔야 한다.

▶ 수분섭취가 충분하면 정신이 맑아지고 기운이 솟는다.

▶ 탈수증세가 나타나면 두통이 생길 수 있다. 바꾸어 말해서 규칙적으로 물을 마시면 두통을 예방 할 수 있다.

(2) 걷기의 주인공 발 관리

① 일반적인 발 관리

걷는 데는 발이 가장 중요한 역할을 한다. 발이 아니면 걸을 수 없다. 발이 수고하여 온 몸이 따라간다. 그러므로 걸을 때 발이 탈이 나기 쉽다. 그러니 우리는 발을 잘 관리해야 한다.

• 베인 상처, 물집, 까진 데, 붓기가 없는지 매일 살피고 회복이 더디면 의사의 치료를 받는다. 이러한 것을 막기 위해선 양말을 두 켤레 신는 것이 좋다.

• 매일 따뜻한 물에 발을 씻는다. 너무 뜨거운 물은 좋지 않다. 아주 심한 운동을 했을 때는 찬물에 씻는 것이 좋다. 물기를 잘 닦고 발을 건조하게 해야 한다.

- 연마 돌로 부드럽게 문질러 티눈과 굳은살을 제거한다. 그러나 무리하게 해서는 안 된다. 티눈은 잘 맞지 않는 신발이 주범이다.
- 규칙적으로 발톱을 깎아 준다. 손톱깎이로 일자로 자르고, 손톱소제 칼로 끝부분을 잘 다듬어 준다. 발톱의 양끝이 살로 파고드는 내향성 발톱이 안 되도록 주의한다.
- 발바닥 근막염은 발뒤꿈치 통증이 심하다. 이것의 예방, 치료를 위해서는 충격을 잘 흡수하는 신발을 신어야 한다.
- 무좀은 발의 피부가 벗겨지고 가려운 증상이 나타나는 것이다 무좀을 예방하고 치료 하려면 발을 자주 씻어야 한다. 그리고 건조하게 해야 한다.

③ 발의 피로 풀기

그리고 걸어서 생긴 발의 피로를 풀어주어야 한다. 누적된 피로를 그대로 방치하면 나중에 걸을 수 없게 될 수도 있다. 하루 10분을 투자해 발의 피로도 풀고 기분도 전환할 수 있다.

- 다리 들어올리기: 걸어서 쌓인 피로를 가장 쉽게 해결할 수 있는 방법은 누운 자세에서 양 다리를 높게 들어 올리는 것이다. 이 때 양 손을 함께 들어 올리면 더 좋다. 관절의 힘을 빼고, 들어 올린 두 다리와 두 팔을 흔들어 준다. 이렇게 하면 무거웠던 다리가 점점 가벼워진다. 그것은 하지로 몰렸던 피를 반대로 흐르게 하여 순환을 돕기 때문이다.
- 발목 돌리기: 발목 돌리기는 선 자세, 앉은 자세 등 여러 자세에서 할 수 있다. 발목을 돌리면 발목 주변의 근육과 인대의 긴장이 풀어지고, 여러 경락이 자극되어 기능이 높아진다.

• 발바닥 자극하기: 발바닥을 최대로 오그렸다 폈다를 반복하거나 끝
  이 뭉툭한 나무를 이용해서 용천혈을 자극하고, 주먹을 쥔 채로 손
  가락 관절마디를 이용해서 발바닥을 위아래로 문지르거나 두드린
  다. 그러면 한쪽으로 편중되었던 힘을 분산시키는 효과가 난다.

(3) 준비운동. 정리운동

걷기에도 준비운동, 정리운동이 꼭 필요하다. 갑작스러운 운동은 심장에서 혈액공급을 불완전하게 하고, 근육이나 관절에 많은 부하를 준다. 준비운동을 하면 골격근의 수축 시간과 반사 시간이 짧아지므로 운동하기에 좋은 상태가 된다. 그리고 준비운동 못지않게 정리운동도 중요하다. 정리 운동을 하므로 모인 근육이 풀리고 아래로 모인 피가 심장으로 잘 돌아가게 된다.

① 준비운동

보통 사람들은 걷기 전에 준비 운동을 잘하지 않는다. 그러나 준비운동은 꼭 해야 한다. 준비운동을 하면 호흡과 혈액순환이 활발해지고 골격근 온도가 높아져 대사가 촉진되고 혈액과 효소가 잘 공급되어 근육의 움직임이 쉬워진다. 표준적인 준비운동은 스트레칭운동, 유연성운동, 트레이닝 움직임을 나타내는 동작 등이다.

준비운동은 본운동에 대비하기 위해 체온을 올려가는 과정이다. 체온이 올라가면 혈관을 확장시키는 호르몬이 분비되어 체내의 기관으로부터 운동하는 근육 쪽으로 더 많은 피가 공급된다. 이 호르몬은 심장

에도 작용하여 심장박동의 강도와 빈도를 높이고, 심장이 산소가 풍부한 혈액을 근육으로 전달하게 한다. 체온이 올라가면 관절 사이의 활액은 점성이 약해 윤활제 역할을 하며, 따라서 관절 부위를 더 쉽게 움직일 수 있게 한다.

준비운동 시에는 무리하지 말아야 한다. 편안한 마음으로 긴장을 풀어야 한다. 그리고 자신의 몸에 집중하여 신체 내부의 변화에 대하여 생각한다. 준비운동을 할 동안에는 몸을 따뜻이 유지하기 위하여 겉옷을 입고 있어야 한다.

② 정리운동

정리운동도 중요하다. 운동 후 정리운동을 하지 않으면 혈액이 심장으로 원활하게 돌아오지 않아 심장의 혈액량이 줄어들 수 있다. 그러면 나가는 양도 줄어들어 일시적인 허혈증상이 나타날 수 있다. 고혈압의 경우 운동 중에는 혈압이 올라가는데, 운동 후 완전히 쉬게 되면 정상으로 돌아가는데 회복시간이 길어진다.

정리운동은 스트레칭과 심혈관계를 위한 운동이다. 스트레칭은 운동 후의 근육통을 감소시킨다. 심혈관계 운동은 혈액순환을 정상화 시킨다. 정리운동은 천천히 걷기, 스트레칭운동, 유연운동 순으로 가볍게 한다. 마무리 단계의 마지막 5분은 속도를 늦춰서 걸으며 강도를 약화시켜 준다. 이 시간은 걷기를 정리하고, 다음을 계획하는 시간으로 사용한다. 그 후 자기 몸에 맞게 가볍게 스트레칭운동, 유연운동을 한다.

그런데 효과적인 스트레칭을 하기 위해서는 먼저 규칙적으로 해야 한다. 그리고 몸 전체를 고려해서 해야 한다. 자신의 몸 수준에 맞추어서 적당히 해야 한다. 다른 사람의 시선을 의식치 말고 집중해야 한다. 평소에 잘 움직이는 방향으로 하는 것이 좋다.

스트레칭으로 '유연성'을 길러라

▶ 골반주변의 근육과 오금, 대퇴근을 규칙적으로 스트레칭해 주면 등 아래쪽의 스트레스를 줄일 수 있다.

▶ 스트레칭은 근육의 긴장을 풀어주어 몸 안의 독소를 몰아내며, 활기를 준다.

▶ 운동 후의 스트레칭은 근육통과 결림을 완화시켜 준다.

▶ 스트레칭은 연조직을 재편성하여, 자세를 바르게 해 주고 균형을 잡아 준다.

▶ 스트레칭은 관절에 혈액과 영양분을 공급하여 관절의 퇴화를 막아 준다.

▶ 충격-반응 속도(충격이 뇌와 등까지 전달되는데 걸리는 시간)가 스트레칭을 하게 됨으로써 짧아진다. 이것은 서로 다른 근육군이 의도된 대로 작용할 수 있도록 도와준다.

(4) 응급처치, 구조요청

걷기운동은 가벼운 운동이므로 다치거나 돌발 상황이 잘 생기지 않는다. 그러나 경우에 따라서 그러한 상황이 될 수 있다. 그러한 상황에 대처하기 위해서는 응급처치가 필요하고, 아주 위급한 상황이면 구조요청을 해야 한다.

① 돌발 상황 예방

그런데 운동 중의 어떤 상해는 즉시 나타나기도 하지만, 일부는 조금씩 누적되면서 악화되기도 한다. 그러니 평소에 주의를 기울여야 한다. 걷기 중에 다음의 증상들이 나타나면 경고로 생각하고, 무시하면 안 된다.

○ 관절이 아프다. 무릎, 발목, 팔꿈치, 손목 등의 관절은 특히 중요하다. 통증이 48시간 이상 지속되면 의사의 진찰을 받아야 한다.

○ 특정 부위를 눌렀을 때 아프다. 이것은 압통이다. 이것은 그 부위에 심각한 손상이 있을 가능성이 높다.

○ 감각이 무디거나 따끔거리고 욱신거린다. 이러한 증상은 신경압
  박과 관련될 수 있다.
○ 한쪽만 이상하다. 이것은 심각한 손상을 알아내는 단서가 된다.
○ 붓는다. 이것은 대부분 스포츠 손상의 징후다. 관절 내에 심각한
  부종이 있다면 관절이 움직이는 범위는 감소한다.

② 응급처치

그 다음에 우리가 걷다가 갑자기 문제가 생기면 어떻게 해야 하나? 우
리는 미리 생각하고 대비하지 않으면 크게 당황할 수 있다.

우리가 걷다가 생기는 문제는 주로 발에 많다. 그것은 물집, 발바닥
근막염(뒤꿈치 통증), 전족부 통증, 접질리거나 삐는 것 등이다. 그리고
근육의 경련, 경직, 정강이 외골증, 건염, 찰과상, 화상, 찔리거나 베임,
쏘이거나 물림 등이 있으며, 심각한 증상으로 골절, 일사병, 저체온증,
쇼크 등이 있다.

그런데 우리가 이러한 문제를 만난다면, 심각하지 않은 것은 속히 운
동을 중단하고 돌아와서 치료를 하면 된다. 그러나 심각한 경우를 만난
다면,

• 즉시 운동을 중단하고 안정을 취해야 한다.
• 손상된 부위를 압박붕대로 감아 손상 부위를 감싸고 압박한다. 찬
  물이나 얼음을 사용해서 손상 부위를 차갑게 한다.
• 부종을 감소시키기 위해서 손상 부위를 심장보다 높게 올린다.

③ 구조요청

그런데 심각한 상황에 빠진 환자는 신속히 응급처치를 하면서 구조

요청을 해야 한다. 구조요청을 할 때는 정확한 장소, 환자의 인적 사항, 부상과 질환의 원인과 정도, 경가된 시간, 구조요청자의 신원, 연락처 등을 자세히 알린다. 그 후 구조가 될 때까지 환자를 안심시키고 잘 돌보아야 한다.

Ⅱ부

하나님을 마음에 모시고 걸으라

묵 상 하 며 걷 기

걷기가 대유행이다. 가만히 앉아 있고 차만 타고 다니는 것을 행복으로 치던 시대는 지난 것 같다. 많은 사람들이 길 위로 나오고 있다.

신문이나 잡지, TV는 걷기운동을 벌이고 있다. 갖가지 정보를 제공하고 좋은 코스를 소개하므로 걷기 붐을 일으킨다. 사람들은 걷기에 대한 이야기가 평범한 것이나 아주 특별하게 받아들인다. 마치 지금 걷기를 배워 시작하는 사람처럼.

그런데 아주 많은 사람들이 걷기운동을 하는 것 같으나 실제로는 그렇지 않다. 그런 사람은 아직도 일부일 뿐이다. 현대의 많은 사람들이 걷기의 즐거움에 무감각하다.

"솔직히 말해 나는 여러 주일, 여러 달, 아니 여러 해 동안 상점이나 사무실에 하루 종일 틀어박혀 지내는 내 이웃 사람들의 참을성, 혹은 정신적 무감각에 놀라지 않을 수 없다"(헨리 데이비드 스로).

옛부터 생각이 깊은 분들은 걷기를 예찬했다. 동의보감을 쓴 허준이 "약보(藥補)보다 식보(食補)가 낫고, 식보보다 행보(行補)가 낫다"고 했다. 다산 정약용은 "걷는 것은 청복(淸福)" 즉 "맑은 즐거움"이라고 했다. 니체는 "가장 중요한 것은 길 위에 있다. 우리의 첫 철학 스승은 우리 발이다"라고 했다.

우리는 이러한 말을 새기면서 열심히 길을 걷는 사람들을 따라 걷기 운동에 동참해 보자. 신정일 씨는 부산 동래산성에서 서울 숭례문까지 영남의 선비들이 과거보러 다닌 길을 14일간에 걸쳐 다 걸었다. 그는 숭례문에 도착하자, 또 다른 출발을 다짐했다.

"다시 시작하자. 길은 끝을 위해 존재하는 것이 아니라 또 다른 시작을 위해 존재하는 것이다. 길이여, 나를 데려왔고 다시 데려갈 길이여!"

우리는 앞장에서 우리가 걸어야 하고 걷는데 필요한, 그리고 알아야 하는 것들에 대하여 살펴보았다. 이제 이 장에서는 명상, 묵상하며 걷는데 대하여 말하고자 한다.

명상, 묵상은 조용한 장소에서 앉아서 하는 것이 제일 좋은 것 같다. 그러나 서서 하는 것도 좋고, 걸으면서 하는 것도 좋다. 옛날부터 걸으면서 명상한 많은 사람이 사색가, 철학가, 예술가가 되었다.

걷기를 통해 배움과 사유가 가능하다. 다비드 르 브리통은 "걷기예찬"에서 "보행은 가없이 넓은 도서관"이라고 했다. 많은 철학가, 작가들이 걷기를 통해 자유로운 사색, 추리, 논증을 이뤄냈다.

키엘케고로는 "걸으면서 나의 가장 풍요로운 생각들을 얻게 되었다. 걸으면서 쫓아버릴 수 없을 만큼 무거운 생각이란 하나도 없다"고 했다.

니체는 차라투스트라에서 "심오한 영감의 상태, 모든 것이 오랫동안 걷는 길 위에서 떠올랐다. 극단의 육체적 탄력과 충만(도 길 위에서 얻어졌다)"라고 적었다.

다버트 르 브르통은 "한가롭게 거니는 것이야말로 도시에서 걷는 진정한 기술의 이름이다. 한가하게 거니는 산책자는 딜레탕트 사회학자인 동시에 소설가, 신문 기자, 정치가, 일화 수집가의 자질을 갖추었다"라고 하였다.

프랑스의 수필가 에밀 시오랑이 1965년 10월 11일자에 기록한 메모에는 산책을 통해 얻은 기쁨이 가득하다. "일요일인 어제 나는 리옹 숲 기슭을 20km도 넘게, 주로 아름다운 로브르리 골짜기 안에서 걸었다. 오늘 내 안에는 철학에 대한 도취와 열광이 충만하다. 뇌는 근육을 움직일 때에만 작동한다. 언젠가 보행론을 써봐야겠다."

과거 철학자들 가운데는 걸으며 생각한 사람이 많았다. 그리스어 페리파테인(peripatein)은 '산책한다'는 뜻이다. 이 말에서 파생된 페리파토스는 '산책하며 철학하는 사람들'을 가리킨다. 걸으면서 스승 아리스토텔레스의 가르침을 들은 사람들이다. 아리스토텔레스의 철학은 소요(逍遙)철학이라는 이름을 갖고 있다.

우리는 걸을 때 혼자서 걸을 수도 있고, 몇 사람이 걸을 수도 있으며, 많은 사람이 단체로 걸을 수도 있다. 그런데 명상, 묵상하며 걷는 것은 주로 혼자 걷는 경우에 하는 것이다.

혼자 걸으면 외로운 경우가 많다. 초보자인 경우, 초보자가 아니더라도 코스가 생소하거나 먼 경우에 더욱 그러할 것이다. 또 혼자 걸으면 더 힘들게 느껴진다. 좀 난코스이면 혼자서 헤쳐가야 하므로 상당히 힘들 것이다. 그리고 경우에 따라서 위험성도 따른다. 아무의 도움도 받을 수 없기 때문에 어려운 상황에서 위험에 처할 수 있다.

그러나 혼자 걸을 때 유익한 것도 있다. 먼저 아무의 제재나 관심을 받지 않고 자유롭게 할 수 있는 것이다. 그 다음에 더욱 좋은 것은 혼자만의 생각, 사색을 할 수 있는 것이다. 걸으면서 계속 명상, 묵상을 할 수 있는 것이다.

우리가 조용한 길을 묵상하면서 걷는다면, 그것은 마음에 하나님을 모시고 하나님과 함께 걷는 것이다. 우리는 결코 혼자가 아니다. 우리가 산책하는 시간 내내 하나님이 함께 걸으신다. 그 때 우리는 아주 든든하다. 하나님이 옆에서 같이 걸으시니 얼마나 든든한가? 그리고 아주 안전하다. 아무리 위험한 골짜기라도 아무 해도 받지 않고 나갈 수 있다. 하나님이 함께 하여 막아주시기 때문이다. 그 다음에 그 길은 아주 쉽다. 어떤 난코스도 무사히 통과하여 쉽게 갈 수 있다. 하나님이 도와주시기 때문이다.

우리는 이러한 걸음, 묵상하며 걷는 걷기를 통하여 육체적, 정신적으로 얻는 유익 외에 큰 영적 유익을 얻을 수 있다. 영적 성장을 가져올 수 있다. 조용한 장소에서 기도하는 것 못지않게 하나님이 주시는 은혜와 평강을 체험할 수 있다.

나는 종종 혼자서 걷는다. 어떤 때는 일부러 혼자 걷는다. 혼자서 큰 산에 가기도 한다. "어떻게 혼자 다니나? 무슨 재미로, 겁나지 않나" 이런 말은 몰라서 하는 말이다. 혼자서 걷는 여러 시간 동안 주님이 함께 하시니, 너무도 재미있고 즐겁다. 마음이 안정되고 은혜와 평강이 찾아온다. 네 다섯 시간이 한 시간 지난 것 같다. 마음에는 좋은 생각이 일어나고 멋진 시상이 떠오른다. 입에서는 찬송이 나오고, "할렐루야"가 절로 난다.

1. 명상의 바람이 거세게 불고 있다.

해마다 여름이 되면 몇 차례의 태풍이 분다. 그 태풍의 위력은 대단하다. 그러나 그 태풍은 국지적이다. 그런데 지금 온 세상을 뒤덮는 거대한 태풍이 불고 있다. 그 소리 요란하고 천지를 뒤흔든다.

그것은 명상의 태풍이다. 명상은 본시 조용하여 태풍에 비할 수 없으나, 그 열기 대단하여 온 세상을 뒤덮으니 태풍에 비할만하다.

(1) 명상의 불길 – 사람들이 그리로 몰린다.

지금 온 세계에 명상의 불길이 맹렬히 타오른다. 그것은 전에 없었던 특이한 사실이다. 지금 미국에서는 명상 수행자가 1천만을 넘었다. 미국 사람들은 명상을 깔끔한 사람들의 거품 목욕으로 비유한다. 미국서는 사람들이 어디서나 마음만 먹으면 명상을 할 수 있다. 공항에도 명상을 위한 방이 준비되어 있다. 미 육사에서는 명상을 강의한다. 아이오와주의 각급 학교에서는 정규적으로 명상을 실시한다. 많은 고학력 저명인사들이 명상에 빠져 명상을 예찬한다. 타임지는 명상의 의학적 유익에 대하여 강조하였다.

단학선원을 창설한 이승헌은 단군상 때문에 기독교와 악연을 맺고 있다. 그는 한국에서 활동하다가 미국으로 건너가 아리조나 세도나에서 25만평 땅을 구해 세계 최대의 명상 센터를 열었다. 그는 단학으로 명상하는 사범 1백만 명을 배출하였다. 물질문명의 풍요 속에서 정신적 공허감을 느끼는 고학력층이 그리로 몰린다. 그는 세계적인 정신지도자 50명의 대열에 끼이게 되었다.

불교는 원래 명상종교다. 그런데 그 불교는 명상을 일반인들에게 확산시키고 있다. 해마다 여름이 되면 "참 나"를 찾아 산사로 짧은 출가를 하는 자들이 늘고 있다. 단양 구인사에 1달간 명상하는 과정에 3천명이 등록하였다. 짧은 기간 들락날락한 사람은 2만 명이 넘는다. 그들은 하루 12시간 계속 "관세음보살"만 염송한다.

요가는 인도 힌두교에서 나온 운동을 겸한 명상이다. 이 요가는 불교로 들어가 자리를 잡았다. 불교 요가는 불교의 명상과 큰 차이가 없다. 그런데 현대의 시중에서 하는 요가는 운동, 다이어트를 주로 한다(그러나 물론 그 속에는 힌두교, 불교의 독소가 있다). 그래서 현대인들에게 인기가 높다. 많은 젊은이들이 한번에 5만원을 내면서 즐겨 찾는다. 내가 이 주제로 강의했을 때 어느 목사는 "심방하면서 요가 책을 10권 빼앗아 놨는데 어째야 되느냐"고 물었다. 많은 신자들이 요가에 참여한

다. 요가는 요가가 기독교와 배치되지 않는다고 강조하면서 신자들을
현혹한다.

베트남의 중 틱낫한이 한국을 방문하였다. 그는 호흡, 걷기 명상으로
세계에 알려진 인물이다. 그의 책은 온 세계에 인기가 높다. 그런데 그
가 전에 왔을 때는 아는 사람이 많지 않았는데, 이번에는 공항에서부터
대중의 스타가 되고, 20여일 있는 동안에 수많은 사람들이 그의 뒤를 따
랐다.

요즘 종교도 아니면서 종교 비슷한 형태를 가진 수많은 명상 그룹이
생기고 있다. 그런 그룹들은 피곤에 지친 현대인들에게 평안을 줄 수
있다고 하면서 한결같이 명상의 방법을 쓴다. 겉은 다 다르나 그 속은
비슷하다.

그런데 이 모든 명상 그룹은 범신론적이며, 그들 나름의 명상을 통하
여 우주적 자아에 이르며, 그것이 곧 평안이라고 한다. 그러니 그들은
다 반기독교적이며, 거기에 빠지는 자들로 하여금 하나님과 멀어지게
하고, 반대편에 서게 한다.

(2) 그러면 이렇게 되는 원인이 무엇일까?

왜 사람들은 명상으로 기울어질까? 그것은 현대의 속도, 변화, 복잡에
대한 반작용으로 일어나는 현상이다. 현대사회는 너무도 빠르게 달리
고 무섭게 변화하며 복잡해져간다. 비행기는 마하6을 넘어섰고 마하
10에 도전하고, 자동차도 마하를 돌파하였다. 광속의 세상은 무한경쟁
의 시대며 정보의 홍수시대다. 이런 속에서 사람들은 다 좌불안석이다.

아프리카의 누영양은 바스락 소리만 나도 놀란다. 한 마리가 놀라 뛰면 다 같이 뛴다. 수만 마리가 영문도 모르고 지치도록 달린다. 그 때 극도로 지친 놈들은 사자의 밥이 된다. 현대인들은 누영양과 흡사하다. 여유를 모르는 조급성에 사로잡혀 있다. 무조건 치고 달린다. 혼자 바쁘다. 도무지 가만히 있지 못한다. 가만히 있으면 마음이 불안하다. 특히 우리 한국은 서구인들이 수백 년간 겪은 변화를 50년에 다 경험하였다. 그래서 온 국민이 바쁘다. 다 무조건 달린다. "빨리 빨리"를 외치며 질주한다. 그러면서 불안하고 초조하다.

"나는 바쁘다 고로 나는 존재한다"(가이슬러).

그런데 도무지 적응 못할 정도로 빠른 변화는 인간에게 심각한 문제를 야기시킨다. 인간의 뇌는 사실상 선사시대나 동일하다. 여러 가지를 다 동시에 소화할 수 없다. 너무도 빠른 변화에 뇌는 과부하 현상이 일어난다. 그래서 여러 가지 스트레스가 생긴다. 여러 가지 질병이 생긴다.

"인간의 모든 불행은 고요하지 못한데 있다"(파스칼).

자기는 돌보지 않고 무조건 달리기만 한 목회자는 쓰러지고 탈진한다. 정신없이 달린 자들은 자기 정체성을 상실한다. 본질에서 이탈한다. 각종 스트레스와 질병에 시달리게 된다. 그런데 이러한 사실을 경험한 사람들이 이제 빠른 것은 사양하고 느림을 추구하고 있다. 느림의 문화가 점차 확산 되고 있다. "일방적으로 속도에 끌리지 말자. 이러다간 다 죽겠다"하는 사람들이 늘고 있다. 서구에서는 느린 도시, 저성장 운동이 일고 있다. 일본서는 컴퓨터 없는 날, 전기 쓰지 않는 날이 나오고 있다.

"느리게 산다는 것의 의미"(피에르 상소)는 베스트셀러가 되었다. 명상, 라운지 음악이 잔잔히 인기를 얻고 있다. 십자수, 자전거 타기가 유행하고 있다. 미국서는 1천년에 한 번 돌고 1만년 동안 작동하는 시계를 만들었다. 느림의 의미를 깨우치기 위해서다.

이러한 분위기 속에서 정신적 측면에서 느림과 단순함을 찾는 사람들이 명상으로 기울어지고 있다. 속도와 복잡함에 지친 사람들이 명상을 찾아 안정과 평화를 얻으려 한다. 그래서 명상은 인기가 있고 찾는 자들이 많다.

그리고 명상으로 기울어지는 데는 요가를 비롯한 명상 그룹들이 한결같이 건강, 다이어트를 내세우기 때문이다. 점점 운동하기 어렵고 비만에 고민하는 현대인들의 최대 관심사는 건강, 다이어트 같은 것이다. 그런데 이렇게 되는 배후에는 사악한 마귀의 술수가 있다. 마귀는 모든 지혜를 동원하여 사람들을 하나님으로부터 멀어지게 한다(전용복, 앞의 책, PP. 19~23).

(3) 명상의 방법과 나가는 방향

그런데 이러한 명상 그룹은 한결같이 잡념을 없애기 위하여 주문을 외운다. 그 주문은 그 의미도 새기지만, 그보다 모든 잡념을 없애고 집중하기 위한 수단으로 사용된다. 그 주문은 사실 별 것도 아니거나 이

교적이다. 그러나 그것을 성심껏 며칠이라도 계속하여 외운다. 그러면 그것에 몰입되고 완전히 깊이 빠지게 된다.

그 가운데 깊은 호흡을 강조한다. 그것은 주로 복식호흡이다. 때로 아주 특수한 호흡법도 강조한다. 깊은 호흡을 할 때 긴장이 이완되고 안정감이 생기고 평안한 마음이 된다. 그리고 어떤 것을 명상할 준비가 된다. 그런데 대부분의 명상 그룹에서 호흡 자체가 바로 명상이다. 우리는 깊은 호흡을 하면 내면의 마음속 깊은 곳에 집중하게 되고, 그러면 우리의 뇌는 쉼을 얻게 되며, 그 결과 마음속에 평안이 찾아온다.

그런데 이러한 명상 그룹은 거개가 다 범신론에 뿌리를 두고 있다. 우주와의 합일을 강조한다. 잡념을 제한 상태에서 우주와 하나임을 의식화시킨다. 이점에서 불교와 요가는 아주 적극적이고, 단학과 최면은 은연중에 한다. 사실 범신론은 완전 허구이며 망상이다 그러나 현실적으로 우리 기독교의 유일신 사상의 최대 적이다. 그런데 그 범신론은 명상으로 심어지고 자라고 생명 있는 것처럼 역사한다. 마치 진리인 것처럼 소리치고 야단이다.

2. 호흡 – 명상의 요체 –

(1) 호흡이 무엇인가?

건강의 문제를 생각할 때 제일 먼저 생각하는 것은 음식과 운동이다. 그러나 그보다 더 중요한 것이 있다. 그것이 바로 호흡이다.

우리는 물만 먹고 60일 정도는 살 수 있다. 그러나 물을 먹지 못하면 며칠 못 간다. 그런데 숨을 쉬지 못하면 단 5분도 살 수 없다. 숨을 쉬는 것은 살아있는 것이고, 숨을 멈춘 것은 죽은 것이다.

영어로 '숨'을 표현하는 말을 'breathing capacity' 혹은 'vital capacity'라고 하는데, vital은 '생명의, 생기가 넘치는, 생명 유지에 필요한, 생명에 관한' 등의 의미가 있다. 이 말의 명사형 'vitality'는 '생명력, 활력, 활기, 원기, 지속성, 영속성'을 의미한다. 이런 말로 보아 호흡과 생명은 밀접한 관계가 있는 것을 알 수가 있다.

하나님은 흙으로 사람을 지으셨다. 그러나 그 사람은 하나님이 그 코에 생기를 불어넣기 전에는 생명이 없었다. 그러나 그 코에 생기를 불어넣으시니 생령(살아 움직이는 영)이 되었다(창2:7). 생기는 바로 호흡을 말하며 사람은 호흡을 하기 시작하면서 생명 있는 존재로 살 수 있게 되었다. 이처럼 사람은 호흡을 통하여 생명을 유지하도록 만들어졌다. 호흡을 하지 못하면 잠시도 살 수 없다.

호흡에는 생명의 신비가 있다. 우리가 호흡을 통하여 마시고 받아들이는 것에는 생명의 요소가 있다. 육신의 생명을 유지하는 산소가 있다. 그리고 영혼의 생명을 유지하는 영적인 에너지가 있다. 하나님으로부터 오는 영적 생명의 에너지가 있다.

그러므로 호흡은 바로 생명이다. 그것은 영적 기운을 마시는 것이다. 그것은 단순히 공기를 얻는 것만은 아니다. 우리는 믿음의 기도를 통하여 더 많은 영적인 생기, 생명을 충만하게 마실 수 있다. 그것은 우리 안에 들어와 우리의 영적인 생명을 더 충만하게, 아름답게 만든다. 우리는 그러한 호흡을 통하여 하나님이 우리 안에 임재하시고 활동하시는 것을 알게 된다.

히브리 말로 '영'은 '루아흐'이다. 헬라어로는 '프뉴마'이다. 그런데 이 두 말의 의미는 '영', '바람', '호흡'이다. 즉 영이라는 말은 호흡, 바람이라는 말과 같이 쓰여 진다. 요한복음 3장에서 주님은 성령을 바람에 비유하셨다.

호흡은 바람과 같다. 사람은 호흡을 통하여 숨을 쉬고 내쉬므로 바람을 만들 수도 있다. 호흡은 자연적인 호흡이 있고 영적인 호흡이 있다. 일반적으로 아무 의식이 없이 그저 본능적으로 하는 호흡은 자연적인 호흡이다. 그러나 어떤 영적 의식을 가지고 의미를 부여할 때 그것은 영적인 호흡이 된다. 호흡은 자연적인 것이다. 그러나 또한 영적인 은혜의 도구가 될 수 있다. 그저 숨 쉬는 것이 아니라, 주님의 영 즉 성령을 모시기 원하면서 숨 쉴 때, 성령을 받아들이고 움직이게 하는 통로가 될 수 있다.

우리는 자나 깨나, 하루도 아니 한 순간도 빠짐없이 호흡을 한다. 우리는 1분간 평균 15~18회 호흡하고, 하루에 2만 번 내지 2만 5천 번 호흡한다. 80세까지 산다면 6억 번 내지 7억 번 이상 호흡한다. 그런데 이

호흡은 자율신경에 의해 콘트롤되므로 신경 쓰지 않아도 저절로 된다.

그런 관계로 우리는 아주 중요한 호흡에 대하여 의식조차 하지 않고 지낸다. 거의 잊어버리고 산다. 호흡이 빠진 생명현상, 호흡이 빠진 삶, 호흡이 없는 명상, 호흡이 없는 깨달음, 호흡이 없는 건강은 상상조차 할 수 없는데도 그렇게 한다. 또 아무렇게나 호흡하므로 건강에 많은 손해를 본다.

그런데 호흡기관은 내장기관과는 달리 손발을 움직이듯이 자기 의지대로 콘트롤 할 수 있다. 그러므로 우리는 좋은 호흡법을 익혀 숨을 잘 쉬어야 한다. 그렇게 하므로 산소를 많이 받아들이고 건강에 유익하게 할 수 있다. 그리고 깊은 기도를 통하여 영적 숨을 쉬므로 신령한 영적 에너지를 많이 받아들일 수 있다. 우리는 성령을 모시기 갈망하는 영적 호흡을 통하여 성령을 모시고 기쁨의 삶을 누릴 수 있다.

(2) 호흡의 역할, 유익

호흡은 어떤 역할을 하며 무슨 유익이 있는가?

① 산소 공급

우리가 숨 쉬는 공기는 질소 79%, 산소 21%, 이산화탄소 0.03%로 이루어져 있다. 그런데 우리가 필요로 하는 것은 산소다 우리는 호흡을 통하여 귀중한 산소를 공급받는다.

우리가 숨 쉴 때, 입을 통해 들어간 공기는 목과 기관지를 거쳐 폐 속으로 전달된다. 그리고 폐 내의 아주 작은 주머니인 폐포에 도달한다.

이 폐포는 혈관으로 둘러싸여 있고, 그것의 얇은 막은 공기 중의 산소가 피 속에 용해되도록 도와준다.

그 다음 피의 흐름에 따라서, 산소는 뇌와 다른 기관, 근육에까지 전달된다. 여기서 산소는 에너지를 얻기 위해 지방을 연소할 때 사용된다. 이 산소를 통하여 우리는 활동할 연료를 얻고 살아간다. 그러니 우리에게 산소는 생명처럼 귀중하다.

그런데 우리가 걷는 동안 바르게 숨 쉬는 것이 반드시 필요하다. 그래야 운동 중인 근육에 필요한 산소를 잘 공급할 수 있기 때문이다.

대부분의 사람들은 숨을 깊게 쉬지 않는다. 숨을 깊게 쉬지 않으면 조금만 빨리 걸어도 숨쉬기가 가빠지고 힘들어진다. 그러면 목과 기관지까지만 산소가 가고 폐에까지 이르지 못한다. 우리는 숨을 깊게 쉬어야 한다. 그것이 바로 숨을 바르게 쉬는 것이다. 그럴 때에 폐 깊숙이까지 산소가 들어가 그 곳에 있는 폐포에 이른다. 그 후 그 산소는 피를 따라 근육에까지 전달된다.

숨을 깊게 쉬는 방법은 폐 속에 공기를 채운 다음에 배를 확장시키는 복식호흡이 좋다. 숨을 쉴 때는 코로 숨을 들여 마시고 입으로 내쉬는 것이 좋다. 코 속으로 들어간 공기는 습기를 얻게 되고, 코털에 의해 데워지고 걸러져 쉽게 호흡할 수 있게 된다.

② 마음의 안정, 평안

우리가 깊은 호흡을 하면 마음이 안정되고 마음속 깊은 곳에 평안이 생긴다. 이 안정과 평안은 명상하는 사람들이 추구하는 목표다. 그래서 명상하는 사람들은 깊은 호흡을 하기 위하여 여러 가지 호흡법을 연구하여 실행한다. 일반적으로 명상하면서 어떤 것을 깊이 새기는 것도

있으나 대부분의 경우에는 바른 자세로 깊은 호흡을 하므로 어떤 황홀
경에 들어가는 방법을 사용한다. 그러니 대부분의 경우에 호흡이 명상
의 요체이며, 바로 명상 자체이다.

「불교의 명상은 주시자가 되는 것, 곧 본성에 또렷이 깨어 있는 상태
가 되는 것, 내 속의 본성으로 돌아가는 것이다. 개별자의 의식, 지식,
소질, 성향을 버림으로 소아(개별자)를 탈피하여 대아(본성)를 체험하는
것이다. 그런데 이것을 구현하는 방법은 주로 바른 자세와 복식호흡으
로 이루어진다. 호흡의 수를 세고(수식), 마음이 호흡을 따르고(상수),
마음이 그치는 단계(정지)에 이르러, 본성을 보고(관), 거기에 이르러
(환), 조용히 거한다(정)」(전용복. 앞의 책, P.82).

이렇게 조용히 거하는 정의 단계는 지극히 안정되고 평안한 상태이
다. 그 때 그들은 그 상태를 본성으로 돌아가 그 본성(대아)을 체험한다
고 생각한다. 그 상태는 바로 무아의 경지이며 부처가 된 것이라고 생
각한다. 그러나 이것은 심각한 착각이다. 그 안정되고 평안한 상태는
의례히 오는 것인데, 그것을 심화시켜 심리적 황홀
경에 빠지게 하고 저들의 교리로 그것이 본성으로
돌아간 것이라고 세뇌한다.

「단학에서는 단전호흡을 한다. 단전호흡은 기를
모으는 가장 대표적인 방법으로 하단전에 의식을 집
중한다. 명문으로 숨을 쉰다고 생각한다. 천천히 숨
을 들이쉬고 내쉰다. 숨을 들이쉴 때 우주의 기운이
들어온다고 생각하고, 내쉴 때 몸속의 나쁜 기운이
나간다고 생각한다. 그들은 "그럴 때 차츰 모든 잡
념이 사라진다. 온 우주가 내 몸 안에 들어온 느낌이

든다. 내 몸이 우주가 된 느낌이 든다. 우주와의 합일감이 충만해지고, 무한한 환희, 대자유가 넘치게 된다”고 한다」(전용복, 앞의 책, P. 87).

단전호흡을 계속하면 마음이 안정되고 아주 평안한 상태가 되는 것은 사실이다. 그러나 그것을 과장하여 자기들의 주장하는 범신론에 맞추어 “온 우주가 내 몸 안에 들어온 느낌이 든다. 내 몸이 우주가 된 느낌이 든다. 우주와의 합일감이 충만해지고, 무한한 환희, 대자유가 넘치게 된다” 함은 너무도 무지한 소리이며 웃기는 소리이다

호흡은 명상을 하기 위하여 긴장을 풀고 이완시키는 가장 중요한 방법이다. 많은 명상 그룹에서 호흡은 명상의 가장 보편적인 방법이며, 그 자체가 바로 명상이다. 호흡을 잘 하므로 모든 잡념이 사라지고 그들 나름대로의 진리에 도달 할 수 있다고 생각한다.

여러 명상을 위주로 하는 종교와 그룹은 한결같이 깊은 호흡을 강조한다. 깊은 호흡을 할 시 긴장이 이완되고 안정감이 생기고 마음이 평안해진다. 그런데 그 깊은 호흡은 주로 복식호흡으로 한다. 단전호흡은 복식호흡의 변형이다.

그런데 우리는 믿음의 기도를 통하여 주님, 성령을 마음에 모시기 원하는 마음으로 깊은 숨을 쉴 때, 즉 영적호흡을 할 때, 우리의 영혼의 생명을 유지하는 영적 에너지를 얻는다. 주님, 성령을 마음에 모시게 된다. 그러면 우리의 마음은 지극한 안정을 얻고 하나님이 주시는 신령한 평강을 선물로 받는다. 이 평강은 명상으로 오는 평안과 차원이 다르다. 이 평강은 구원의 기쁨, 천국의 환희가 넘치게 하며, 세상의 것들을 초월하여 항상 감사하는 삶을 살게 한다.

(3) 호흡의 종류

좋은 호흡, 바른 호흡은 편안하고 깊은 호흡이다. 폐의 깊은 곳까지 공기를 보낼 수 있도록 많은 양의 공기를 들이마시는 호흡이다. 그런데 사람들은 이 좋은 호흡, 바른 호흡, 즉 깊은 호흡을 하기 위하여 여러 가지 호흡법을 연구하였다.

① 심호흡– 편안한 자세로 되도록 숨을 깊이 들이마시고 깊이 내쉰다. 천천히 반복한다.

② 가슴호흡– 코로 숨을 들이쉬면서 가슴을 서서히 팽창시킨다. 입으로 길게 내쉬면서 가슴의 화기를 토한다. 숨을 들이쉬면서 가슴에 집중하고, 내쉬면서 손끝, 발끝에 집중한다. 손끝, 발끝으로 가슴의 화기가 나간다고 생각한다.

③ 복식호흡 – 편안한 자세로 아랫배를 들어 올리는 식으로 숨을 들이마신다. 아랫배를 뒤로 당기는 식으로 숨을 내쉰다. 되도록 천천히 반복한다. 숨을 들이쉬면서 우주의 좋은 기운이 들어온다고 생각하고, 내쉬면서 속의 모든 나쁜 기운이 나간다고 생각한다.

④ 단전호흡 – (아래) 단전에 의식을 집중한 상태에서 명문으로 숨을 쉬면서 단전을 최대한 뒤로 당긴다. 복식호흡 때와 같이 생각을 한다.

⑤ 뇌호흡– (양손을 들어 머리를 감싸는 식으로 하면서) 천천히 깊게 숨 쉰다. 뇌로 숨을 쉰다고 생각한다. 집중과 상상을 통해 우주의 에너지가 뇌에 들어가고, 그로 통해 뇌의 에너지 회로가 재배열되어, 잠재된 뇌의 능력이 활성화 된다고 생각한다」(전용복, 앞의 책, PP. 80,81.).

그 외에도 많은 호흡법이 있다. 아래에 말하는 여러 가지 호흡법은

"몸과 마음이 편안해지는 깊은 호흡 30분"(다츠무라 오사무 저, 신금순 역)에 나오는 것을 요약한 것이다(깊이 알려면 그 책을 읽어 보라).

　① 몸을 단련시키는 체조호흡

　운동이나 체조를 통해서 호흡관련 근육군의 신축성을 높이고, 늑골이나 견갑골 등 호흡과 관계가 깊은 뼈의 비뚤어짐을 바로잡고, 폐활량이나 호흡량을 늘리는 것이다 이것은 체조가 주목적이 아니고 체조의 형태로 호흡하는 것이다.

　② 기를 콘트롤하는 나무호흡

　내 몸을 나무라고 상상하면서 나무의 모습을 그리는 동작을 하면서 호흡한다. 이것은 우리 몸의 기를 콘트롤하는 것을 중심으로 한다. 기의 출입, 흐름, 밸런스 등을 원활하게 하기 위한 호흡법이다. 이것은 나무의 이미지를 잘 그리는 것이 중요하다.

　③ 몸과 마음을 조화시키는 등뼈 흔들기 호흡

　등뼈는 우리를 활성화시키는 우주의 힘, 생명력을 받아들이는 아테나와 같은 역할을 한다. 호흡의 언밸런스는 등뼈를 굽게 하고, 등뼈가 굽으면 호흡이 얕아진다. 등뼈 흔들기 호흡은 등뼈의 감성을 되찾는 호흡이다. 등뼈가 바르면 몸과 마음이 조화가 된다.

　④ 의식적으로 웃으면서 하는 스마일 호흡

　웃으면 심신의 건강에 아주 좋다. 그러나 대부분의 사람들은 웃으려고 하지 않는다. 재미있는 일이 없어도 웃음을 만들어 내며 웃어보자. 웃으면 자동적으로 복식호흡이 된다. 상반신을 앞으로 기울이면서 '하' 하고 내쉰다. 5번 연속으로 반복한다. 상반신을 일으키면서 들이마신다.

　⑥ 몸과 마음을 치유하는 증상별 호흡

현대인의 생활은 쉽게 스트레스나 피로가 쌓인다. 그것을 풀 시간은 없고 계속 누적된다. 그것을 그대로 두면 큰 질병으로 발전한다. 그런데 우리는 그 각 스트레스를 푸는데 적당한 호흡법을 익혀 실행함으로 그 때 그 때 여러 종류의 스트레스를 풀 수 있다. 그 각 경우는 온몸이 피곤할 때, 안정을 찾고 싶을 때, 두렵고 무서울 때 등이다.

복식호흡의 효과

▶ 폐활량을 증가시킨다.

▶ 장운동을 유도해 변비를 해소시킨다.

▶ 맑은 피부를 유지시킨다.

▶ 머리를 맑게 한다.

▶ 몸 속 나쁜 기운을 배출해 만성피로를 풀어준다.

▶ 우울증을 해소시킨다.

▶ 마음이 평안해지고 여유가 생긴다.

◎ 숨 쉴 때의 의식

모든 종류의 호흡에서 의식은 매우 중요하다. 그것은 우리의 심신에 작용하여 좋은 효과를 자져다 준다.

• **들이마시는 숨 :** 천천히 숨을 들이마시면서 "신선한 공기, 산소, 생명의 기운이 몸속으로 천천히 들어와서 몸의 구석구석까지 퍼진다. 너무 기분이 좋아서 나쁜 곳이 금방 나을 것 같다"라고 상상한다.

• **멈추는 숨 :** 들이마신 숨을 멈추면서 "온 몸속에 퍼져나간 신선한 공기, 산소, 생명의 기운이 작동하여 세포가 살아 움직인다. 생기가 넘친다. 건강해진다"고 생각한다.

• **내쉬는 숨 :** 멈춘 숨을 천천히 내쉬면서 "몸속의 나쁜 기운이 다 빠져 나간다. 안 좋은 기운은 완전히 밖으로 나간다. 기분이 아주 좋다"라고 상상한다.

(4) 걸을 때도 호흡이 아주 중요하다.

걷기는 유산소운동이다. 들이마신 산소를 이용해서 체지방을 에너지원으로 이용하는 것이 유산소운동이다. 호흡을 통해 산소를 들이마시고 몸에 쌓인 이산화탄소를 효과적으로 배출시키는 것은 걷기의 운동 효과를 높인다.

걸으면서 어떻게 숨을 쉬느냐 하는 문제는 매우 중요하다. 바른 호흡법을 익히는 것은 올바른 걷기의 첫 번째 관문이다. 그래야 많은 산소를 몸속에 공급할 수 있기 때문이다.

너무 빠르거나 얕은 호흡은 좋지 않다. 걸으면서 숨을 깊게 쉬지 않으면 산소가 제대로 공급되지 않아 체내의 에너지원을 효과적으로 사용하지 못하게 된다. 호흡이 너무 빠르거나 호흡량이 적으면 목과 기관지까지만 산소가 공급되어 산소와 이산화탄소가 교체되는 폐포까지는 호흡이 미치지 못한다. 이렇게 되면 가스 교환에 참여하지 못한 공기가 체내에 쌓이게 되고 노폐물이 축적되어 오래 걸을 수 없게 된다.

얕은 호흡은 생명을 유지하는 데는 별 문제가 없지만 호흡을 많이 필요로 하는 경우, 특히 중간 정도 이상의 속도로 걸을 때처럼 보다 많은 산소를 필요로 하는 상황에서는 큰 문제가 된다.

걸을 때는 가만히 있을 때보다 많은 에너지가 필요하다. 그렇게 되려면 많은 산소가 필요하다. 많은 양의 산소의 공급을 위해서는 바른 숨쉬기, 즉 깊은 숨을 쉬도록 해야 한다. 그러니 걸을 때는 더욱 깊은 숨을 쉬도록 해야 한다.

그런데 우리가 별 생각없이 좀 빠르게 걷다 보면 얕은 호흡을 빠르게 하기 쉽다. 우리는 깊은 호흡을 하는 훈련을 해야 한다. 먼저 걷기 전에 5분 정도 코로 깊게 들이마시고 내쉬는 것에 집중하는 훈련을 한다. 호흡에 집중하는 방법은 코를 이용해서 숨을 들이마시고 내쉬면서 숨이 움직이는 경로를 의식을 통해 따라가는 것이다. 이렇게 하면 숨을 깊게 쉴 뿐만 아니라 코털이 노폐물을 걸러준다. 이렇게 호흡에 집중하다 보면 점점 깊은 호흡이 되고, 충분한 산소를 공급 받을 수 있고, 서서히 리듬을 타게 된다. 이렇게 연습한 후 서서히 걸으면서 실행해 본다.

걷기에서의 호흡은 가슴이나 어깨가 아닌 아랫배를 움직여가며 깊게 들이쉬고 내쉬는 복식호흡이 좋다. 이 때 숨을 들이마실 때는 마음속으로 '숨을 들이마신다', 숨을 내쉴 때는 '숨을 내쉰다'라고 의도적으로 생각한다. 그렇게 집중하다 보면 더 깊은 복식호흡이 된다.

우리는 걸으면서 숨쉬기와 발걸음을 잘 조화시켜야 한다. 그것은 여러 가지 방법이 있다(자기의 능력에 따라 적당한 것을 택한다)

걸음마다,

① 들이마시고 내쉬고, 들이마시고 내쉬고

② 들이마시고 들이마시고, 내쉬고 내쉬고

③ 들이마시고 들이마시고 들이마시고, 내쉬고 내쉬고 내쉬고,

이때 숨을 들이마시는 것보다 숨을 내쉬는 데 더 힘을 준다.

그런데 이렇게 깊은 호흡으로 많은 산소를 공급받으면서 계속 걷게

되면 걷기에 추진력을 얻게 된다. 나아가서 감정도 잘 조절되어 마음이 안정되고 스트레스가 다 사라진다. 정신이 맑아져 기분이 차분히 가라앉고 평안해진다. 모든 잡념이 사라지고 지극히 편한 마음이 된다. 호흡을 통하여 마음에 평안을 찾는 일반 명상의 효과가 나타난 것이다.

3. 걸으면서 명상하기

베트남의 중 틱낫한은 달라이 라마와 더불어 불교계의 두 꽃이다. 그는 시인이며, 선승이며, 명상가이다. 미국 버몬트와 프랑스의 "자두마을"을 오가며 강연과 명상 수행을 지도하고, 홀로 있는 시간에는 글을 쓴다. 그는 100여권의 책을 썼는데, "평화로움"이 대표적이고, 그의 책은 각국의 서점가를 장식한다. 명상을 하기 위해 자두마을을 찾는 자는 매년 1천 명이 넘는다. 그는 호흡명상, 걷기명상을 가르친다. 호흡명상은 배에 손을 얹고 호흡을 느끼면서 살아있는 것에 감사하는 것이다. 걷기 명상은 발길 가는대로 걸으면서 생각하는 것이다. 틱낫한이 한국을 방문했을 때 공항은 환영 인파로 가득 차 대중 스타를 방불케 했다. 한 달 가까이 있는 동안에 그의 일정은 빈틈이 없었고 가는 곳마다 초만원을 이루었다. 그가 걸으면 사람들은 줄을 이었고, 그의 책은 불티가 났다(전용복, 앞의 책, P. 72).

(1) 걸으면서도 명상할 수 있다

우리는 명상을 생각할 때 조용히 앉아서 하는 것을 떠올린다. 걸으면서는 명상하기 아주 안 좋은 상황이라고 생각한다. 그러나 그것은 잘못 생각하는 것이다. 우리는 걸으면서도 명상할 수 있고, 많은 사람들은 걸으면서 명상하는 것이 아주 좋은 방법이라고 생각한다.

명상하며 걷는 것은 매우 즐거운 일이다. 명상 워킹은 내면을 성장시킬 수 있는 큰 힘을 지니고 있다. 그것은 레이스 경주나 마라톤처럼 어떤 도착 지점을 향해 걷는 것이 아니고, 목적 없이 편안한 마음으로 걷는 것이다.

매일 시간과 장소를 정해놓고 하는 것이 좋다. 복장은 편한 상태로 입는 것이 심신을 이완시키는데 도움이 되므로 티셔츠나 반바지, 면바지 등을 입는 것이 좋다.

명상 워킹을 할 때 눈을 감아서는 안 된다. 주위를 둘러보지 말고, 편안한 상태로 눈을 똑바로 뜨고, 시선을 발 앞 2m 전방 바닥에 둔다. 만일 발을 보면서 걷게 되면 발의 움직임 때문에 마음을 집중할 수가 없게 되고, 목과 어깨가 긴장되어 현기증이나 두통이 생길 수도 있다. 주위를 둘러보게 되면 반대편에서 누가 오는 것을 보게 되며, 그렇게 되면 마음을 집중하기 어렵게 된다.

팔은 편안한 상태로 자연스럽게 앞뒤로 흔들면서 걷는다. 구부려 힘차게 앞뒤로 흔들면서 걷는 것보다 그저 자연스러운 편안한 자세가 좋다.

(2) 명상하기 위해서는 무엇보다도 집중이 필요하다

그것은 걷기명상도 마찬가지다. 일반 명상에서는 마음속에 한 가지의 이미지를 떠올리거나, 주문을 외우거나, 또는 숨소리에 집중한다. 그러나 걷기명상에서는 주로 몸의 움직임과 호흡에 집중한다(그것은 아래서 설명한다). 그런데 우리는 명상하며 걷기 위하여 몇 가지 꼭 지켜야 할 것이 있다.

① 적당한 코스를 찾아라. 길이 안 좋거나 소음이 많다면 명상을 할 수가 없다. 공원이나 산책로 같은 조용하고 안전하게 걸을 수 있는 곳이 좋다. 근처에 물이 있는 저수지나 호수, 시내 같은 것이 있으면 더욱 좋다. 강의 둑길, 해변길, 농로 등이 좋다. 산도 등산로가 잘 정비된 아늑한 숲길, 평탄한 능선 등은 아주 좋다. 평소에 잘 살펴서 적당한 코스를 정해놓고 할 때에 효과적으로 명상을 할 수가 있다.

② 긴장을 풀고 걱정을 잊어라. 우리가 육체적이든 정신적이든 간에 긴장하고 있으면 제대로 명상을 할 수가 없다. 그래서 먼저 긴장을 풀어야 한다. 이완이 되어야 한다. 몸의 어느 부위가 뻣뻣하다면 걷기를 통해 그것을 풀어야 한다. 유연성이 있게 해야 한다. 마음이 답답하고 여유가 없다면 자연을 보고 심호흡을 하면서 그것을 풀어야 한다.

그리고 걱정이 심하고 잡념이 일어난다면 역시 명상을 제대로 할 수가 없다. 이런 것들은 명상의 최대 적이다. 그런데 이러한 걱정과 잡념을 없애는 방법은 그것이 머릿속에 떠오를 때에 그대로 인정하고 흘려보내는 것이 제일 좋다.

③ 몸에 대해 생각을 집중하라. 그런데 우리가 긴장을 풀고 이완이 되기 위하여 아주 좋은 방법으로 어떤 것에 집중하는 것이 있다. 또한 집중은 바로 명상으로 들어가는 방법이다. 그리고 집중의 방법은 여러 가지가 있는데, 걸으면서 하기에 좋은 것은 몸에 대하여 생각을 집중하는 것이다. 걸으면서 발에서부터 시작하여 발목과 종아리, 골반, 배, 척추 등 부위를 차례로 떠올리며, 관절의 움직임과 신체의 각 부위가 어떻게 작동하는가를 느껴본다. 그 중에 특히 발걸음을 의식한다. 왼발을 내디딜 때는 '왼발', 오른 발을 내디딜 때는 '오른발'이라고 의식하면서 걷는다. 그리고 발걸음을 의식할 때 세부적으로 한다.

◦발을 든다 → 발이 앞으로 나아간다 → 발을 내려놓는다

◦발을 들려고 한다 → 발을 들었다 → 발이 앞으로 나아간다 → 발을 내려놓으려고 한다 → 발을 내려놓았다 → 발이 바닥에 닿았다 → 발이 바닥을 누른다.

④ 호흡에 대해 생각을 집중하라.

호흡도 명상을 하기 위하여 긴장을 풀고 이완시키는 아주 중요한 방법이다. 많은 명상 그룹에서 호흡은 명상의 가장 중요한 방법이며, 그 자체가 바로 명상이다.

우리는 몸에 대해 생각을 집중하는 것과 마찬가지로 호흡에 대해서도 생각을 집중하므로 긴장을 풀고 이완이 되게 하며 깊은 명상속으로 들어갈 수 있다. 호흡은 아랫배를 움직여가며 깊게 들이쉬고 내쉬는 복식호흡이 가장 좋다. 호흡도 발걸음과 마찬가지로 숨을 들이마실 때는 마음속으로 '숨을 들이마쉰다', 숨을 내쉴 때는 '숨을 내쉰다'라고 의도적으로 의식한다. 그리고 살아 움직이고 있음을 강하게 의식한다.

⑤ 서서히 멈추라. 걷기의 마지막 부분에서 갑자기 멈추기보다 서서히 멈추는 것이 좋다. 생각이나 명상적인 것도 서서히 정리하고 끝을 낸다. 잠시 스트레칭을 하면서 의식을 깨운다.

(3) 이런 명상 워킹에 익숙해지려면 시간이 좀 걸린다

매주 수 차례씩 한다. 처음에는 5분이나 10분 정도 하다가 20분, 그 이상으로 시간을 늘린다. 생각을 하는 경우에는 1시간이 잠간일 것이며, 때로 여러 시간도 잠간이 될 것이다. 그럴 때는 귀한 사유의 열매를

얻을 수 있다.

(4) 명상 워킹의 효과

▶ 스트레스와 피로가 해소된다.

▶ 긴장이 풀어진다.

▶ 집중력이 생긴다.

▶ 몸이 가벼워진다.

▶ 하체가 튼튼해진다.

▶ 마음이 평온해진다.

▶ 여러 가지 생각의 열매를 거둔다.

그런데 이러한 효과는 보통 명상시보다 걷기 명상 시에 더 강하게 나타날 수 있다. 우리 몸이 운동을 하여 땀이 나면 따로 명상을 하지 않더라도 위의 효과가 상당히 나타난다. 그런데 걸으면서 명상을 한다면 그 효과는 서로 상승작용을 하여 아주 강하게 나타난다.

(5) 여러 가지 걷기 명상

① 몸의 움직임, 호흡 집중: 위에서 이미 설명하였다.

② 낱말 집중: 어떤 낱말이나 구절을 계속 반복해서 집중한다. 같은 낱말이나 구절을 소리 내지 않고 반복하면서 호흡과 리듬에 맞추어 주문을 걸듯이 한다. 나에게 강한 의미를 갖고 있는 단어나 구절을 선택

한다. 그렇게 하다 보면 구체적으로 생각지 않아도 마음속에 어떤 이미지가 형성될 것이다.

③ 심상 집중: 어떤 사물이나 심상은 자기만의 깨달음을 날카롭게 해주는 시각 자극을 제공한다. 마음속에 어떤 사물이나 그림을 떠올린다. 그리고 조용히 걸으면서 그것을 본다. 다른 것은 생각지 않고 그것에만 집중한다. 마음이 편안해질 때까지 그렇게 한다.

④ 소리 집중: 자연 속에서 걷는다면 여러 가지 소리를 들을 수 있다. 새들의 노래, 바람소리, 나뭇잎이 부딪히는 소리, 물소리, 그 외에도 많은 소리들이 있다. 걸으면서, 깊게 호흡하면서 그 소리들에 가만히 집중한다. 그러다 보면 모든 잡념은 사라지고 그 소리는 아름다운 음악이 되어 들릴 것이다.

⑤ 순간 집중: 매 순간을 그 자체로 인식하는데 집중한다. 순간 순간 내 주위에 일어나는 일들, 머릿속의 생각들, 느끼는 감정들을 관찰한다. 이것은 현재의 모습을 꿰뚫어보는 통찰력을 개발한다. 이러한 순간에 집중하다 보면 전에는 전혀 인식하지 못했던 새로운 경험을 맛볼 수 있게 된다.

⑥ 사유하기: 인생문제에 대하여 구체적으로 생각한다. 최근에 일어난 문제들에 대하여 평가하고 대처방안을 모색한다. 복잡한 감정문제에 대하여 깊이 생각하여 정리할 길을 찾는다. 여러 가지 인생의 근본문제, 나아갈 길에 대하여 해결책을 생각한다. 이러한 중요한 생각을 하기 위해서는 더욱 조용하고 한적한 장소가 필요하고 긴 시간이 요구된다. 이러한 사유는 한 곳에 앉아서 하는 것보다 걸으면서 하는 것이 보다 더 효과적이며, 더 긍정적이고 건강한 해답이 나올 가능성이 높다.

4. 하나님과 함께 걷기 – 묵상하며 걷기

우리가 무엇을 할 때 누구와 함께 하느냐 하는 것은 매우 중요하다. 귀한 사람과 함께 한다면 우리가 하는 일은 아주 돋보이게 될 것이다. 그런데 만일 우리가 하나님과 함께 한다면 우리의 일은 아주 고귀하게 보일 것이다. 그것은 아주 영적인 것이 된다. 그러한 사실은 우리의 걸음에도 적용될 것이다. 하나님과 함께 걷는 것은 영적 걸음이다.

(1) 명상과 묵상

명상은 사전에 "고요히 눈을 감고 깊이 생각함, 또는 그 생각"이라 하였다(한국어 사전, P. 754). 그리고 묵상은 "말없이 조용히 생각함. 카톨릭에서 말없이 마음속으로 기도 드림을 이르는 말"이라 하였다(동아국어사전, P. 805). 말 자체는 구별하기 힘들고 같은 뜻을 나타내나, 우리 사회에서 보통 일반적으로는 명상이라 하고, 기독교서는 묵상이라 한다. 이것이 오랫동안 굳어지면서 사전에까지 영향을 미쳤다. 영어로는 다같이 Meditation이다.

그런데 그 내용은 비슷한 것 같으나 상당히 다르다. 명상은 모든 잡념, 번뇌를 없애고 주문이나 호흡 등으로 집중함으로 마음속의 고요와 평안을 찾는 것이다. 그런데 이것은 어디까지나 영적이 아닌 일반은총 차원의 것이다.

묵상은 차원이 다르다. 묵상은 일반 명상적인 차원, 즉 잡념을 없애고 집중하는 것에서 한 걸음 더 나아가, 하나님의 말씀을 깊이 새기고 하나님을 생각하는 것이다. 그러니 이 묵상은 아주 영적 차원의 것이다.

묵상은 소가 풀을 먹고 되새김질을 하는 것과 같다. 묵상은 말씀을 깊이 생각하면서, 그 말씀이 우리에게 이야기해 주는 것을 들으면서 거기에 천천히 응답하는 것이다. 그런 가운데서 말씀을 주신 하나님과 깊은 교제를 하는 것이다.

일반 명상은 장점이 있다. 그것은 스트레스 경감, 고통 완화, 행복감 증대, 자아보다 더 위대한 것에 대한 동경 등이다. 그러나 심각한 단점이 있다. 단순 사고를 진리인 것처럼 의식화한다. 대부분의 명상 그룹은 범신론을 주입시킨다. 자기 몰입을 부추긴다. 잘못된 목적을 이루는 수단으로 사용한다. 인간의 영성을 파괴하고 인간을 신으로부터 고립시킨다.

그런데 묵상은 장점만 있다. 생명이신 하나님을 만나 교제함으로 모든 잘못된 것을 비운다. 그리고 생명이신 하나님의 모든 것을 이해하고 받아서 채우고 누린다. 하나님의 모든 풍성하신 것으로 채워져 풍성해진다.

동양명상은 마음을 비우려는 한 시도이다. 비운다는 말은 아주 고상해 보인다. 그래서 인기가 있다. 그러나 비우고 채우지 않으면 어떻게 되나? 공허해지고 다른 무엇이 채워지고 만다. 기독교의 묵상은 우리의 잘못된 모든 것을 비우고 하나님의 모든 좋은 것을 가득하게 채우는 것이다. 거기에는 완전한 만족과 감사가 넘친다.

"하나님의 모든 충만하신 것으로 너희에게 충만하게 하시기를 구하노라"(엡3:19).

(2) 관상(觀想)기도(Contemplation)란?

요즘 관상이란 말이 크게 유행하고 있다. 천주교서는 대대적으로 관상기도운동을 한다. 개신교서도 그 논의가 활발하고 많은 시도가 있다. 그러나 관상에 대하여 잘못 이해하고 있는 사람이 많은 것 같다. 관상기도는 어떤 것인가? 묵상과 관상은 어떤 것이 같고, 어떤 것이 다른가?

「'묵상'과 '관상'은 종종 상호 교환할 수 있는 말로 쓰인다. 이해할 만하다. 비슷한 점들 때문에 이 두 기도를 같은 것으로 생각하기 때문이다. 묵상과 같이 관상도 우리 자신을 하나님의 손안으로 밀어 넣기 때문에 하나님이 우리의 태도나 인식, 행동을 변화시키는 것과 상관이 있다. 관상도 묵상처럼 하나님의 말씀을 주의 깊게 듣는 것과 관계가 있다. 그리고 관상도 우리의 심령을 비추는 하나님과 그분의 권능의 말씀에 우리 자신을 열 수 있도록 고요함을 요구한다.

그런데 관상은 묵상보다 더 멀리 그리고 더 깊게 들어가는 것이다. 묵상하는 사람은 하나님의 말씀에 대해 이야기하고 생각하지만, 관상하는 사람은 모든 기도의 중심이시며 살아있는 말씀이신 예수님께 침묵으로 집중한다. 사실 관상은 한 단계 더 들어간다. 관상은 단어나 상징이나 개념을 넘어 그것들이 말하는 실체에 다가가는 것이다.

흔히 기도를 하나님과 기도자의 상호작용으로 설명할 수 있다면 관상기도는 이런 상호작용보다는 하나님의 일방작용으로 설명할 수 있다. 어떤 생각이나 근심, 걱정, 심지어 기도제목에서도 분리되어 하나님과 기도자가 직접 대면하여 기도하는 것이기 때문에 일반적으로 직관의 기도라고도 한다. 관상기도는 자신의 모습은 버리고 하나님의 임재를 기다리며, 하나님과 사랑의 일치를 목표로 깊은 묵상과 관조를 통해 하나님을 바라보고 하나님 안에 머무는 기도이다.

어거스틴이 "주여 나에게 당신 자신을 주옵소서. 당신 가슴속 은밀한 곳에 숨게 하소서"라고 기도하였던 것처럼, 하나님과 친밀한 사귐을 체험할 때는 우리 안에 내재하시는 하나님의 존재만이 본질적인 것임을 깨닫는다. 관상자에게 있어서 하나님은 도달해야 할 목적이라기 보다는 삶의 주체요 내용이며 생명의 원리가 되기에 이른다.

관상기도는 주님과의 일치를 이루는 상태로 이끌어주는 일련의 경험, 주님이 그 안에서 무엇이든지 할 수 있는 세계, 성령이 우리 안에서 기도하시고 우리는 그 기도에 동의하는 것, 성령이 참 자아인 우리의 내면에서 우리의 양심에 말씀하는 것, 그리스도와의 대화를 넘어서 그분과의 통공으로 나가는 움직임, 우리가 주님의 언어인 침묵에 습관들이는 것, 우리의 마음과 가슴을 주님께 들어 올리는 것, 이것은 거짓자아로부터 이탈, 자기부정이다. 예수님의 신성이 우리를 감싸고 성령으로 말씀하는 것이다」(전용복, 경건에 이르기를 연습하라, PP. 20~22).

(3) 걸으면서 묵상, 관상하기 - 하나님과 함께 걷기

우리는 묵상, 관상을 한다면 지극히 조용한 장소에서 안정되게 앉아서 해야 잘 된다고 생각한다. 그러나 걸으면서 하는 방법도 좋다. 어느 정도 연습이 되면 걸으면서 하는 것이 더 나을 수도 있다. 영적 각성과 세계복음화를 위한 기도합주회를 인도하는 미국의 데이빗 브라이언트는 숲속을 거닐면서 기도할 때 가장 깊은 기도가 된다고 하였다.

우리가 묵상, 관상을 하는 것은 하나님의 말씀을 새기면서 하나님과 교제하고, 하나님의 임재를 느끼면서, 하나님과 연합하는 것이다. 그러니 걸으면서 묵상, 관상을 하는 것은 하나님을 모시고 하나님과 함께 걷는 것이다. 그러니 그것은 영적 걸음이고, 아주 신령한 것이다. 그러니 그것은 아주 참신하고, 아주 멋진 것이다.

이제 걸으면서 묵상, 관상하는 실제에 대하여 말하고자 한다.

① 침묵

침묵은 영성훈련의 기본 요소이며, 주의 집중을 요구하는 다른 훈련의 기초이다. 이 침묵은 걸으면서 하기에 아주 좋다. 우리는 사람들과 만나 많은 대화를 한다. 많은 말을 듣기도 하고 하기도 한다. 그런 가운데서 우리는 복잡해지고 스트레스를 받기도 한다. 때로 공허해지기도 하고 나 자신을 잃어버리기도 한다.

그러니 우리는 때때로 혼자서 침묵하는 것이 필요하다. 고요히 지내기를 결심하고 실천해야 한다. 우리는 늘 말하는 것에 익숙하여 있기 때문에 침묵이 생각보다 쉽지 않다. 그러나 참고 실천하여 침묵의 재미를 느낀다면 자주 하고 싶어질 것이다.

그런데 우리가 침묵 시에 원치 않는 잡념이 일어나기 쉽다. 잡념은 고요히 하나님을 찾는 사람에게 찾아오는 최대의 적이다. 우리는 잡념이 일어날 시 불안해하지 말고, 애써 없애려고 하지도 말고, 그저 흘러 보내면서 다시 침묵으로 돌아가면 된다.

그런데 침묵은 그저 가만히 있는 것이 아니다. 자신이 하나님 앞에 있다고 생각하면서 평안하면서도 방심하지 않는 상태에 머무는 것이다. 그러면서 하나님을 향하여 주의를 기울이는 것이다. 그러나 하나님에 대한 구체적인 생각을 하거나 기도하는 것은 아니다.

이렇게 침묵하다 보면 어느새 하나님의 임재를 느끼게 되고 마음이 지극히 편안해 진다. 혼자 걷고 있지만 혼자가 아니라 하나님과 함께 걷는 걸음이 된다.

② 양심의 점검, 자기 성찰

양심의 점검이 바로 자기 성찰이다. 양심의 점검은 영성훈련에 있어서 아주 중요하고 필수적이다. 이 양심의 점검은 조용히 앉아서도 하지만 걸으면서도 할 수 있다.

요즘은 우리의 삶이 너무도 복잡하고 바쁘게 돌아간다. 그러다 보니 도무지 여유가 없고 자신을 돌아볼 시간이 없고 그럴 마음도 생기지 않는다. 여러 가지 잘못된 삶을 살면서도 마음에 가책도 느끼지 않는다. 가책은커녕 오히려 의인인체 하는 사람들이 늘고 있다. 스스로 의인인 것처럼 착각하는 바리새인들이 너무도 많다. 그런 사람들은 남의 잘못에 대하여는 칼날을 세우고 날카롭게 비판한다. 그로 인하여 우리의 아름다운 인간관계가 파괴된다.

이러한 때에 살고 있는 우리에게 자기를 돌아보는 것은 참으로 중요하고 의미 있는 일이다. 그것은 바로 주님의 말씀을 따르는 것이고, 주님의 제자가 되는 길이다. 우리는 자신을 돌아보고 자신의 행동을 살피는 양심의 점검을 통하여 반성하고 회개하게 된다. 그것은 양심에 묻은 때를 씻어내는 일이다. 우리가 그렇게 할 때 우리는 하나님의 용서와 은혜를 받게 된다. 점점 더 성화의 길로 나가게 된다.

우리는 걸으면서 양심의 점검을 하다 보면, 잊어버린 자신을 발견하게 되고, 회개의 기도를 하게 되고, 감사의 찬송을 하게 된다. 그 때부터 걷는 걸음은 새로운 출발의 발걸음이 된다.

③ 미래설계

지금은 모든 것이 발달하였다. 문명과 문화의 꽃이 활짝 피었다. 최첨단을 달리는 대도시가 온 세계에 즐비하다. 이런 가운데서 사람들은 그러한 것의 혜택을 최대한 누린다. 그러면서 모두가 아는 것이 많고 지혜자다. 자신이 가장 현명한 삶을 산다고 생각한다.

그러나 대부분의 사람들은 미래에 대한 생각을 별로 하지 않는다. 청소년들마저 미래에 대한 꿈이 없다. 아무런 계획도 없이 그저 대학에 진학하는 사람이 너무도 많다. 이런 자들은 아무리 현명한 것 같아도 바보의 삶을 산다. 현대의 첨단문명 속에서 원시적 삶을 사는 것이다.

우리는 걸으면서 자신의 존재를 깊이 자각하고 오늘까지 걸어온 자신을 점검하면서, 앞으로 걸어갈 미래의 설계를 할 수 있다. 내일 할 일, 한 주간, 한 달, 금년의 계획을 세워보며 걷는다. 더 큰 미래의 인생 그림을 멋지게 그리며 걷는다. 그러면서 한 걸음, 한 걸음 옮기듯이 차근차근 꼭 실천할 다짐을 한다면 참으로 멋진 걸음이 될 것이다.

그런데 우리는 이 미래의 설계를 하면서 걸을 때 그것이 하나님의 말씀을 따르는 것인지 살펴야 한다. 그리고 그러한 계획 위에 하나님의 도우심과 은총이 함께 하기를 빌어야 한다.

④ 하나님의 이름 부르기

거룩한 하나님의 이름은 거룩하다. 우리는 그 거룩한 하나님의 이름을 부를 때 거룩한 마음으로 불러야 한다. 그러면 하나님이 응답(대답)하신다. 그런데 그 이름을 우리가 믿음을 가지고 기도하는 마음으로 부르면 그것으로 기도가 된다. 그러면 하나님이 우리 마음에 임하신다. 그런데 이러한 하나님의 이름을 부르는 기도는 걸으면서 하기에 아주 좋다. 그런데 이러한 기도는 초대교회 시리아 수도자들이 많이 하였다. 그들은 늘 "예수님", "주님"을 입으로나 마음속으로 반복하였다. 우리도 나도 모르는 사이에 습관적으로 주님의 이름을 부르는 경우가 많다.

그런데 우리는 하나님의 이름을 부를 때, 그 이름을 부르는 기도를 할 때, 그저 습관적으로 하는 정도가 아니라, 그 뜻을 깊이 생각하면서 불러야 한다. 하나님이 마음속에 임하기를 간절히 원하면서 불러야 한다.

그렇게 하면 하나님이 우리 마음에 임하신다. 그러면 마음이 아주 단순해지고 가슴이 순수해지며 성령의 열매가 싹트고 자라면서 관상적인 삶이 된다.

　우리가 하나님의 이름을 부를 때 그저 단순히 "예수님", "하나님", "성령님"하는 것도 좋다. 그러나 좀 다양하게 부르는 것도 좋다.

　• 주님 – 주 예수님 – 주 예수 그리스도여 –
　임마누엘 – 임마누엘 주님 – 임마누엘 주 예수님 – 임마누엘 주 예수 그리스도여
　• 하나님 – 아버지 하나님 – 여호와 하나님 – 여호와 아버지 하나님 – 여호와 하나님 아버지
　• 성령님 – 보혜사 – 보혜사 성령님
　• 주님 – 주 예수님 – 하나님 – 하나님 아버지 – 성령님

　그리고 하나님의 별명을 부르는 것도 좋다. 이 경우 역시 그 뜻을 깊이 생각해야 한다.

- 여호와 닛시(나의 깃발)
- 여호와 로이(나의 목자)
- 여호와 로프에하(치료하신다)
- 여호와 삼마(거기 계신다)
- 여호와 치드케누(우리의 의)
- 여호와 샬롬(평화, 평강)
- 여호와 이레(준비하신다)

그런데 우리는 이러한 하나님의 이름 부르기를 걸을 때에 계속하다 보면 점점 우리의 믿음이 깊어지고 하나님과 함께 하게 되며 기쁨과 평강을 누리게 될 것이다. 그리고 자주 하다보면 걸을 때 뿐 아니라 일상생활 속에서도 쉽게, 자주 하게 될 것이다.

⑤ 하나님의 일 생각하기

하나님은 끊임없이 일하시는 분이다. 그것이 바로 우주의 역사이며 인류의 역사이다. 우리는 걸으면서 하나님의 일을 생각해 보자.

- 하나님 아버지의 일: 하나님 아버지는 천지를 창조하였다. 아무 것도 없는 상태에서 오직 말씀으로 천지만물을 다 만드셨다. 우주의 해와 달, 모든 별들, 그리고 지구를 만드셨다. 지구에 있는 모든 식물, 동물을 다 지으셨다. 인간도 지으시고 생명을 주시고 살게 하셨다. 하나님은 전능한 힘이 있기 때문에 오직 말씀으로 그러한 것들을 다 있게 하셨다.

우리가 걸으면서 딛는 땅, 바라보는 하늘, 산, 바다, 강, 모든 풀, 나무, 여러 새들, 짐승들 다 모두 하나님의 작품이다. 하나님이 지으신 것이라고 생각하고 바라볼 때 더욱 신기하고, 놀랍다. 우리는 그 때 하나님의 능력, 솜씨에 감탄하고 감사하게 된다.

그리고 하나님은 범죄하고 타락한 우리 인생을 불쌍히 여겨 구원하시려고 자기의 외아들 예수님을 세상에 보내셨다. 하나님은 이처럼 사랑이 많은 사랑의 하나님이시다. 우리는 걸으면서 높은 하늘을 보고 땅을 보면서 하나님이 그 외아들 예수님을 이 땅에 보내신 그 큰 사랑을 느낄 수 있다.

• 하나님의 아들 예수님의 일: 예수님은 하나님의 아들로 이 세상에 사람이 되어 오셨다. 그는 성령으로 마리아에게 잉태되셨다. 그는 이 땅에서 복음을 전하시고 병자들을 고치셨다. 그러다가 빌라도에게 고난을 받으시고 십자가에 못 박혀 죽으셨다. 그 후 삼일 만에 부활하시고 승천하셨다. 지금은 하나님 우편에서 우리를 위하여 기도하신다. 장차 이 세상을 심판하러 오실 것이다.

우리는 걸으면서 주님의 하신 일들을 생각하므로 주님과 함께 걸을 수 있다. 그럴 때 임마누엘 되신 주님이 함께 해주신다.

• 성령님의 일: 성령님은 하나님의 신으로 우리를 믿게 하고 진리를 깨닫게 하고 믿음이 자라게 하고 충성, 봉사하게 하신다. 늘 보호하여 끝까지 견디고 구원을 받게 하신다. 교회를 주장하시고 부흥시키신다. 우리의 전도를 통하여 복음이 전해지게 하신다. 우리는 걸으면서 성령님의 일을 생각하므로 더욱 확신하고 은혜로운 마음이 된다.

⑥ 영으로 숨쉬기

걸으면서 호흡이 아주 중요하다는 것과 그 유익, 방법 등에 대하여 앞서 말하였다.

이제 여기서는 한 걸음 더 나아가 걸으면서 영으로 숨쉬는데 대하여 말하고자 한다. 우리의 말이 설교가 되고 기도가 될 때 영적 말이 되듯이, 우리의 호흡도 영적 생각과 소원을 가지고 할 때 영적 숨이 된다. 그 때 우리는 영으로 숨쉬기를 하는 것이다. 그 요령은 우리가 걸으면서 숨을 천천히 쉬면서 속으로 영적 소원을 부르짖는 것이다.

◎ 예수로 숨쉬기:

* 숨을 들이쉴 때마다: '예수님을 마시자'

예수님 들어오소서(3회 이상)→ 예수님이 들어오십니다(3회 이상)→ 예수님이 들어와 계십니다(3회 이상).

* 숨을 내쉴 때마다: '나쁜 것을 내쉬자'

모든 나쁜 것은 다 나가라(3회 이상)→ 모든 나쁜 것은 다 나간다(3회 이상)- 모든 나쁜 것은 다 나갔다(3회 이상).

◎ 성령으로 숨쉬기:

* 숨을 들이실 때마다: '성령님을 마시자'

불같은 성령님 들어오소서(3회 이상)→ 불같은 성령님이 들어오십니다(3회 이상)→ 불같은 성령님이 들어와 계십니다(3회 이상).

* 숨을 내 쉴 때마다: '악령(마귀, 귀신)을 내쉬자'

모든 악령은 다 나가라(3회 이상)→ 모든 악령은 다 나간다(3회 이상)→ 모든 악령은 다 나갔다(3회 이상).

◎ 주님의 평화

* 숨을 들이쉬면서: 마음에는 주님의 평화(3회 이상)

* 숨을 내쉬면서: 얼굴에는 사랑의 미소(3회 이상)

• 영으로 숨쉬기는 바로 신령한 소원이며 기도이다. 그것은 호흡을 따라 기도하는 호흡기도이다. 적어도 3회 이상 할 때 간절한 표현이 되고 은혜가 임한다. 더욱 영적 숨쉬기가 된다.

⑦ 예수기도

주기도도 있지만 예수기도도 있다. 이 예수기도도 걸으면서 하기에 아주 좋은 기도다. 이 예수기도는 동방교회(그리스정교)의 기도다. 동방교회는 혜지카즘신학을 발전시켰다. 혜지카즘의 핵심은 "혜지키아"다. '혜지키아'는 '고요, 잔잔, 평안'을 의미한다. 그들은 신적 에너지가 빛으로 임하면 하나님을 만나고 그 때에 내면에 고요, 잔잔, 평안이 이루어진다고 믿었다. 그리고 그러기 위하여는 기도해야 되고 늘 그러기 위해서는 계속 기도해야 된다고 생각하였다. 그리고 늘 기도하는 방법은 '예수기도'가 가장 적당하다고 생각하였다.

그런데 이 '예수기도'는 '주여, 나를 불쌍히 여기소서'(눅18:13)한 세리의 기도를 발전시킨 것이다. 그들은 이 기도를 하면서 네 가지 특별한 생각을 하였다. ㉠ 예수 이름 자체에 능력을 인정한다. ㉡ 참회하는 마음을 가진다. ㉢ 거듭되는 반복훈련이다. 계속하면 습관이 되고, 무의식적으로 하게 된다 ㉣ 내적 침묵의 세계로 들어간다. 거기는 마음의 가장 깊은 곳이며, 거기서 하나님을 만난다.

이 기도를 하는 방법은 '영으로 숨쉬기' 하는 방법이며, 바로 호흡기도이다. 이렇게 호흡을 따라 기도하기는 우리 기독교에서 고대부터 있어왔다.

이제 그 방법을 구체적으로 말한다. ㉠ 가슴 위에 턱을 두고, 눈은 배꼽(마음, 하나님의 자리)을 본다. ㉡ 편안히 앉아서 호흡의 리듬을 조정한다. ㉢ 내적인 눈은 마음의 자리에 초점을 맞춘다. 하나님을 바라본다. ㉣ 숨을 들이쉬면서 '주여' 하고, 내쉬면서 '나를 불쌍히 여기소서' 한다.

그런데 이 기도를 걸으면서 할 때는 그저 앞을 보면서 하나님을 바라보는 마음을 가진다 그리고 숨을 들이쉬면서 '주여' 하고, 내쉬면서 '나를 불쌍히 여기소서' 한다. 이렇게 계속 하면 어느덧 마음은 하나님께 향하고, 간절히 매달리는 것이 되면서 은혜와 평강이 임한다.

이 예수기도를 걸으면서 계속하면 마침내 습관이 되고, 무의식적으로 하게 되어, 일상생활에서 계속하게 된다. 그러면 늘 기도하는 사람이 되고 늘 평안한 마음을 누리게 된다.

⑧ 정감적 기도 혹은 능동적 기도

앞서 말한 예수기도에 착안하여 여러 다른 말로 그와 비슷하게 기도하는 기도가 발전하였다. 이러한 기도를 정감적 기도 혹은 능동적 기도라 한다. 이 기도는 여러 음절로(5-9음절, 우리말로는 9-15음절) 엮어진 기도를 늘 반복함으로 언제나 이 기도가 마음에 계속되게 하는 기도다. 이 기도는 주님에 대한 사랑, 감사, 탄식, 찬미를 나타내기 때문에 정감적 기도(effective prayer)라 한다. 그리고 자신이 능동적으로 한다는 점에서 능동적 기도(active prayer)라고 한다.

이러한 기도의 예는 많이 있다.

· 주여, 오시어 저를 도우소서(주여, 오소서, 도우소서).

· 주님, 빨리 오시어 저를 구해 주소서.

· 주님, 구원하소서, 형통케 하소서.

· 나의 사랑 안에 머무소서.

· 나의 하나님, 나의 모든 것.

· 나의 예수님, 자비시여.

· 주님, 자비를 베푸소서(주여, 불쌍히 여기소서).

· 성령이여, 오소서.

· 하늘 높은 데서는 하나님께 영광.

· 하나님의 어린양, 저희에게 평화를 주소서.

· 주님, 저는 당신의 것입니다.

· 주님, 저를 거룩하게 하소서

· 주님, 저의 모든 것을 받으소서.

· 내 영혼아, 주님을 찬미하라.

· 주님의 사랑에 저의 마음을 열어드립니다.

· 주님, 저를 당신께 드리나이다.

· 마음속에는 주님의 평화, 얼굴에는 사랑의 미소.

우리는 기도를 하면 아주 멋진 문장으로 된 말을 해야 된다고 생각한다. 그러나 우리는 이렇게 간단한 말로도 일상생활 속에서 간절히 기도할 수 있다. 이러한 정감적 혹은 능동적 기도는 걸으면서 하기에 아주 알맞은 기도다. 우리의 걸음을 기도의 걸음으로 만들 수 있는 좋은 기도다.

⑨ 구호적 기도

이 구호적 기도는 정감적 기도 혹은 능동적 기도를 더욱 단순히 하여 간단하고 선명한 구호를 만들어 마음속으로 외치는 것이다. 이것은 믿음의 고백이며 아울러 기도이다. 이것은 좀 빠르게 힘차게 걸으면서 하기에 알맞다. 그 예를 들어보겠다.

· 하나님 사랑 우리 구원
· 예수 부활 내 부활
· 성령충만 은혜충만
· 성령충만 교회부흥
· 열심전도 영혼구원
· 믿음 소망 사랑 그중 최고 사랑이라
· 빛과 소금 세상 변화
· 할렐루야 여호와를 찬양하라
· 할렐루야 아멘
· 할렐루야 아멘 할렐루야

우리는 이러한 구호적 기도를 힘차게 빠르게 걸으면서 호흡에 맞추어 할 때 힘이 생기고 담대해지고 은혜가 넘치게 된다.

⑩ 말씀 묵상

말씀 묵상은 묵상의 기본이며 가장 좋은 방법이다. 이 말씀 묵상은 여러 가지 방법이 연구되어 사용되고 있다.

그 중에 ‘거룩한 독서’(Lectio Divina)라는 것이 있다. 이것은 초대교회 베네딕트수도회에서 사용한 방법으로 오늘날까지 가장 애용되는 말씀 묵상 방법이다.

이것은 성경을 읽으면서 기도한 것이다. 성경은 예수님을 만나는 가장 확실한 길이다. 그러므로 성경을 읽고 묵상하며, 그 새긴 내용으로 기도하면서 그 말씀 속으로 들어가면 그 말씀을 통하여 예수님의 신비 속으로 빠져들어 주님을 만난다. 그러면 주님 안에서 쉼을 얻는다. 이것이 바로 관상의 세계다. 이렇게 성경을 읽고 묵상하고 그 묵상한 내용으로 기도하고 그 말씀 안에서 주님을 만나고 그 주님 안에서 쉼을 누리는 이것이 바로 거룩한 독서다.

그런데 우리가 걸으면서 말씀을 묵상할 때도 이러한 방법이 좋다. 단지 묵상할 말씀은 자기에 평소에 잘 아는 말씀 중에서 택해야 한다. 그리고 조용히 묵상하면서 그 뜻을 새긴다. 그 후에 그 말씀으로 은혜 받은 대로 기도한다. 그러면서 그 말씀의 주인이신 주님을 바라보며 간다. 그러면 그 주님을 만나고 기쁨 가운데서 평강을 누리게 된다.

그리고 또 한 가지 좋은 방법이 있다. 그것은 성경 말씀 중에서 기도로 된 간단한 것들을 외우는 것이다. 단순히 외우는 것이 아니라 그 뜻을 깊이 생각하면서 간절히 계속 부르짖으므로 그것을 바로 나의 기도로 만드는 것이다.

우리가 이렇게 기도로 사용할 수 있는 말씀을 조금 소개해 본다.

· 주여, 나를 구원하소서(마14:30).

· 내가 믿나이다. 나의 믿음 없는 것을 도와주소서(막9:24).

· 하나님이여, 불쌍히 여기소서. 나는 죄인이로소이다(눅18:13).

· 하나님이여, 내 속에 정한 마음을 창조하시고 내 안에 정직한 영을 새롭게 하소서. 나를 주 앞에서 쫓아내지 마시며 주의 성신을 내게서 거두지 마소서 주의 구원의 즐거움을 내게 회복시키시고 자원하는 심령을 주사 나를 붙드소서(시51:10~12).

· 주여, 들으소서. 주여, 용서하소서. 주여, 들으시고 행하소서. 지체치 마옵소서. 나의 하나님이여, 주 자신을 위하여 하시옵소서. 이는 주의 성과 주의 백성이 주의 이름으로 일컫는바 됨이니이다(단9:19).

· 여호와여, 구하옵나니, 이제 구원하소서. 여호와여, 구하옵나니, 이제 형통케 하소서(시118:25).

우리는 늘 많은 말을 하고 미사여구를 늘어놓으려는 유혹을 받는다. 그러다가 우리의 기도가 간절성이 없고 중언부언이 되기 쉽다. 그런데 우리는 성경 말씀으로 압축된 말씀을 가지고 단순하면서도 간절한 기도를 할 수 있다. 이러한 기도는 걸으면서 하기에 아주 적당하다.

⑪ 찬송부르기

찬송은 곡이 붙은 신앙고백이며 기도이다. 신앙의 위인들이 깊이 생각하여 지은 가사에 곡을 붙인 것이다. 그들의 깊은 신앙고백과 기도가 노래가 된 것이다. 우리의 신앙고백과 기도가 습관적으로 계속되는 동안에 지적으로만 흐르기 쉽고 그러다 보면 무미건조하고 생명을 잃기 쉽다. 거기에 감정적인 요소가 가미되어야만 맛이 나고 생명력이 넘치게 된다. 음악은 그것을 해결해 준다. 찬송은 우리에게 감정적인 방면에 자극을 주고 우리의 사고가 정적으로 흐르게 한다. 그래서 하나님을 뜨겁게 사랑하고 사모하게 한다. 우리는 찬송을 간절히 부름으로 내 영혼을 들어 하나님께 나아갈 수 있다. 찬송을 부를 때에 보통 때는 주님의 고난과 부활에 대하여 부르는 것이 좋다. 가사를 깊이 새기면서 간절히 불러야 한다. 같은 것을 여러 번 부르고 외우도록까지 부르면 큰 은혜가 된다. 찬송은 생활 속에서 일을 하면서도 얼마든지 할 수 있다. 그 때에 가사를 외운다면 큰 유익이 된다(전용복, 묵상과 평강, P. 225).

찬송 부르기는 걷기운동에서 하기에 좋다. 걸으면서 부를 때는 좀 낮은 음으로 작은 소리로 천천히 부르는 것이 좋다. 그렇지 않으면 숨이 차 힘들 것이다. 그리고 가다가 앉아서 쉴 때에 부르면 스트레스가 날아가고 은혜가 임할 것이다. 그 다음에 등산시 정상에 올라 사방 경치를 감상하고 잠시 묵상한 후 한 곡 부른다면 바로 하늘로 올라가 하나님을 만나는 기분이 될 것이다. 그 때는 '참 아름다워라 주님의 세계는', '주 하나님 지으신 모든 세계 내 마음속에 그리어 볼 때' 등을 불러 보라. 하나님은 바로 그 곳에서 그 찬송을 들으실 것이다.

⑫ 향심기도

향심기도는 1975년에 미국 트라피스트수도원 원장 토마스 키팅이 주도하고 바실 페닝톤과 윌리암 베닝거가 협동하여 창안한 기도이다.

이것은 무지의 구름의 방법을 현대화하고, 십자가의 요한의 가르침을 도입하여 발전시킨 것이다. 그리고 이것은 현대과학 특히 심리학의 도움을 받고, 동양명상의 긍정적인 면을 도입하여 현대인이 하기 좋도록 하였다.

이 향심기도는 관상을 방해하는 요소를 제거하여 관상으로 나아가게 하는 기도이다. 이 기도는 어떤 것을 구체적으로 구하거나 주의 집중이나 노력으로 하는 것이 아니고 아주 수용적으로 하는 것이다. 하나님이 주시는 은총과 선물을 받아들이는 것이다.

이 기도는 먼저 자신에게 맞는 아주 짧은 기도어(한 두 음절)를 성령의 도움을 받아 정한다. 예를 들어 '예수님, 주님, 하나님 아버지, 성령님, 평화, 사랑' 등이다. 이것을 거룩한 단어라고 한다.

그 다음에 그저 침묵 속에서 자신의 의식 속에 살짝 이 기도 어(Prayer or Sacred Word)를 도입함으로써 기도를 시작한다. 그리고 기도 중에 어떠한 영상, 감각, 상상, 생각, 감정 등의 잡념이 떠오르면 그 기도어를 즉시 아주 부드럽게 떠올리므로 물리친다.

이 기도어는 '내 안에 하나님이 현존하시며 활동하시는 것에 동의한다'는 표시다. 이 기도는 구체적으로 어떤 기도를 하는 것이 아니라 하나님께로 향하는 마음을 보여드리는 것이다. 마음이 가슴을 열고 하나님이 내 안에 들어와 계시고 활동하는 것에 동의하는 것이다.

그러면 하나님께서 내 속에 들어와 나와 만나고 성화와 인격성장에 필요한 정화의 일을 해주신다. 상처를 치유하고 나를 변형시켜 하나님과 연합하고 일치하게 해 주신다.

이 향심기도는 조용한 곳에서 평안히 앉아서 하는 것이 좋다. 그리고 걸으면서 하는 것도 좋다. 구체적으로 구하거나 주의를 집중하는 것이 아니고 그저 마음 문을 열고 하나님을 갈망하는 것이니, 걸으면서 하기에 아주 좋다. 이때의 발걸음은 주님을 찾아가는 발걸음이고 주님을 모시는 발걸음이다.

⑬ 하나님을 바라보기

이거스틴은 "주여, 나에게 당신 자신을 주옵소서. 당신 가슴속 은밀한 곳에 숨게 하소서"라고 기도하였다. 우리는 하나님을 갈망해야 한다. 어떤 복보다 먼저 하나님 자신을 원해야 한다.

그러기 위하여 우리는 그러한 마음을 열렬히 소리 내어 부르짖어 기도할 수 있다. 하나님은 부르짖는 자의 소리를 들으신다.

그 다음에 우리는 조용히 마음으로 무언의 기도를 할 수 있다. 그저 마음으로 간절히 바란다. 이것은 영적으로 하나님을 바라보는 것이다.

"오, 주님, 제게 많은 내용을 담고 있는 무언의 언어를 가르쳐 주십시오"(Tean Nicholas Grou).

"무언의 기도는 우리를 말 중독에서 벗어나게 할 수 있는 유일한 훈련이다"

"침묵에 의해 성도가 자라며, 침묵 때문에 하나님의 능력이 성도 안에 거하며, 침묵 때문에 하나님의 비밀이 성도에게 알려진다"(Ammonas).

이 무언의 기도의 목표는 하나님과의 연합이다. "우리가 기도하는 온전한 이유는 우리의 기도를 들으시는 분의 이상과 생각 속에 들어가 그와 합하는 것이다"(노리치의 줄리아나). '우리의 최종목표는 하나님과의 연합이다. 그것은 하나님 외는 아무것도 보지 못하는 순수한 관계다(Bonabenture).

우리는 걸어가면서 우리 앞에 저 하늘에 하나님이 계신다는 생각을 하고 마음으로 바라본다. 마치 내 앞에 육으로 임하신 예수님의 모습을 보듯이 가만히 바라본다. 이 때 이론적으로 하나님을 생각하는 것이 아니라 그저 하나님 자신을 영접하기 원하는 마음으로 바라본다. 아무 다른 생각은 다 끊어버리고 오직 그 하나님만 간절히 원한다. 깊이 하나님을 사랑하는 마음으로 다정한 사랑의 눈길로 바라본다.

그렇게 하면 어느새 내가 그 하나님 속으로 들어가게 된다. 그 하나님 안에 거하게 된다. 그러면 역설적이게도 그 하나님이 내 속에 들어오셔서 거하게 된다. 깊은 연합이 이루어진다. "아버지께서 내 안에, 내가 아버지 안에 있는 것 같이"(요17:21).

Ⅱ부에서 지금까지 하나님을 마음에 모시고 걷는 것, 즉 묵상하며 걷는 것에 대하여 말하였다.

이러한 묵상하며 걷기는 혼자서 하는 것이 좋다. 여럿이면 아무래도 힘들다. 서로 약속을 해도 말하기 쉽고, 옆에 누가 있으면 집중하기 어렵다. 그러나 여럿이라도 할 수 있는 경우가 있다. 등산을 할 때, 급경사를 오를 시에 침묵한다. 그 때 주님의 십자가 고난을 생각한다. 그리고 내려갈 때는 주님의 장사지냄과 겸손을 생각한다. 정상에서는 같이 찬송한다. 그리고 묵상기도한다. 이 때 특히 우주와 나, 하나님과 천국을 생각한다.

이렇게 하면 등산도 그저 등산이 아니라 산 기도가 되고 영적 운동이 된다. 큰 기쁨과 감사로 하산하게 될 것이다.

Ⅲ부

인생길을 하나님과 함께 가라

하 나 님 과 의 동 행

인생은 누구나 태어나서 계속 가고 있다. 나는 무엇을 위해 사나? 나는 어떻게 살고 있나? 그리고 나는 어디로 가고 있나?

그런데 우리는 죄악으로 인하여 부패한 세상에서 살고 있다. 이 세상은 썩어 냄새가 진동한다. 아름답게 칠해진 멋진 도시에서 죄악이 넘치고 추악한 냄새가 코를 찌른다.

그런 가운데서 사는 우리의 삶은 너무 복잡하다. 사람들은 너무 많고 지나친 업무에 시달린다. 온갖 문명의 첨단 기기가 나왔는데 우리는 더 많은 일에 시달린다. 이것은 너무도 희한한 아이러니가 아닐 수 없다. 대부분의 사람들은 눈코 뜰 새 없이 바쁘다.

지금 시대는 광속의 시대다. 아니 그보다 더 빠른지도 모른다. 온 세계 구석구석의 일이 실시간으로 우리의 안방에 다 전해진다. 인터넷은 정보의 홍수다. 사람들은 모두가 박사고 전문가다. 조금만 어정거리면 대열에서 낙오자가 된다.

이런 가운데서 살고 있는 현대인들은 각종 스트레스에 시달린다. 탈진상태에 빠지는 자들도 많다. 여러 가지 현대병, 성인병에 걸려 괴로운 삶을 이어가는 자가 부지기수다.

그런데 그보다 더 심각한 것은 그렇게 사는 수많은 사람들이 삶의 목적, 방법, 방향 감각을 잃고 헤매고 있다는 사실이다. 뭐가 뭔지 모르는 이상한 삶을 살고 있다. 아무런 희망도 없이 이리저리 휘둘리며 어디로 가는지도 모르면서 그저 흘러가고 있다.

나는 어느 가을 날 가야산에서 내려오다 해가 지자마자 갑자기 어두워져 길을 잃고 헤맨 적이 있다. 한참을 헤매다가 어느 바위 위에서 밤을 새웠다. 추위와 떨면서 아내와 꼭 껴안고 날이 새기를 기다렸다. 그런데 날이 새어 보니 바로 옆에 길이 있었다.

또 한 번은 지리산 반야봉서 내려오다 길을 잘못 들어 헤맸다. 아주 험한 코스를 겨우겨우 내려오는데 어두워졌다. 우리는 서로 격려하며 계속 걸었다. 하늘은 캄캄하고 비도 왔다. 참으로 난감하였다. 길은 계속 이어지는데 나중에 뱀사골에 이르는 것이 아닌가, 엉뚱한 등성이를 넘어 전혀 다른 곳으로 왔다.

오늘날 수많은 사람들이 길을 잃고 헤매고 있다 어디로 가는지를 모르면서 고된 발걸음을 옮기고 있다. 그런데 아주 심각한 것은 그들의 대부분이 처음부터 아예 정한 길이 없다는 사실이다.

이런 인생은 참으로 딱하다. 무슨 길이 없을까? 그런 헤매는데서 벗어나 바로 갈 수 있는 참 좋은 길 말이다. 누구나 안심하고 가고 올바른 목적지에 도달할 수 있는 제대로 된 길 말이다.

그것은 하나님과 함께 가는 것이다. 우리의 길이 되신 주님과 동행하는 것이다. 우리가 혼자 가지 않고 하나님과 함께 간다면, 하나님은 언제나 우리를 보호하고 인도하여 바른 길을 가게 한다. 길을 잃고 헤매도록 버려두지 않고 이끌어 언제나 안전한 길을 가게 한다. 우리가 주님과 함께 간다면 우리는 바른 인생을 살고 천국에 이르게 될 것이다. 주님은 우리를 진리로 인도하며 값진 인생을 살도록 하고 승리하는 자가 되게 할 것이다.

다윗이 블레셋과 싸우게 되었다. 블레셋 군대는 르비딤 골짜기에 가득하였다. 그때 다윗은 여호와께 물었다. 그때 들린 음성은 "뽕나무 꼭대기에서 걸음 걷는 소리가 들리거든 동작하라. 그때에 내가 네 앞에서 나아가서 블레셋 군대를 치리라"는 것이었다. 다윗의 군대는 하나님의 발자국 소리를 듣고 따라가 완전히 승리하였다(삼하 5:22~25). 우리 주님과 함께 간다면 언제나 승리하게 될 것이다.

이 장에서 우리는 인생길을 하나님과 함께 가는 복된 삶에 대하여 이야기를 나누고자 한다.

1. 하나님과 동행한 사람 에녹

창세기 5장에서 아담의 계보에 대하여 말하였다. 아담부터 노아까지 간략히 이야기한다. 그중에 에녹에 대하여 말하는 중 그가 하나님과 동행하였다고 말한다. 물론 다른 사람도 하나님과 동행한 일이 있었다고 본다. 그러나 에녹은 그 점에서 특별하다. 그는 늘 하나님과 동행하는 삶을 살므로 "하나님과 동행하는 사람"이라는 별명을 얻었다. 그는 최초로 하나님과 동행한 사람으로 언급되었고, 하나님과 동행하는 삶의 모범, 모델이 되었다. 누구나 에녹을 생각하면 그가 하나님과 동행한 것을 떠올린다.

(1) 하나님에 대한 에녹의 믿음

사람은 서로 믿어야 함께 하고 동행할 마음이 생긴다. 누가 믿지 못하는 자와 함께 갈 것인가?

나는 몇몇 여 집사들과 같이 남덕유산에 나물을 뜯으러 간 적이 있다. 그들은 등산에 대하여 모르는 자들이다. 나이 많은 분, 건강이 안 좋은 분, 장애인도 있었다. 그러나 나물 캐러 오르다 보니 정상 가까이까지 갔다. 나는 그들을 점점 독려하여 드디어 정상에 올랐다. 우리는 점점 초록으로 물들어 올라오는 숲의 아름다움, 사방의 아름다운 능선들을 보면서 감탄하였다. 그들은 평생 처음 보는 황홀한 광경에 "할렐루야"를 외쳐댔다.

그러나 큰 일이 생겼다. 해가 서산으로 떨어지는 것이 아닌가. 내려오는 길은 험한 바위를 지나고 급경사로 된 철계단을 많이 거쳐야 한다. 서둘러 내려오는데 길에 어둠이 찾아왔다. 나는 계속 안심시키고 주의를 주면서 내려왔다. 정말로 긴장이 되었다. 한참 험한 코스를 내려온 후 나는 차를 가져오기 위해 속히 왔다.

연각사까지 다 내려와도 월성계곡에 차를 가져오기 위해서는 큰 재를 넘어야 한다. 그래서 상남교회에 전화를 했다. 목사님은 출타중이고 사모님이 받았다. 다급하고 힘든 상황을 이야기 했으나 아무리 목사라 해도 밤에 모르는 남자가 오라하는데 갈 수 없다고 했다. 할 수 없어 포기하고 하나님께 기도하였다. 기도가 끝나자마자 내가 갈 곳으로 가는 차가 나타나는 것이 아닌가. 우리는 밤중에 무사히 집으로 왔다.

우리는 서로 잘 아는 사이라면, 사랑하는 연인이라면 같이 가는데 전혀 망설임이 없을 것이다. 아니 스스로 어디든 같이 갈려고 할 것이다. 손잡고 속삭이며 갈 것이다. 그것은 서로 믿기 때문이다. 우리가 신뢰하면 함께 하게 된다.

우리가 하나님을 믿을 때 하나님과 함께 갈 마음이 생긴다. 함께 가고 싶어 못 견디게 된다. 에녹은 하나님을 확실히 믿었다. 그래서 하나님과 함께 갈 마음이 생기고 늘 동행하였다. 그러면 그의 믿음은 어떤 믿음이었나?

① 에녹은 먼저 하나님이 계신 사실을 믿었다(히11:6).

많은 사람들은 하나님이 없다고 한다. 무신론자나 다른 종교를 믿는 자들은 다 하나님이 없다고 한다. 교회 안에도 하나님의 존재를 믿지 않는 자들이 많고 그들은 성경을 믿는다고 하면서 하나님의 존재에 대한 확신이 없다.

그러나 하나님은 살아계신다. 하나님은 스스로 계시는 분으로서 영원토록 변치 않고 계신다. 그 하나님이 천지를 창조하셨다. 창조기사에서 하나님 자신에 대한 설명은 전혀 없다. 단지 그 때 이미 계신 하나님이 아무 것도 없는 중에서 오직 말씀으로 모든 것을 있게 한 사실에 대하여 말씀한다.

에녹은 그 하나님의 살아계심을 믿었다. 그는 하나님이 지으신 천지만물을 보면서 하나님의 존재를 확신하였다.

그런데 하나님의 살아계심을 믿지 못하는 사람들이 믿지 못하는 가장 큰 이유는 하나님이 눈에 보이지 않는다는 것이다. 보이지도 않는데 어떻게 존재하는가? 그러니 믿을 수 없다고 한다.

그러나 그러한 생각은 아주 잘못되고 어리석다. 왜냐하면 그 하나님은 영이시기 때문이다. 영은 우리 눈으로 볼 수 없다. 우리 속에 있는 영혼이 눈에 보이지 않으나 있는 것처럼 영이신 하나님도 우리 눈에 보이지 않으나 분명히 계신다.

에녹은 그 영이신 하나님이 살아계심을 믿었다. 그는 그 영이신 하나님을 영혼의 눈으로 바라보고 믿은 영의 사람이었다.

그런데 에녹은 하나님의 임재를 믿었다. 하나님이 그저 계신다고만 생각한 그런 정도의 믿음이 아니다. 살아계신 그 하나님이 자기와 함께 하심을 믿었다. 하나님이 자기 마음속에 찾아와 거하시며 인도하시는 사실을 체험하고 믿었다.

우리 하나님은 믿는 자와 함께 하신다. 하나님의 별명은 '임마누엘'이다. '임마누엘'은 '하나님이 우리와 함께 계신다'는 뜻이다. 하나님

은 애굽의 바로 앞에 설 모세에게 "내가 정녕 너와 함께 있으리라"고 하셨다. 하나님은 가나안 정복자 여호수아에게 "네가 어디로 가든지 네 하나님 여호와가 너와 함께 있으리라"고 하셨다. 민족의 위기 앞에 선 이사야에게는 "두려워 말라. 내가 너와 함께 함이니라"고 하셨다. 주님은 승천하시면서 그 따르던 제자들에게 "내가 세상 끝날 까지 너희와 항상 함께 있으리라"고 하셨다.

이러한 하나님의 임재를 믿는 사람은 언제나 하나님을 모시고 있다. 그러니 그는 언제나 하나님과 동행하게 된다.

② 에녹은 그 다음에 하나님이 자기를 찾는 자들에게 상주시는 하나님이심을 믿었다(히11:6).

사람들 중에는 하나님의 존재는 믿으나 통치, 즉 다스림을 믿지 않는 자들이 많다. 그들은 하나님은 천지창조 후 공중 높이 계시면서 자기 스스로 만족하고 우주와 인간에게 아무런 관심, 관계를 갖지 않는다고 한다. 이 세상은 그저 자연법칙에 따라서만 움직인다고 생각한다. "하나님은 아무 일도 아니 한다"는 것이 Epicurus의 첫째 원칙이었다.

그러나 하나님은 그런 하나님이 아니다. 우리 하나님은 만왕의 왕으로서 온 우주를 자기의 뜻에 따라 다스리신다. 특히 모든 인생들을 다스리시고 생사화복을 주관하신다. 그래서 인생들은 이 세상에서 상을 받기도 하고, 벌을 받기도 한다. 혹 이 세상에서 법대로 다 받지 못한 것은 다음 세상, 즉 천국과 지옥에서 받게 된다.

에녹은 하나님은 자기의 살아계심, 함께 하심을 믿고 찾는 자들에게 상주시는 이심을 믿었다. 적극적으로 하나님을 찾아 따르기를 원하는 자들에게 풍성한 상급을 주시는 하나님이심을 확신하였다. 하나님은 자기가 정한 법에 따라 통치하시고, 상줄 자에게 상을 주시고, 벌 줄자에게 벌을 주시는 사실을 굳게 믿었다.

많은 이교 학자들도 이러한 하나님의 통치에 부합하는 말을 하였다.

Marcus Aurelius는 "왜 신들을 믿는가?"라는 질문을 받았을 때, "확실히 신들은 인간의 눈으로는 볼 수가 없다. 그러나 나는 눈에 보이지 않는 영혼을 존중히 여기고 있다. 나는 하나님을 믿으며 하나님을 앙모한다. 왜냐하면 나는 신들의 힘을 여러 번 보아왔기 때문이다"라고 대답했다.

Seneca는 "신들을 예배하는 첫째 조건은 신들의 존재를 믿는 것과 세계에 대한 신들의 지배를 알 것들이다. 왜냐하면 신들은 힘을 가지고 우주를 지배하고 전 인류의 안전을 위해서 역사하면서도 더욱이 개인 개인을 기억하고 있기 때문이다"라고 하였다.

Epictetus는 "신들을 예배하기 위해서 알아두어야 할 가장 중요한 것은 신들이 존재해서 모든 것을 정의와 질서를 가지고 다스린다는 사실을 올바르게 믿는 일이다"라고 하였다.

성경 말씀에는 하나님의 상벌사상이 가득하다. 하나님은 믿고 선으로 나가는 자에게 상을 주시고, 믿지 않고 악으로 나가는 자에게 벌을 주시는 사실을 꾸준히 강조한다. 이것은 인간에 대한 하나님의 공의이며, 지극한 사랑이다. 많은 경건한 믿음의 사람들은 이 사실을 확신하고 나갔다.

"믿음으로 모세는 장성하여 바로의 공주의 아들이라 칭함을 거절하고, 도리어 하나님의 백성과 함께 고난 받기를 잠시 죄악의 낙을 누리는 것보다 더 좋아하고, 그리스도를 위하여 받는 능욕을 애굽의 모든 보화보다 더 큰 재물로 여겼다"(히11:24~26). 무슨 이런 계산이 있는가? 그러나 모세는 계산에 빠른 사람이었다. 그는 하나님의 상주심을 믿고 바라보았기 때문이다. 하나님의 크신 상을 믿었기에 그러한 고난의 길을 택하였다(히11:26).

바울은 그의 사도의 사명을 다 하고 마지막을 바라보며 고백하였다. "관제와 같이 벌써 내가 부음이 되고 나의 떠날 기약이 가까웠도다. 내가 선한 싸움을 싸우고 나의 달려갈 길을 마치고 믿음을 지켰으니, 이제 후로는 나를 위하여 의의 면류관이 예비되었으므로 주 곧 의로우신 재판장이 그 날에 내게 주실 것이니, 내게만 아니라 주의 나타나심을 사모하는 모든 자에게니라"(딤후4:6~8).

이렇게 하나님의 상을 바라보고 나가는 자는 언제나 하나님을 바라보고 하나님과 함께 걸어가며 기뻐하는 삶을 살게 된다.

(2) 에녹은 믿음으로 하나님을 기쁘시게 하였다. ─동행의 요체

에녹은 하나님을 기쁘시게 하는 삶을 살았다. "저는 옮기우기 전에 하나님을 기쁘시게 하는 자라 하는 증거를 받았느니라"(히11:5). 그는 이렇게 믿음으로 하나님을 기쁘시게 하였다.

인간은 하나님의 형상으로 지음 받은 피조물이다. 그러므로 인간은 하나님을 경외하며 그를 기쁘시게 하는 삶을 살아야 한다. 그래서 바울은 '너희가 먹든지 마시든지 무엇을 하든지 다 하나님의 영광을 위하여 하라'고 했다.

그런데 우리가 함께 가면 서로를 기쁘게 한다. 기쁨이 충만하게 된다. 서로 기뻐하면 함께 가게 된다. 그러니 동행하는 것과 기쁘게 함은 같은 것이다. 에녹은 항상 하나님과 동행하므로 하나님을 기쁘시게 하였다.

'하나님을 기쁘시게 하다' 는 말은 '하나님과 같이 거닐다' (창5:24)는 말의 번역이다(70인역). 하나님과 동행하는 것이 바로 하나님을 기쁘시게 하는 것이 된다. 하나님을 기쁘시게 하는 것이 바로 그와 동행하는 것이다. 우리가 하나님을 기쁘시게 할 때 하나님도 기뻐하시고 우리와 동행하신다. 에녹은 항상 하나님과 동행하므로 하나님을 기쁘시게 하였다.

에녹은 매우 부패한 시대에 살면서 하나님과 동행하였다. 그러한 시대상에 조금도 물들지 않고 깨끗하게 살면서 하나님과 함께 나아갔다. 그는 오히려 사람들에게 부패한 세상에 대한 하나님의 심판을 예언하였다. "보라, 주께서 그 수만의 거룩한 자와 함께 임하셨나니, 이는 뭇 사람을 심판하사 모든 경건치 않은 자의 경건치 않게 행한 모든 경건치 않은 일과 또 경건치 않은 죄인의 주께 거스려 한 모든 강퍅한 말을 인하여 저희를 정죄하려 하심이라"(유1:14,15).

오늘날 많은 사람들이 "세상이 부패하고 죄악된 일들이 많으니 어떻게 나만 하나님을 따를 수 있나? 도무지 하나님과 함께 갈 수 없다"고 한다. 그러면서 제멋대로 산다. 죄악 속에 깊이 빠진다. 그러나 우리는 그런 자세를 버리고 주님을 따르고 동행하는 삶을 살아야 한다.

그러기 위해서는 하나님의 심판에 대한 확신이 있어야 한다. 우리는 죄악에 대한 하나님의 심판을 믿고 그것을 외치게 될 때 언제나 죄악을 멀리하고 주님을 따르게 된다.

그리고 에녹은 많은 자녀들을 거느리고 복잡한 생활을 하면서 하나님과 동행하였다. 그는 65세에 므두셀라를 낳았다. 그 후 300년간 자녀를 낳았다. 그러니 그 자손의 수가 얼마나 많았을까? 나중에는 손자는

커녕 아들과 딸도 다 알아보지 못했을 것이다. 그들을 다 돌보고 거느리는 일은 너무도 번잡하였을 것이다. 그런데도 불구하고 그는 언제나 하나님과 동행하는 삶을 살았다.

오늘날 많은 사람들은 환경이 너무 복잡하기 때문에 하나님을 제대로 섬길 수 없고 따를 수 없다고 한다. 그러면서 어디 기도원이나 수도원에 가면 좋고 잘 할 수 있으리라고 생각한다. 그러나 하나님은 우리가 그 복잡한 환경 속에서 잘 견디면서 자기와 동행하기를 원하신다. 그러면서 그 복잡한 마당에서 자기를 잘 따르는 것을 아주 귀하게 보시고 기뻐하신다. 그러니 그 복잡한 마당에서 하나님과 동행하는 그것이 바로 하나님을 기쁘시게 하는 비결이다.

그런데 이렇게 하나님과 동행한 에녹의 믿음은 참된 경건의 모범이다. 특히 오늘 우리가 따라야 할 위대한 스승이다.

① 그것은 참된 믿음이다.

불경하고 세속적인 자들은 이 세상에서 하나님 없이 살고, 오히려 하나님과 반대의 길을 걷는다. 그러나 경건한 자들은 하나님과 동행한다. 겉으로는 잘 믿는 척 하나, 속에 하나님이 없고 늘 자기 마음대로 한다면, 그는 아주 불경하고 거짓된 자이다. 그러나 겉으로 보기에 초라하고 별 업적이 없어도, 늘 마음에 하나님을 모시고 하나님과 함께 간다면, 그는 아주 경건한 참된 믿음을 가졌다. 에녹이 바로 그런 자였다.

② 그것은 뛰어나게 훌륭한 믿음이다.

그는 이 세상에 대하여는 온전히 죽은 자였다. 오로지 하나님만 따랐다. 나아가서 이미 하늘나라에 가 있듯이 하나님과 동행하였다. 그는 언제나 한 눈 팔지 않고 하나님과 함께 하였다. 이러한 믿음은 어느 시대, 어떤 곳에 있는 누구보다도 뛰어난 훌륭한 믿음이다.

③ 그것은 다른 사람들의 믿음을 북돋아주는 믿음이다.

하나님과 동행하는 것은 에녹의 생애의 기업이었다. 그의 삶은 끊임없는 염려와 수고였다. 그러나 그는 오직 하나님을 향하여 살았다. 하나님과의 교통은 그에게 생애의 가장 큰 기쁨이요 양식이었다. "내게는 사는 것이 그리스도니라"(빌1:21). 이러한 에녹의 믿음은 믿음으로 살고자 하는 많은 사람들의 믿음을 북돋아 준다. 아주 적극적으로 고무시킨다.

그런데 에녹에게 이런 믿음이 생기게 된 때는 언제인가? 에녹은 65세에 므두셀라를 낳았고, 그 후 300년을 하나님과 동행하였다고 했다(창5:21,22). 이 말씀은 에녹이 므두셀라를 낳은 후부터 적극적으로 하나님과 동행한 사실을 암시한다. 그도 점점 믿음이 좋아지고 65세 후에 원숙해진 것이다. 위대한 성도들도 점차적으로 훌륭한 경지에 이르렀다. 우리가 걸음을 걷는데도 처음부터 잘하는 것이 아니다. 차츰 연습을 해야 한다. 높은 산에 오르려면 많은 훈련을 해야 한다. 그러면 나중에는 아무리 난코스라도 걸을 수 있는 단계가 된다. 나는 많은 사람들을 훈련시켰다. 그들이 처음에는 조금만 걸어도 못한다고 엄살을 피웠다. 그러나 차츰 힘든 코스를 택해 계속하므로 이제는 어떤 산도 잘 가는 사람들이 되었다. 우리가 영적으로 하나님을 따르고 함께

가는 것도 마찬가지다. 처음부터 높은 경지에 이르지 않는다. 한걸음 한 걸음 차근차근 옮겨갈 때 힘찬 발걸음이 나온다.

에녹은 하나님과 동행하는 발걸음을 그가 사는 날 동안 300년간 계속하였다. 이것은 참으로 어려운 일이다. 우리는 처음에 계획한 좋은 일을 중간에 포기하는 수가 많다. 위선자들은 남이 보는 때만 좋은 일을 하고 기도한다. 그러나 참된 신앙인은 언제나 참고 견디면서 끝까지 좋은 일을 하고 기도한다. 평생 하나님과 함께 한다. "나의 평생에 여호와께 노래하며 나의 생존한 동안 내 하나님을 찬양하리로다"(시104:38). 에녹은 하나님이 그를 데려가신 날까지 300년을 하루 같이 하나님과 동행하였다. 만일 그가 세상에 더 살았다면 그 세월이 천년이라 할지라도 여전히 하루같이 그렇게 하였을 것이다. 에녹이 그렇게 한 것은 항상 하나님이 계신 것과 그 하나님이 자기를 찾는 자들에게 상주시는 이심을 확실히 믿었기 때문이다.

(3) 에녹이 하나님과 동행한 상급

① 에녹은 산채로 승천하였다.

인생은 다 죽는다. 창세기 5장은 일명 사망장이라고 한다. 아담과 그 후예들은 한결같이 사망의 열차를 타야 한다. 모세는 창세기 5장에서 인생의 삶을 네 단어로 요약했다. 그것은 "낳고, 지내며, 향수하고, 죽었더라"이다. 인생은 그 누구도 이 사이클을 벗어나지 못한다.

그런데 이 원칙을 깨뜨린 인물이 있다. 이것은 기적 중의 기적이다. 정말로 그런 기적이 일어났는가? 그렇다. 그 인물이 바로 에녹이다.

에녹에 대하여 여러 가지 전설이 있다. 그는 재봉 기술이 뛰어나서 동물의 가죽을 재단해서 의복을 만드는 것을 가르친 최초의 인간이라고 한다. 또한 발을 보호하기 위해서 구두를 만드는 것을 가르친 최초의 사람이라고도 한다. 또한 최초로 문자를 그려서 책을 써서 사람들을 가르친 사람이라고도 한다. 그런데 이러한 전설은 어디까지나 전설일 뿐이다. 아무런 신빙성이 없다. 그런데 성경에는 그에 관한 정말 전설 같은 기록이 있다.

"에녹이 하나님과 동행하더니, 하나님이 그를 데려가시므로 세상에 있지 아니하였더라"(창5:24).

"믿음으로 에녹은 죽음을 보지 않고 옮기웠으니, 하나님이 저를 옮기시므로 다시 보이지 아니하니라. 저는 옮기우기 전에 하나님을 기쁘시게 하는 자라 하는 증거를 받았느니라"(히11:5).

이것은 참으로 전설 같은 기록이다. 모든 사람이 깜짝 놀라고 시선을 집중할 수밖에 없는 기록이다. 왜냐하면 아담 이후의 모든 인생은 죄값으로 다 죽도록 되어있기 때문이다. 그것은 성도라 해도 예외가 아니다. 모두가 죽어 그 영혼은 하나님 앞에 가고 그 육신은 땅 속에 들어간다. 그리고 마지막 날 심판 때에 그 육신이 부활하여 영혼과 만난다. 그 후 하나님을 믿는 자는 천국에, 믿지 않은 자는 지옥에 간다.

이것이 범죄한 인생에 대하여 정해 놓으신 하나님의 법칙이다. 그런데 에녹은 이 법칙을 초월하여 죽음을 보지 않고 산채로 바로 천국간 최초의 인물이 된 것이다. 지금 같이 매스컴이 발달하였다면 정말 야단났을 것이다.

그런데 이러한 사실에 대하여 많은 사람들이 의심하고 믿지 못한다. 그러나 성경은 분명히 증거한다. 에녹은 한결같이 하나님과 동행하는 특별한 믿음을 가졌기에 이러한 특별한 복을 받았다. 성경은 이것을 강조한다. 에녹의 승천은 전설이 아니라 분명하고 확실한 역사적 사건이다. 이제 우리는 에녹의 승천에 대하여 좀 더 자세히 생각해 보자.

㉠ 에녹이 승천한 때:

• 그것은 에녹의 생애 중 어느 시기인가? 에녹은 365세에 승천했다. 그것은 당시 사람들의 수명과 비교하면 그의 생애 중 중반기였다. 그는 한참 일 할 수 있는 청장년기에 승천하였다.

하나님은 경건한 그를 왜 그리 일찍 데려가셨을까? 그것은 하나님이 세상이 당시 너무 타락하여 경건한 그가 살기에 너무 고통스럽다고 보아 그렇게 하셨거나, 에녹 자신이 고통스러운 이 세상에 권태를 느끼고 하나님께 떠나기를 간절히 바랐기 때문일 것이다

• 그것은 이 세상의 어느 시기인가? 그것은 창세기 5장에 기록된 연대만을 계산한다면(거기에는 많은 생략이 있다고 본다). 57년 전에 죽은 아담과 69년 후에 태어나게 된 노아를 제외한 모든 족장들이 살아있을 때였다. 그들은 모두가 에녹이 옮겨간 사실에 대한 증인이 되었을 것이다. 그 전해 내려오는 증거를 토대로 모세는 그 사실을 기록하여 우리에게 전해주었다.

㉡ 에녹이 옮겨진 방법:

에녹은 아무리 해도 자기 힘으로는 산 채로 하늘나라로 갈 수 없었다. 그러면 그 방법이 무엇인가? 그것은 하나님이 그를 데려가신 것이다. 하나님이 그를 지상에서 천상으로 옮기신 것이다.

우리나라는 우주선 나로호 발사에 성공했으나 궤도 진입은 실패했다. 그래도 수많은 연구진들이 여러 해 동안 5천억 이상을 쓰며 노력한 결

과다. 이소연 씨는 지난해에 러시아 우주선을 빌려 타고 한 보름 동안 우주여행을 하였다. 그러기 위하여 많은 돈을 내고 고된 훈련을 받았다. 소련의 유리 가가린이 우주선을 타고 우주 비행을 한 후 선진국들은 천문학적인 돈을 투입하며 우주개발 경쟁을 하고 있다. 그러나 인간의 우주를 향한 발걸음은 위대하나 아직 어린 아이의 걸음마에 불과하다. 그런데 인간이 아무리 연구해도 그냥 사람을 산채로, 그것도 맨몸으로 우주에 보낼 수 없다. 그러다간 오르지도 못하고 산산조각이 날 것이다.

그러나 하나님은 아주 고대에 인류역사로 말하면 아주 원시시대에 에녹이 인공위성처럼 맨몸으로 하늘로 올라 우주여행을 한 후 천국에 안착하게 하신 것이다. 에녹은 아무 준비도 없이, 아무 훈련도 받지 않고, 한 푼도 내지 않고 멋진 우주여행을 하였다. 그는 하나님의 신공위성이 된 것이다. 하나님은 그 후 많은 세월이 흐른 후 이스라엘의 선지자 엘리야가 신공위성이 되게 하셨다. 앞으로 우리도 오직 믿음으로 나가면 그 신비한 신공위성이 될 것이니, 생각만 해도 가슴이 설렌다.

ⓒ 에녹은 더 이상 이 세상에 없었다.

하나님이 에녹을 데려가시므로 그를 옮기시므로, 그는 더 이상 이 세상에 존재하지 않았다. 그의 존재는 이 세상에서 천국으로 옮겨졌다. 70인역에서 그가 "발견되지 아니하였더라"고 하였다. 엘리야를 찾던 선지자의 생도들은 아무리 찾아도 그를 찾을 수가 없었다. 그들은 50명이나 가서 사흘을 찾아도 발견하지 못하였다(왕하217). 마찬가지로 에녹의 친구들도 에녹을 찾았으나 발견하지 못하였다. 당시 사람들에게 에녹은 다시 보이지 않았다.

하나님은 에녹의 몸과 영혼을 하늘나라로 데려가셨다. 그리스도의 재림시에 살아서 그를 만날 성도들처럼 그는 변화되어 천국으로 갔다. 그 후 그는 더 이상 이 세상에 보이지 않았다.

② 에녹은 천국과 하나님 자신을 받았다.

에녹은 산채로 천국에 갔다. 황금보석으로 꾸민 하나님의 집에 육신의 몸으로 갔다. 그러니 그는 천국과 하나님을 동시에 상급으로, 선물로 받았다.

그런데 에녹이 받은 가장 큰 상급은 하나님 자신이다. 하나님이 우리 신자에게 주시는 상급이 많이 있다. 그러나 그것들은 모두 다 그림자와 같은 것이고 진정한 상급은 하나님 자신이다.

사실상 에녹은 이 세상에서부터 이미 하나님을 상급으로 받았다. 하나님께서 에녹에게 자기 자신을 주사 그와 함께 300년간 동행하셨다. 에녹이 하나님과 동행한 것은 한편으로 하나님이 에녹과 동행한 것이다. 그리고 천국에서 영원히 그와 함께 하신다. 에녹은 그 아름다운 천국에서 생명이신 하나님과 더불어 영원히 사는 복을 받았다.

아브라함도 하나님 자신을 상급으로 받았다. "아브라함아, 두려워 말라. 나는 너의 방패요, 너의 지극히 큰 상급이니라"(창15:1). 믿는 자는 누구나 하나님 자신을 상급으로 받아 있다. 이 상급이 최고의 상급이다. 최고의 복이다.

"에녹은 매일 매일 하나님과 동행하다가 천국 문 앞에 도달하였다. 천사가 문을 열고 하나님을 영접한즉 하나님을 따라가던 에녹도 함께 들어갔다"

에녹의 승천은 주님 재림시에 살아 있던 성도들이 산채로 변화하여

천국에 갈 것에 대한 모형이다. 동시에 그 때에 부활하는 성도들이 육
으로 승천할 것에 대한 모형이다.

「부름 받은 에녹같이 우리들도 하늘로

부름 받아 갈 때까지 주만 따라 가겠네

한걸음씩 한걸음씩 주를 따라 가세

앞으로 앞으로 항상 따라 가세」 아멘.

2. 그 외에도 많다 – 하나님과 동행한 사람들의 발자취

성경에는 에녹 외에도 하나님과 동행한 사람들의 멋진 이야기로 가득
차 있다. 특히 구약에 나오는 많은 인물들에 대하여 히브리서 기자는
11장에서 요약하여 아주 잘 말하였다. 신약에도 하나님과 동행한 많은
사람들의 이야기가 나온다. 이제 그중에서 특별한 분들을 선별하여 소
개코자 한다.

사람이 걸어가면 발자취가 남는다. 많은 사람이 계속 걸으면 그 발자
취는 길이 된다. 들길, 오솔길, 산길, 많은 길이 있다. 그 길들은 수많은
우리 조상들이 남긴 발자취가 만든 것이다.

우리는 그 발자취, 그 길을 따라가면 쉽게 갈 수 있다. 길을 잃지 않고
우리가 가고자 하는 곳으로 쉽게 가게 된다. 지리산 같은 국립공원은
길이 아주 잘 되어 있다. 안내판도 잘 설치되어 있다. 그래서 초행자도
길을 잃지 않고 잘 갈 수 있다.

한 번은 지리산 중산리에서 구곡산으로 이어지는 지리산 남부능선을
걸었다. 거기는 산죽길이 많다. 거기 산죽은 아주 무성하여 키가 사람
키보다 더 높았다. 그래서 계속 헤치고 가야 하는데 밑이 잘 보이지도
않아 무척 힘들었다. 그러나 사람이 다닌 길은 그대로 남아 있어 발로
더듬어 갈 수 있었다. 마치 발에 눈이 있는 듯 잘 통과하였다.

우리는 인생길, 믿음의 길을 가는데 앞서간 하나님과 동행한 분들의
발자취를 따라 가야 한다. 그러면 우리가 가고자 하는 곳으로 아무 탈
없이 잘 갈 수 있다. 절대로 길을 잃지 않고 무사히 목적지에 이르게 된

다. 시야를 가리는 것이, 방해물이 있을지라도 길만 놓치지 않는다면 실패하지 않고 잘 가게 된다.

(1) 구약시대

구약시대에 하나님과 동행하면서 믿음의 발자취를 남긴 혜성 같은 분들의 이야기는 신약성경 히11장에 요약되었다.

① 노아(히11:7 창6:~8:)

노아는 상고시대에 하나님께서 물로 세상을 심판하실 때 방주를 만들어 살아난 사람으로 유명하다. 그는 제2의 인류 조상이라 할 수 있다.

노아는 의인이요 당시에 완전한 자로 하나님과 동행하였다. 그는 구약시대에 최초로 의인이란 칭호를 받았다. 그는 그 시대에 완전한 자였다. 물론 그가 전혀 죄가 없다는 말이 아니다. 그는 참 믿음을 가지므로 그러한 인정을 받았다. 그는 경건하게 살아 모든 사람의 모범이었다. 그런 그는 언제나 하나님과 동행하는 삶을 살았다.

노아는 하나님의 경고를 받았다. 그 경고는 특급비밀에 속하는 것이었다. 그것은 하나님이 120년 후에 홍수로 세상을 멸망시키는 것이었다. 그 이유는 세상에 죄악이 가득찼기 때문이다. 그리고 하나님은 노아에게 방주를 만들어 구원을 받으라고 하셨다. 그 당시에 하나님은 노아 외에는 아무에게도 그 경고를 할 수 없었다. 모두가 하나님을 떠났기 때문이다. 그러나 노아는 그러한 악한 시대에도 항상 믿음을 지키고 하나님과 동행하였기에 그에게만 그 경고를 하였다.

그런데 그 경고를 받은 노아는 그 일이 확실히 일어 날줄 믿고 그대로 순종하였다. 그는 하나님을 경외함으로 그 경고의 명령을 실천하였다. 그는 높은 산 위에서 120년이나 걸리는 그 어려운 일을 묵묵히 실천하였다.

120년이란 기간은 너무 길었다. 이렇게 먼 훗날 될 일에 경각심을 가지기는 쉽지 않다. 그리고 그렇게 긴 기간 한결같이 계속하기도 쉽지 않다. 그리고 그 당시의 세상은 너무 부패하였다. 120이란 긴 기간 동안 경건을 유지하기가 쉬운 일이 아니었다. 또 그 방주를 예비하는 일은 너무 힘든 일이었다. 조선기술도 발달되어 있지 않은 시대에 조선기술자도 아닌 사람이 큰 배를 만드는 일은 너무 힘든 일대 모험이었다. 또 세상 사람들의 비난과 방해가 극심했을 것이다. 비도 오지 않는데 산 위에서 배를 만드니 정신 이상자로 보였을 것이다.

그러나 노아가 그런 어려운 일을 잘 감당한 것은 하나님과 동행하는 믿음이 있었기 때문이다. 언제나 하나님과 동행하는 노아에게 하나님은 힘과, 용기, 지혜를 주셨다. 참고 나갈 인내심을 주셨다. 언제나 위로와 평강을 주셨다. 그래서 그 일은 즐거운 일이었고, 120년은 하루 같이 지났을 것이다.

이렇게 하나님과 동행하며 방주를 예비한 노아는 온 집을 구원하였다. 죄악 세상을 정죄하였다. 믿음을 좇은 의의 후사가 되었다.

② 아브라함(히11:8~12, 17~19, 창12:1~9, 22:1~19)

아브라함은 믿음이 특별한 분으로 전 역사를 통한 믿음의 사람들의 조상이다. 그의 믿음은 만고에 영원히 빛난다. 그는 원래 메소보다미아 지역의 갈대아 우르에서 살았다. 그 불신의 땅에서 홀로 믿음의 씨앗이 되어 자랐다. 이것은 기적과 같은 일이다.

아브라함은 나이 70세가 되었을 때에 하나님의 부름을 받았다. 하나님은 아브라함에게 고향을 떠나 자기가 지시할 땅으로 가라고 하셨다. 이것은 참으로 지키기 어려운 명령이다. 그러나 아브라함은 즉각 순종하였다. 자기에게 명령하시는 하나님이 자기와 함께 가시다가 어느 때에 자기가 받을 땅을 가르쳐 주실 줄 믿고 떠났다. 그는 자기가 가는 길에 하나님이 언제나 함께 하실줄 믿었다. 그래서 순종하는데 망설임이 없었고 담대하였다.

그리고 아브라함은 하나님이 자기에게 복을 주시라는 모든 약속을 믿었다. 그 약속의 복은 자손이 번성하여 큰 민족이 되고, 그의 후손으로 메시야가 나서 세상 만민이 복을 받으리라는 것이다. 이것은 참 놀라운 최고의 복이다. 그 약속을 받은 그는 하나님이 반드시 자기와 함께 하여 그것을 이루어 주실 줄 확신하였다. 그는 그 약속을 이미 받은 것으로 생각했다.

그리고 아브라함은 천성을 바라보고 나그네로 살았다. 그는 이 세상에서 하나님이 약속하는 땅을 바라보고, 나아가서 장차 내세에서 받을 천성을 바라보고 나아갔다. 그는 언제나 그곳을 응시하면서 기쁨 가운데 장막에 살고 나그네로 걸어갔다. 언제나 나그네로 만족하며 살아갔다. 그는 그 가운데서 언제나 하나님이 함께 하고 인도하는 사실을 믿으며 가는 곳마다 하나님께 단을 쌓았다.

그리고 아브라함은 그런 가운데서 100세에 얻은 아들 이삭을 하나님께 제물로 바쳤다. 이삭은 독자이고 하나님이 그를 통하여 모든 복이 이루어지리라 하셨는데, 그 하나님은 이해할 수 없는 명령을 하셨다. 그러나 아브라함은 곧 순종하였다. 그는 부활의 믿음을 가지고 그렇게 하였다. 그는 하나님이 언제나 자기와 함께 하고, 자기가 드리는 제물을 받을 것을 믿고, 나아가서 그 하나님이 이삭을 다시 살려 줄줄로 믿었다. 그러한 믿음으로 그는 이삭을 제물로 바쳤고 하나님이 하시는 시험을 통과하였다.

아브라함은 175세의 긴 생애를 살았다. 멀리 메소포다미아 갈대아 우르에서 출발하여 온 중동지역을 떠도는 나그네로 살았다. 인생의 온갖 희노애락을 겪으며 짐승을 키우는 사람으로 천막에서 살았다. 그러나 그는 위대한 믿음의 조상, 족장이었고 이스라엘의 조상이다. 언제나 하나님과 대화하며 하나님과 함께 걸어간 믿음의 족적을 남겼다.

③ 야곱(히11:21, 창48:1~22, 28:10~22)

야곱은 쌍둥이 동생으로 태어났다. 그 이름의 뜻은 "발꿈치를 잡았다"는 것이다. 그는 에서의 발꿈치를 잡고 세상에 나왔다. 이것은 그가 잘 되기 위하여 끝없이 노력하는 모습을 보인다.

야곱은 부자되기 위하여 많은 노력을 하였다. 나아가서 신령한 복을 받기 위하여 각고의 노력을 하였다. 그는 호시탐탐 기회를 노리다가 형 에서로부터 장자의 명분을 샀다. 이것은 하나님이 약속한 메시야로 말미암은 구원의 복이다. 그는 메시야의 조상이 되었다. 그는 아버지 이삭으로부터 기어이 축복의 기도를 받았다. 그는 나중에 얍복강 가에서 목숨을 거는 기도를 통하여 이스라엘이 되었다. 하나님과 겨루어 이긴 자, 하나님의 응답을 받고 복을 쟁취한 자가 되었다. 그리하여 믿음의 백성, 이스라엘 민족의 조상이 되었다.

야곱이 에서를 피하여 도망가다가 루스라는 빈들에서 돌 베개하고 쓸쓸히 잠을 잤다. 그때 꿈에 하나님이 나타나셨다. 그리고 말씀하셨다.

"내가 너와 함께 있어 네가 어디로 가든지 너를 지키며 너를 이끌어 이 땅으로 돌아오게 할지라 내가 네게 허락한 것을 다 이루기까지 너를 떠나지 아니하리라"(창28:15). 이 얼마나 감격스러운 약속인가? 그래서 야곱은 일어나 하나님께 경배하고 서원하였다.

그러나 그 후부터 전개되는 야곱의 생애는 순탄하지 않았다. 그는 외삼촌집에서 착취당하면서 가정을 이루고 재산을 모았다. 그는 고향으로 돌아올 때 에서의 공격을 받을까 전전 긍긍하였다. 13명의 자녀를 거느린 삶은 고달프고 편할 날이 없었다. 자식들에게 속아 요셉이 죽은 줄 알고 슬피 울기도 했다. 그 세월은 상당히 길었다.

이러한 세월에 대하여 야곱은 말년에 바로를 만났을 때 잘 고백하였다. "내 나그네 길의 세월이 백삼십년이니이다. 내 나이가 얼마 못 되니 우리 조상의 나그네 길의 연조에 미치지 못하나 험악한 세월을 보내었나이다"(창47:9).

그런데 야곱이 그런 험악한 세월을 보내는 나그네로 살면서 좌절하지 않고 꿋꿋이 살아간 비결은 무엇인가? 그가 끝까지 믿음을 지키고 승리한 비결은 무엇인가?

그것은 하나님과 동행한 것이다. 루스 빈들에도 자기와 함께 하신 하나님, 빈들이 "하나님의 집"(벧엘)이 되게 하신 하나님, 그 하나님이 앞으로 언제나 자기와 함께 하리라는 놀아운 약속을 받은 야곱은 용기백배하였다. 늘 감격스러웠다. 그런 그는 언제나 하나님과 함께 간다는 의식을 가지고 하나님과 동행하는 삶을 살았다. 그런 그는 열심히 일하나 지치지 않고, 삶이 고달프고 복잡하나 낙심치 않고, 어려운 난관이 오나 기도로 이겼다. 늙고 쇠하여 거동이 불편하나 지팡이 머리에 의지하여 경배하고 자손에게 축복기도하였다(히11:21).

④ 요셉 (히11:22, 창50:22~26)

소년 요셉은 꿈꾸는 사람이었다. 그 꿈은 우두머리가 되는 것이었다. 그런데 그 꿈은 하나님이 주신 꿈이었다. 요셉은 그 꿈을 주신 하나님이 언제나 자기와 함께 함을 믿었다. 그런 그는 언제나 하나님과 동행하는 삶을 살았다.

요셉은 그 꿈을 이야기하다가 형들의 미움을 샀다. 그 형들은 요셉을 아주 싫어하고 미워하였다. 그러나 요셉은 하나님의 함께 하심을 믿고 담대하게 그 꿈을 자주 이야기하였다. 그것을 자랑하였다.

그런 날들이 계속되자 더욱 미워하게 된 형들이 요셉을 죽이려고 하였다. 참으로 비정한 자들이었다. 그러나 그들은 차마 죽이지는 않고 상인들에게 팔아먹었다. 요셉은 팔려가 애굽왕의 시위대장 보디발의 종이 되었다. 그러나 그는 하나님의 함께 하심을 믿고 낙심치 않고 성실하게 살았다.

그 집에서 주인 보디발의 아내가 아주 음탕하였다. 그녀는 요셉을 끈질기에 유혹을 하였다. 그러나 요셉은 자기가 하나님 앞에 있다고 생각하여 그것을 뿌리치고 이겼다. 그는 늘 신전의식을 가지고 살았다. 코람 데오(Coram Deo), 이 말은 "하나님 앞에서"란 말이다. 그는 언제나 코람 데오 신앙을 굳게 지켰다.

이러한 요셉은 그 여자의 모함에 의하여 엉뚱하게 강간 미수죄로 감옥에 가게 되었다. 억울한 죄수가 되어 옥살이를 하게 되었다. 참으로 통탄할 일이다. 그러나 요셉은 조금도 낙심하지 않았다. 그러한 중에서도 하나님이 자기와 함께 하신다고 믿었기에 자기 일에 충실하였다.

그러한 요셉을 하나님은 귀하게 보시고, 사랑하였다. 하나님은 요셉이 왕의 꿈을 해석하게 하여 대단한 사람이 되게 하였다. 왕의 신임을 받은 요셉은 대제국 애굽의 총리가 되었다. 그는 총리가 되어 정치를 잘하여 나라를 구하고 백성을 살렸다. 그런 중에서도 요셉은 자기가 하나님 앞에 있다고 생각하여 조금도 교만하거나 쾌락에 빠지지 않았다.

요셉은 자기에게 찾아온 형들, 자기를 죽이려다가 팔아먹은 그들을 하나님 앞에서 생각하고 다 용서하였다. 그들을 잘 돌보고 평안히 살게 하였다.

요셉은 늘 하나님과 동행하였다. 그런 그는 죽음도 담담히 받아들였다. 약속의 땅 가나안에 갈 줄 믿고 자기 유골을 그리로 메고 가라 하였다. 하나님이 자기를 인도하여 천국으로 들이실 사실과 자기 민족을 가나안으로 인도하실 사실을 굳게 믿었다.

요셉은 야곱의 실제적 장자다. 그 아버지의 믿음을 이어 받은 믿음의 거장이다. 그는 한결같이 하나님이 자기와 함께 하심을 믿었다. 그런 의식을 가진 그는 언제나 하나님과 동행하는 삶을 살았다. 언제나 하나님과 함께 걸어갔다.

⑤ 모세(히11:24~28)

모세는 바로의 공주가 나일강에서 건져내 키운 아들이다. 그는 왕국에서 왕자와 같이 살고 모든 것을 배웠다. 모세는 자라면서 자기 어머니로부터 하나님에 대한 모든 지식과 믿음을 이어 받았다. 그는 궁중에서 살면서 하나님이 자기와 함께 함을 믿고 이스라엘 민족의 해방과 독립을 꿈꾸고 있었다.

그러던 어느 날 힘으로 그 일을 꾀하다가 실패하고 왕궁에서 도망쳤다. 그는 미디안 광야로 가서 양치기가 되었다. 그는 조용히 양치는 목자가 되었다. 그는 양을 치면서 자신을 수련하였다. 그는 거기서 더욱 하나님이 자기와 함께 함을 체험하였다. 언제나 하나님을 마음에 모시고 묵상하는 삶을 살았다. 그러면서 때를 기다렸다.

그렇게 하기를 40년, 그의 나이가 80세가 되었을 때, 그는 하나님의 부름을 받았다. 그리하여 그는 민족해방 지도자로 나서게 되었다. 그는 이스라엘 백성을 끌고 나와 홍해를 건너고 광야를 거쳐 갔다. 그 길은 40년이나 계속되는 고난의 행군이었다. 그는 광야에서 말할 수 없는 시련을 당하였다. 백성들은 그때마다 원망과 불평을 일삼았다. 그러나 그는 아무리 큰 어려움이 와도 좌절하지 않았다. 그는 언제나 하나님이 자기와 함께 하고 고비마다 기적을 베풀어주심을 체험하였다. 그는 언제나 하나님과 동행하였다.

특히 모세는 하나님의 음성을 직접 들었다. 그는 수많은 신탁을 백성들에게 전달하였다. 백성들은 모세를 통하여 하나님의 말씀을 받아 순종하였다. 그리고 모세는 시내산에서 올라가 40일간 금식 기도하면서 하나님 앞에 앉아있었다. 그는 그렇게 하면서 하나님과 교제하고 십계명을 받았다. 그는 그렇게 하기를 두 번이나 하였다. 그가 백성들에게 나타났을 때 그의 얼굴에서 빛이 나 백성들이 볼 수가 없었다.

모세는 바로의 공주의 아들의 신분과 특권을 기꺼이 버렸다. 그는 부귀영화를 깨끗이 단념하고 버렸다. 모든 죄악의 낙을 버렸다. 그는 도리어 하나님의 백성과 함께 고난 받는 길을 택하였다. 그는 백성을 이끌고 그 험한 길을 걸어갔다. 그는 40년을 하루같이 하였다. 그는 하나님의 집에서 충성한 성실한 종이었다. 그는 겸손히 묵묵히 그 일을 하였다. 그것은 바로 그리스도를 위하여 고난 받은 것이다. 그는 그 능욕의 길을 자원하여 나갔다.

모세가 그렇게 할 수 있었던 것은 하나님이 언제나 그와 함께 하여 주

셨기 때문이다. 모세는 그 사실을 믿고 언제나 하나님 앞에서 살았다. 그는 언제나 하나님과 함께 걸어갔다. 하나님이 가면 가고 서면 섰다. 그런 그는 이스라엘을 가나안으로 인도하는 대업을 이루었다. 그런 그는 이스라엘의 전설적인 최고의 지도자가 되었다.

⑥ 다윗(히11:32)

다윗은 이스라엘의 전체 역사에서 가장 위대한 왕이다. 그는 선하고 훌륭한 왕의 표본이다. 그는 나아가서 그리스도의 예표가 되는 분이다.

다윗은 소년 목동 시부터 하나님의 함께 하심과 인도하심을 절실히 믿었다. 목자의 일을 통해서 신령한 목자이신 하나님을 만나게 되었다. 그는 시편 23편에서 그것을 잘 표현하였다. "여호와는 나의 목자시니 내가 부족함이 없으리라."

다윗은 불레셋의 골리앗 대장을 상대하여 싸우러 나갈 때에 칼이 아니라 만국의 하나님의 이름과 능력을 믿고 나갔다. 그는 하나님이 자기와 함께 하며 이기게 하실 줄 믿고 담대하게 나갔다. 그리고 그는 물맷돌로 골리앗을 쓰러뜨렸다. 그리하여 이스라엘이 승리하게 하였다. 그는 전적으로 하나님을 의지하고 하나님과 함께 나갔다. 하나님은 그런 그와 함께 하여 이기게 하셨다.

다윗은 사울의 시기로 쫓기고 있었다. 그는 수없이 생명의 위협을 당하고 죽을 고비를 넘겼다. 그러나 그는 낙심치 않았다. 그는 사망의 음침한 골짜기에서도 하나님 지켜주심을 체험하였다. 그는 그런 상황에서도 늘 하나님을 의지하고 붙들고 있었다.

다윗은 그런 위험한 와중에서 사울을 죽일 수 있는 기회가 여러 번 있었다. 그의 부하들이 죽이자고 하였다. 그러나 그는 거절하였다. 그는 사울이 비록 타락했으나 자기와 함께 하는 하나님이 세우신 종이기 때문에 그렇게 하지 않았다.

다윗은 드디어 왕이 되었다. 그러나 그는 하나님이 보고 계시고 자기가 그 앞에서 살았으므로 권력을 남용하거나 부귀영화와 쾌락에 빠지지 않았다. 그는 언제나 깨어 있었다. 그는 백성을 사랑하고 선정을 베푸는 성군이었다. 그는 외적을 무찌르고 나라를 튼튼히 하였다. 그는 이스라엘을 부강한 나라로 만들었다.

다윗은 언제나 하나님을 모시고 함께 하는 영성이 풍부하였다. 그래서 그는 수금으로 하나님을 찬양하였다. 그는 사울에게 악신이 임할 때 수금을 연주하여 물리쳐 주었다. 그는 바쁜 임무 중에서도 늘 기도하는 기도의 사람이었다. 그는 하나님을 찬양하는 수많은 시를 썼다. 시편의 거의 절반이 그의 작품이다. 그는 성전을 지으려고 하다가 되지 못하자 모든 재료를 준비하였다.

다윗은 언제나 하나님과 함께 하는 사람이었다. 왕으로서 어떻게 그렇게 할 수 있었나? 그는 언제나 깨어서 하나님 앞에서 살았다. 목동 때나 왕이 되었을 때나 변함이 없었다. 그는 그야말로 하나님의 마음에 합한(드는) 사람이었다. 그런 그는 이스라엘의 최고 영웅이다. 그는 죽었으나 아직도 이스라엘 사람들의 가슴 속에 살아 있다.

⑦ 엘리야

엘리야는 디셉 사람으로 이스라엘 왕 아합 때의 유명한 선지자다. 그 이름의 뜻은 "내 신은 여호와"이다. 그는 하나님이 베푸시는 기적 속에서 살아갔다. 그러니 그는 하나님과 동행 정도가 아니라 하나님 속에서 살아갔다.

엘리야는 아합왕에게 "내 말이 없으면 수년 동안 우로가 내리지 않으리라"고 한 후 그릿 시냇가에서 숨어 있었다. 그때 하나님은 까마귀를 시켜 음식물을 나르게 하였다. 그는 언제나 배부르게 먹었다.

그 후 엘리야는 사르밧 땅의 과부집에 유숙하였다. 그는 거기서 먼저 그 여인이 자기를 대접하게 한 후, 밀가루 한 줌과 기름 조금으로 흉년이 다하도록 먹고도 없어지지 않도록 하였다. 그것은 다함이 없는 복이었다. 하나님은 그와 함께 하여 그런 기적을 베푸셨다. 그 후 그는 그 과부의 아들이 죽자 하나님께 기도하여 살려주었다.

엘리야는 왕과 온 백성이 우상숭배에 빠지자, 바알 선지자 450인과 아세라 선지자 400인으로 더불어 갈멜산에서 대결을 하였다. 송아지로 제물을 삼고 기도하여 불로 응답하는 신이 참 신이라고 약속하고 백성에게 택하라고 하였다. 먼저 바알, 아세라 선지자들이 하였다. 그들은 온 종일 기도하고 춤추고 몸을 상하면서 야단을 하였으나 아무 응답이 없었다. 그러자 엘리야가 하였다. 엘리야는 하나님께 간절히 기도하였다. "하나님이여, 불로 응답하소서, 하나님이 참 신이신 사실을 보이소서". 그의 기도가 절정에 달했을 때 하늘에서 불이 내려와 제물을 다 태웠다. 엘리야의 완전한 승리였다. 백성들은 하나님을 택하게 되었다. 엘리야는 그 거짓 선지자 850인을 다 죽였다. 그리고 그는 더욱 간절히 기도하여 3년 반이나 가문 땅에 큰 비가 오게 하였다. 엘리야의 하나님은 언제나 엘리야와 함께 하여 기적을 베푸셨다.

그 후 엘리야는 호렙산 동굴에서 하나님의 음성을 들었다. 하나님은 세미한 음성으로 그에게 말씀하셨다. 그리고 그에게 하사엘이 아람왕이 되도록, 예후가 이스라엘 왕이 되도록, 엘리사가 그의 후계자가 되도록 기름을 붓는 중대한 사명을 맡기셨다.

엘리야는 사명을 다한 후, 산 채로 회리바람을 타고 승천하였다. 사람들은 다 죽는다. 그러나 죽음을 보지 않고 바로 승천한 사람 둘이 있다. 그 하나는 하나님과 동행한 에녹이고, 다른 하나는 하나님과 하나 되어 기적을 행한 엘리야다. 엘리야는 생도들이 보는 가운데서 갑자기 회리바람을 타고 승천하였다. 참으로 놀라운 광경이었다. 그는 갑자기 산 채로 신공위성이 되었다. 그때 엘리사는 큰 영감을 받고 엘리야의 후계자가 되었다.

엘리야는 언제나 하나님과 함께 하고 하나님 속에서 살았다. 그는 언제나 하나님의 기적 속에서 행하는 기적의 사람이었다. 그는 언제나 하나님의 불이 타오르게 하는 불의 사자였다. 그는 마지막에 하나님의 손에 의해 하늘로 들어올려졌다.

(2) 신약시대

① 사도 요한

사도 요한은 성격이 불같고 큰 야망을 가지 야심가였다. 그러나 그는 그 이름대로 "여호와의 사랑하는 자"가 되어 하나님의 사랑을 많이 받아 변화되었다. 그는 주님의 모범적인 제자가 되었다.

사도 요한은 주님과 늘 특별히 동행하였다. 그는 특별한 때에 베드로, 형 야고보와 함께 주님을 따랐다. 그는 야이로의 딸을 살리실 때, 변화산에서 변화하실 때, 겟세마네 동산에서 기도하실 때, 주님과 같이 있었다. 그는 언제나 주님과 가장 가까운 곳에 있었다.

그는 특히 주님이 심문받을 때, 십자가에 달렸을 때에도 다른 제자들은 다 도망쳤으나 주님 곁에 있었다. 그는 십자가 밑에서 주님을 쳐다보고 있었다. 그것은 목숨을 거는 위험한 일이었다. 그것은 주님을 향한 큰 사랑이었고 대단한 용기였다. 주님은 최후로 모친 마리아를 그에게 부탁하셨고, 그는 그 후부터 마리아를 어머니로 모셨다.

사도 요한은 초대교회시 수년간 예루살렘 교회의 주석(柱石)으로 있었다. 그 다음에 에베소서에 가서 교회를 개척하였다. 그는 그러한 전도의 행보에서 언제나 하나님과 동행하였다.

사도 요한은 도미시안 황제가 교회를 박해할 때에 밧모섬으로 유배가게 되었다. 그는 그 외로운 섬에서 기도와 묵상의 시간을 가졌다. 그의 일생에서 그 기간은 하나님과 함께 하는 절정을 이루었다. 그는 거기서 하나님의 계시를 받았다. 그는 하나님이 보여주는 환상을 보고 음성을 들었다. 그는 거기서 받은 계시를 아시아 일곱 교회에 보내고 우리에게도 전해 주었다. 그는 종말에 대하여 받은 계시대로 예언한 대예언자였다.

사도 요한은 그 후 석방되어 에베소로 왔다. 그는 거기서 주님과 동행하는 마지막 생애를 보냈다. 그는 주님의 사랑을 받아 사랑이 넘치는 사랑의 사도가 되었다. 그는 언제나 사랑을 외쳤다. "형제들아 우리가 서로 사랑하자 서로 사랑함이 마땅하다"고 하였다. 그는 그런 설교를 계속 반복하였다.

사도 요한은 요한복음 요한1,2,3서, 요한계시록을 기록하였다. 그것은 그가 주님과 동행한 결과 나온 결과물이다. 그는 주님과 함께 하면서 받은 영감으로 사랑의 복음과 종말의 복음을 전해주었다.

사도 요한은 계속 주님과 함께 하는 삶을 살다가 A.D 100년 경에 94세로 별세하였다. 그의 제자 중에는 유명한 폴리갑이 있다. 그는 서머나 교회의 감독으로 있다가 순교하였다.

② 베드로

베드로는 12제자의 대표자로 사도가 되었다. 그의 본명은 시몬이다. 예수님이 게바라고 했는데, 게바는 베드로로 반석이란 뜻이다.

베드로는 성격이 매우 급하고 정열적이고 활동적이었다. 그는 확고한 결심과 순간적인 주저와의 중간에서 많은 실패를 하였다.

베드로는 갈릴리에서 어부로 일했다. 그런 그는 예수님의 "사람을 낚는 어부가 되게 하리라"는 부르심에 즉각 응답하였다. 그는 모든 것을 버리고 예수님을 따라가 제자가 되었다.

베드로는 12제자 중에서 대표자가 되었다. 그는 항상 예수님과 가까이 있었고, 특별한 경우에는 반드시 동행하는 필수요원이었다. 그는 예수님에 대한 참된 신앙고백을 맨 먼저 하였다. 그래서 주님의 큰 칭찬을 받았다.

베드로는 주님이 십자가를 지실 때 멀찍이 따라갔다. 그는 예수님이 심문을 받으실 때 멀리서 보다가 예수님을 모른다고 세 번이나 부인하였다. 그런 그는 예수님과 눈이 마주치자 크게 뉘우치고 통곡하면서 회개하였다. 그런 그는 다시 주님의 손에 붙잡혔다.

베드로는 부활하신 주님을 만나 초대교회 지도자로 세워졌다. 그는 예수님의 승천과 성령강림후 초대교회 지도자로서 활동하고 선교에 전념하였다. 그의 설교로 수많은 사람들이 회개하고 믿었다. 그의 활동은 예루살렘에서 땅 끝까지, 유대인에게서 이방인에게로 발전하였다.

베드로는 학식이 풍부하지 못한 자이나 성령으로 계시를 받아 베드로전,후서를 썼다. 그는 그것으로 우리에게 하나님을 제대로 믿는 도리를 가르친다.

베드로는 예루살렘 교회의 기둥이었다. 그 후 그는 로마교회의 대감독이었다. 그는 로마에서 크게 전도하였다. 그러다가 네로 황제의 큰 박해를 받았다. 그때 그는 너무 힘들어 로마에서 도망가고 있었다. 그는 가는 길에서 주님을 만났다. "주여 어디로 가십니까?"(Quo Vadis Domine: 쿠오 바디스 도미네). "나는 네가 버리고 가는 로마에 다시 십자가에 못 박히기 위하여 간다." 베드로는 회개하고 다시 로마로 되돌아갔다. 그는 거기서 더 열심히 전도 하다가 붙잡혀 십자가에 거꾸로 못 박혀 죽었다.

이렇게 베드로는 주님의 부름을 받은 후 완전히 주님의 손에 붙잡혔다. 그리하여 언제나 주님과 함께 걸었다. 그는 언제나 주님이 가는 곳에 가고, 주님은 언제나 그가 가는 곳에 함께 하였다. 그리하여 그는 주님이 원하고 기뻐하는 일을 다 이루어 드렸다.

③ 바울

　바울은 본 이름이 사울이다. 바울의 뜻은 "작은 자"이다. 그는 다소에서 출생하였다. 그는 가마리엘 문하에서 학문을 배웠고, 교법사가 되었고, 로마 시민권을 가졌다.

　바울은 기독교인을 크게 박해하였고, 스데반을 죽이는 일에도 가담하였다. 그는 기독교인을 박해하기 위하여 다메섹으로 가다가 부활하신 주님을 만났다. 그때 그는 완전히 변화되었다. 그는 회개하고 크리스챤이 되었다.

　바울은 그 후 다메섹으로 가서 아나니아를 만나 세례를 받고 사도가 되었다. 이것은 큰 역사적 사건이다. 참으로 놀라운 일이다.

　그 후 바울은 아라비아 사막으로 가 수년간 기도하고 수련하였다. 그리고 먼저 사도된 자들과 만나고 교제한 후 복음을 전하게 되었다.

　바울은 주로 이방인에게 선교한 이방인의 사도였다. 그는 전형적인 전도자, 선교사의 모범이다. 그는 3차에 걸친 전도여행을 하였다. 그는 유대에서 출발하여 온 소아시아, 로마 유럽에 복음이 가득하게 하였다. 그는 수많은 사람을 회심시키고, 수많은 교회를 세웠다.

　바울은 그렇게 복음을 전하면서 많은 박해와 어려움을 당하였다. 그는 죽을 고비를 수 없이 넘겼다. 그는 목숨을 걸고 전도하였다. 그는 항상 죽을 각오를 하고 나아갔다. 그는 은혜의 복음을 증거하기 위해서는 자기의 생명을 조금도 귀한 것으로 여기지 않았다.

　그런데 이렇게 담대하게 나가는 바울에게 주님이 늘 함께 하였다. 주님은 언제나 바울과 함께 하여 그를 지키고 보호하였다. 주님은 바울이 죽을 고비를 만날 때마다 그 생명을 지켜주셨다. 그는 이 사실을 여러 번 고백하였다.

바울은 말년에 가이사에게 호소하여 로마에 갔다. 그는 거기서 죄수의 몸이지만 열심히 전도하였다. 그의 최후에 대하여는 확실히 알 수 없으나, A.D 61~62년경에 복음을 전하다가 참수당한 것으로 본다.

바울은 신약 바울서신 13권의 저자다. 그는 늘 주님과 함께하는 가운데서 성령님의 영감을 받아 하나님의 말씀을 기록하였다. 그는 가장 교리적으로 논리정연하게 복음을 설파하는 대학자이다. 그의 사상은 십자가의 그리스도와 부활하신 그리스도를 자랑했고, 믿음으로만 의롭게 되는 '칭의의 신앙'을 강조하였다.

바울은 아주 특이한 하나님의 부르심을 받아 특수한 사도가 되었다. 그의 업적은 어느 사도보다도 더 탁월하다. 그런 그는 한시도 주님과 함께 하지 않은 적이 없었다. 주님은 늘 그와 함께 하고, 그는 주님의 손에 붙들려 큰 역사를 하였다.

3. 하나님과의 아름다운 동행

우리는 누구와 함께 가는가? 가야 할까?

우리가 만일 악한 자, 추한 자와 함께 간다면, 우리는 악하고 추해 보일 것이다. 그러나 반대로 우리가 선한 자, 멋진 사람과 함께 간다면, 우리는 선하고 멋져 보일 것이다.

우리 하나님은 온 우주에서 최고로 선하시고 사랑이 넘치는 분이시다. 가장 멋진 멋쟁이시다. 만일 그 모습이 확 들어난다면 온 세상이 깜짝 놀랄 것이다. 우리가 그런 하나님과 동행한다면 우리도 그렇게 보일 것이다.

(1) 하나님을 알아야 한다

우리가 하나님과 동행하려면 하나님을 잘 알아야 한다. 우리가 하나님의 위대하심 멋짐을 제대로 안다면, 그 하나님과 동행할 마음이 생기고 그 길이 얼마나 대단함을 알게 될 것이다.

① 하나님은 사랑이시다.

많은 사람들은 하나님을 공의의 하나님으로만 안다. 우리가 잘 못하는 일이 있으면 꼭 찾아내어 반드시 벌을 주시는 분으로만 안다. 아이들에게도 "너 말 안 들으면 하나님이 혼내 주신다"고 한다.

그러나 하나님은 그보다 먼저 사랑의 하나님이시다. 하나님은 아담과 하와를 지으시기 전에 먼저 에덴동산을 창설하셨다. 거기에 온갖 아름다운 식물, 동물이 있게 하셨다. 하늘에는 해 달, 수많은 별들이 있게 하셨다. 그 후에 아담과 하와를 지으시고 그 아름다운 에덴에서 살게 하셨다. 하나님은 이렇게 생각이 깊으시고 사랑이 많으신 분이시다.

그런데 아담과 하와는 그 에덴동산에서 얼마 지나지 않아 하나님의 그 지극한 사랑을 잊어버렸다. 뱀이 와서 유혹할 때 "선악과를 따먹지 말아라"는 하나님의 명령을 어기고 그만 따먹고 말았다. 그것은 하나님의 명령을 거역하고 뱀의 말을 들은 것이니, 하나님의 사랑을 잊은 것이고, 배반한 것이다.

이렇게 범죄하고 타락한 아담과 하와는 그 좋은 에덴동산에서 쫓겨났다. 그들은 다시는 거기에 들어갈 수 없었다. 그들이 사는 땅은 독초가 있고 공해가 있는 안 좋은 곳이었다.

그런데 그보다 더 비극적인 것은 그들이 고생하고 병들고 늙어진 후 죽음을 맞이해야만 하는 사실이다. 아담 이후의 모든 인생에게 사망이란 괴물이 찾아왔다. 비극은 여기서 끝나지 않는다. 범죄한 인생은 죽은 후에 지옥에 가야 한다. 뱀을 부려 인생을 파멸시킨 마귀가 있는 무서운 지옥에 가야만 한다.

하나님은 이렇게 된 불쌍한 인생을 그냥 두고 볼 수 없었다. 그래서 구원의 길을 마련하셨다. 하나님은 자기의 외아들을 이 세상에 보내셨다. 그 아들 예수님은 모든 사람들의 죄를 대신에 십자가를 지고 죽으셨다. 그래서 그 사실을 믿는 자는 구원하여 천국에 가게 하신다. 믿는 자는 누구나 구원을 받는다. 하나님은 최후에 이 세상을 심판하여 믿는 자는 천국으로, 믿지 않는 자는 지옥으로 보낸다. 하나님은 그렇게 큰 사랑의 프로젝트를 설정하시고 실행하신다.

"하나님이 세상을 이처럼 사랑하사 독생자를 주셨으니, 이는 저를 믿는 자마다 멸망치 않고 영생을 얻게 하려 하심이니라"(요3:16).

"이는 하나님은 사랑이심이라, 하나님의 사랑이 이렇게 우리에게 나타난바 되었으니, 하나님이 자기의 독생자를 세상에 보내심은 저로 말미암아 우리를 살리려 하심이니라. 사랑은 여기 있으니,.... 오직 하나님이 우리를 사랑하사 우리 죄를 위하여 화목제로 그 아들을 보내셨음이니라. 사랑하는 자들아, 하나님이 이같이 우리를 사랑하셨은즉 우리도 서로 사랑하는 것이 마땅하니라"(요이4:8~11).

이렇게 우리를 구원하신 하나님은 사랑의 행진을 계속하신다. 우리가 이 세상에 사는 동안에 모든 필요한 것을 내려주신다. 그러면서 염려하지 말고 감사하고 기도하라 하신다. 그리고 늘 성령으로 이끌어 믿음으로 나가게 하신다. 시험에 들지 않고 시험을 이기게 하신다. 악에서 건지시며 악한 마귀를 이기게 하신다. 모든 환난, 핍박을 이기고 끝까지 믿음을 지키게 하신다. 천국으로 이끌어 들이시고 거기서 하나님을 찬양하게 하신다.

② 그 하나님은 우리와 교제를 원하신다.

이렇게 지극한 사랑으로 우리를 사랑하신 하나님은 우리와 교제를 원하신다. 우리를 구원하신 주님은 우리와 긴밀한 사귐을 원하신다. 우리를 구원하신 목적이 바로 거기에 있다.

우리는 구원을 받아 그 사랑의 하나님의 가족이 되었다. 하나님은 우리의 아버지가 되시고, 우리는 그분의 자녀가 되었다. 예수님은 우리의 큰 형님이 되셨다. 성령님은 우리를 돌보시는 어머니 같으시다.

가족은 끊을 수 없는 관계다. 그 관계에는 기막힌 교제가 있다. 서로 교제를 원한다. 하나님은 사랑으로 우리를 구원하시고 가족으로 삼으셔서 우리도 자기를 사랑하라 하신다. 우리는 감격하여 마땅히 사랑해야 한다. 우리는 예수님의 피흘리신 사랑을 생각하며, 그 주님을 진심으로 사랑해야 한다.

"보라, 아버지께서 어떠한 사랑을 우리에게 주사 하나님의 자녀라 일컬음을 받게 하셨는고, 우리가 그러하도다(우리가 하나님을 사랑해야 마땅한 것 아닌가)"(요일3:1).

우리는 언제나 하나님의 크신 사랑을 생각하면서 그 하나님을 사랑해야 한다. 기쁨으로 섬기고 영광을 돌려야 한다. 그러면 하나님은 우리에게 끊임없이 은혜와 복을 내려주신다.

그리고 그 하나님은 자기의 자녀된 우리가 서로 사랑하기를 원하신다. 주님 안에서 형제 자매된 우리가 서로 사랑함으로 교제하기를 원하신다.

"사랑하는 자들아, 하나님이 이같이 우리를 사랑하셨은즉, 우리도 서로 사랑하는 것이 마땅하도다"(요일4:11).

하나님의 큰 사랑을 입은 우리가 주 안에서 서로 형제된 사실을 감사하면서 서로 사랑해야 함은 너무도 마땅한 일이다. 아울러 이 마땅한 일을 하나님은 너무도 원하신다.

그래서 사도 요한은 "사랑하는 자들아, 우리가 서로 사랑하자, 사랑하는 자마다 하나님께로 나서 하나님을 안다"고 하면서 사랑을 강조하였다(요일4:7). "우리가 서로 사랑할지니, 이는 너희가 처음부터 들은 소식이라"(요일3:11)고 하였다.

그런데 하나님은 우리가 사랑하되 아주 뜨겁게 사랑하라 하신다. 아니 목숨을 바치는 사랑을 하라 하신다. 그 이유는 우리가 주님이 우리를 위하여 목숨을 버리는 놀라운 사랑을 입었기 때문이다. 그러니 우리가 이렇게 형제를 위하여 목숨을 바치는 사랑을 하는 것은 아주 당연하고 마땅한 것이다(요일4:16).

사도 요한은 에베소교회에서 말년에 청년들의 부축을 받아, 강단에 서게 되었다. 그는 설 때마다 같은 설교를 되풀이 하였다. 그것은 "소자들아, 서로 사랑하라"는 것이었다. 나중에 지겹게 생각한 성도들이 "왜 그렇게 하십니까?"라고 물었다. 그 때 그는 "이 한 가지만 하면 모든 것이 다 된다"고 하였다. 이렇게 그는 사랑을 강조한 사랑의 사도다.

이렇게 우리가 하나님이 사랑이심을 알고, 하나님을 사랑하고 형제들을 사랑할 때, 하나님과 동행할 마음이 생기고 동행하게 된다. 기쁨으로 함께 가게 된다. 그리고 그 사랑하는 삶이 바로 하나님과 동행하는 것이다. 사랑의 발걸음, 이것이 바로 주님과 함께 가는 아름다운 발걸음이다.

(2) 하나님과 동행하는 삶

그러면 하나님과 동행하는 삶은 어떤 것인가? 앞에서 말한 것 외에 또 어떤 것들이 있는가?

① 성령의 감동과 인도로 나간다.

성령은 하나님의 영이시다. 그 성령은 거듭난 우리의 영속에 찾아오셔서 함께 하시고 우리를 인도하신다. 하나님의 자녀 된 자들은 하나님의 인도를 받는다.

"무릇 하나님의 영으로 인도함을 받는 자들은 곧 하나님의 아들이라" (롬8:14).

그런데 성령이 우리를 인도하실 때 우리를 억지로 끌고 가시지 않는다. 성령은 우리를 감동하여 큰 기쁨과 감격 속에서 자기를 따르게 하신다. 속이 뜨거워져서 스스로 열심히 따르게 하신다.

우리는 성령의 감동과 인도가 있을 때 잘 따라야 한다. 우리가 그것을 거부하면 안 된다. 잘 따를 때 계속 잘 인도하신다.

그런데 성령을 따르지 않고 우리 마음대로 가면서 우리 자신의 힘으로 어떤 선한 일도, 주님의 뜻에 합당한 어떤 일도 이루어낼 수 없다. 우리는 우리 자신의 힘으로는 날마다 실패한다(롬7:).

그러나 성령이 우리를 인도하실 때, 그리고 우리가 그 인도를 따를 때 모든 것은 가능해진다(롬8:). 모든 선한 일, 주님의 뜻을 이룰 수 있다.

로마서 7장은 내 자신의 힘으로는 실패할 수 밖에 없는 사실에 대하여 말한다. 거기에는 "내"라는 말이 34회나 나온다. 그러나 롬 8장은 성령의 능력으로 승리하는 사실에 대하여 말한다. 거기에는 "성령"이란 말이 22회나 나온다. 나를 의지하다가는 "오호라, 나는 곤고한 사람이로다. 이 사망의 몸에서 누가 나를 건져내랴"(롬7:24)는 탄식을 발할 수 밖에 없고, 성령을 의지하면 승리의 개가를 부르게 된다.

그러면 그 승리의 삶은 어떤 것인가? 바울은 그것을 갈라디아서에서 밝힌다. 그것은 「우리가 성령의 인도를 받아 따르게 되면 모든 죄악을 물리치고 선한 생활을 하게 된다. 성령의 아름다운 열매를 맺게 된다」는 것이다(갈5:16~26).

"성령을 좇아 행하라. 그리하면 육체의 욕심을 이루지 아니하리라."

우리가 인도하시는 성령을 따를 때 모든 욕심에서 나오는 죄악을 이긴다. 그것은 "음행, 더러운 것, 호색, 우상숭배, 술수, 원수 맺는 것, 분쟁, 시기, 분냄, 당 짓는 것, 분리, 이단, 투기, 술 취함, 방탕"등이다(갈 5:16~21). 아니 그 외에도 수없이 많다. 현대의 죄악은 진화하여 그 종류가 너무도 다양하다. 그러나 그 죄악이 아무리 많아도, 죄악의 파도가 쉴 새 없이 밀려와도 성령의 인도를 따르는 자는 다 물리친다.

"성령을 좇아 행하라 그리하면 선한 성령의 열매를 맺으리라", "만일 우리가 성령으로 살면 또한 성령으로 행할지라" 그 성령의 열매는 사랑, 희락, 화평, 오래 참음, 자비, 양선, 충성, 온유, 절제"다. 이 외에도 많은 좋은 것들이 있다. 그 성령을 따르는 자에게는 이러한 열매가 반드시 맺힌다. 어떤 사람, 세력, 심지어 마귀도 그것을 막을 수 없다(갈 5:22~26).

그러니 우리는 날마다 성령의 인도하심을 구하자. 성령이 전적으로 우리를 주장하여 이끌어 가도록 기도하자. 어떤 경우에서나 성령의 인도가 우리와 함께 하도록 기도하자.

그리고 우리는 성령의 인도하심이 있을 때 믿음으로 그 인도를 순종하는 자들이 되자. 우리는 자주 우리의 잘못된 계획이나 욕망이 이루어지지 않는 것이 싫어서 성령의 인도를 거절할 때가 있다. 우리가 애써 기도해 놓고 막상 성령의 인도가 있을 때 거절함은 얼마나 어리석은가? 성령의 인도는 반드시 유익한 줄 알고 우리는 겸손히 순종해야 한다.

바울과 베드로 같은 사도들은 전적으로 성령의 인도만 따라 갔다. 자기들의 사상, 습관, 계획, 욕망, 열심 등을 다 포기하고 성령의 인도만 따랐다. 오늘날 우리들도 그렇게 한다면 큰 은혜를 받을 것이고 교회가 크게 부흥할 것이다.

우리가 내 마음대로 하지 않고 성령의 감동과 인도를 받아 나가는 삶을 살 때, 우리의 삶은 하나님과 동행하는 삶이 된다. 하나님과 함께 걷는 발걸음이 된다.

② 세상의 빛이 된다.

우리 하나님은 빛이시다. 하나님은 빛 자체시다. 그러니 그 하나님께는 어두움이 조금도 있을 수 없다. "하나님은 빛이다. 그에게는 어두움이 조금도 없으시니라"(요일1:5). 그런 하나님은 그림자도 없으시다. "그는 변함도 없으시고 회전하는 그림자도 없으시니라"(약1:17).

그런데 세상의 모든 빛은 그 하나님으로부터 나온다. 그 하나님은 빛들의 아버지시다(약1:17). 우리 하나님은 거대한 발광체시다. 태양이 온 세상을 비추듯 하나님은 온 세상, 물질계와 영계를 다 비추신다.

하나님은 캄캄하게 어두운 우주에 빛을 창조하셨다. 이 우주에 빛이 없는 상황을 상상해 보라. 하나님은 빛의 아버지로서 하늘에 해, 달, 별들을 말씀으로 있게 하셨다. 그리하여 이 우주는 밝은 아름다운 세상이 되었다.

그리고 하나님은 온 세상에 항상 영적 빛을 비추신다. 빛의 본체이신 하나님은 날마다 신령한 빛을 발하여 우리의 심령을 밝히신다. 그것은 바로 사랑의 빛이다. 그 사랑의 빛이 우리의 영혼을 밝혀 빛나게 한다.

그 다음에 하나님은 천국에서 완전히 빛의 축제를 하신다. 거기는 해, 달, 등불이 아예 필요 없다. 밤이 없는 세계다. 북극에서 여름에 백야가 되니 사람들이 축제를 하고 들떠 어쩔 줄을 몰라 하고 야단이다. 그런데 천국은 언제나 영원히 백야다. 항상 "하나님이 빛이 되어 비추므로 어떤 그림자도 없는 곳이다". "그 성은 해나 달의 비침이 쓸데없으니, 이는 하나님의 영광이 비취고 어린양이 그 등이 되심이다"(계21:23). "다시 밤이 없겠고 등불과 햇빛이 쓸데없으니, 이는 주 하나님이 그들에게 비취심이라"(계22:5).

그런데 그런 하나님을 믿는 우리도 빛이 된다. 우리가 하나님을 향하여 있으므로 하나님의 빛을 받아 반사하는 빛이 된다. 마치 달이 햇빛을 받아 반사하듯이 된다. 모세는 십계명을 받기 위하여 시내산에 올라가 40일간 하나님과 함께 있었다. 그 후 모세가 내려와 백성들 앞에 섰을 때 그의 얼굴에서 빛이 났다. 그래서 백성들이 잘 볼 수가 없었다. 그래서 모세는 수건으로 얼굴을 가렸다. 우리가 하나님을 향하여 있으면 우리에게서 하나님의 빛이 반사된다. 우리는 하나님의 빛을 반사하는 작은 빛이 된다. 우리는 빛나는 사람이 된다. "너희는 세상의 빛이라"(마5:14).

그런데 우리가 비출 그 빛은 어떤 것인가? 우리가 세상 사람들에게 어떤 모습으로 나타나는 것인가? 그것은 우리의 "착한 행실"이다. "이같이 너희 빛을 사람 앞에 비취게 하여 저희로 너희 착한 행실을 보고"(마5:16). 우리가 하나님의 사랑의 빛을 받으면 자연히 우리도 사랑하게 되

고, 그 사랑함은 사람들을 향한 착한 행실로 나타난다. 그것이 바로 우리가 이 악한 세상을 밝히는 빛이다.

이렇게 우리가 하나님의 빛을 받아 다시 그 빛을 반사하는 이 삶, 즉 사랑에서 나오는 착한 행실, 이것이 바로 하나님과 동해하는 삶이다. 하나님과 함께 걷는 발걸음이다.

③ 하나님의 말씀에 순종, 복종한다.

우리 하나님은 우리를 인도하고 지도하기를 원하신다. 아무데나 가도록 내버려두시지 않고 잘 인도하고 지도하신다. 바른 길을 가도록 지도하신다. 목자가 양을 사랑으로 인도하듯이 인도하신다. 그리하여 하나님이 원하시는 곳으로 가게 만드신다.

그런데 하나님이 인도하고 지도하실 때 그냥 하시지 않고 많은 명령, 규칙을 주신다. 여러 경우에 "하라, 하지 말라"는 지침을 주신다. 그것이 바로 하나님의 인도와 지도를 따르는 요령이다.

우리는 그 명령, 규칙을 잘 지켜야 한다. 그것을 순종하고 복종해야 한다. 순종은 내 마음에 들 때 기쁨으로 따르는 것이고, 복종은 내 마음에 안 들어도 따르는 것이다. 이 순종, 복종의 삶이 바로 하나님의 인도와 지도를 따르는 것이며 하나님과 동행하는 것이다.

우리 하나님은 우리의 이 순종과 복종의 생활을 대단히 기뻐하신다. 그래서 "순종이 제사보다 낫고 듣는 것이 수양의 기름보다 낫다"(삼상 15:22)고 하신다. 그러면서 순종하고 복종하는 자에게 복을 주신다.

"네가 네 하나님 여호와의 말씀을 삼가 듣고 내가 오늘 네게 명령하는 그의 모든 명령을 지켜 행하면 네 하나님 여호와께서 너를 세계 모든 민족 위에 뛰어나게 하실 것이라 네가 네 하나님 여호와의 말씀을 청종하면 이 모든 복이 네게 임하며 네게 이르리니, 성읍에서도 복을 받고 들에서도 복을 받을 것이며, 네 몸의 자녀와 네 토지의 소산과 네 짐승의 새끼와 소와 양의 새끼가 복을 받을 것이며, 네 광주리와 떡 반죽 그릇이 복을 받을 것이며, 네가 들어와도 복을 받고 나가도 복을 받을 것이니라"(신28:1~6)

이스라엘은 광야에서 40년간 갈 바를 알지 못하고 나갔다. 그런데 그때 그들에게 구름기둥, 불기둥이 있어 인도하였다. 그 구름기둥, 불기둥은 먼저 이스라엘을 보호하였다. 낮에는 시원하게, 밤에는 따뜻하게 하였다. 그리고 그것은 갈 바를 알지 못하는 이스라엘을 인도하였다. 이스라엘은 그것을 따르기만 하면 되었다. 그런데 기거에는 많은 명령과 규칙이 있었다. 그들은 그것을 잘 지키면서 나아갔다. 그리하여 (비록 그 길이 때때로 불신앙의 결과로 징계 받는 길일지라도, 때때로 불순종, 원망, 불평으로 징계받았지만) 그들은 40년간 계속 하나님과 동행하였다. 계속 그렇게 하다 보니, 가면서 계속 복을 받고 결국 가나안 복지에 이르게 되었다.

우리 인생길도 광야길이다. 우리는 도무지 길을 모른다. 그러나 걱정할 필요가 없다. 우리 하나님이 여러 현대판 구름기둥, 불기둥으로 우리를 인도하신다. 그러면서 우리에게 여러 명령과 규칙을 주신다. 우리는 그 명령과 규칙을 순종, 복종하면서 가면 된다. 우리는 그러한 하나님과의 동행을 통하여 가는 길에 복을 받아 누리고, 결국 천국에 이르게 된다.

④ 하나님과 뜻을 같이 하고, 하나님의 사업에 동참한다.

사람이 길을 같이 가려면 뜻이 맞아야 한다. 뜻이 맞지 않는데 어찌 함께 갈 수 있나? 고산 등반을 하는 사람들은 산악 동우회 회원으로 생사를 같이 하는 동지들이다.

부부는 인생의 반려자로서 서로 뜻을 같이 하고 같은 사업을 한다. 도무지 뜻이 맞지 아니한 부부는 결국 이혼을 하게 된다.

아브라함과 롯은 고향에서 함께 떠나 한 동안 동행하였으나 나중에 나누어졌다. 그들은 가축의 떼가 많아져 함께 거할 수 없어 나누어졌다. 그러나 그것만이 이유가 아니다. 하나님만 바라보고 나가는 아브라함과 믿기는 하나 세상 재미도 좀 보려는 롯과의 사이에 뜻이 맞지 아니한 점도 있었다고 본다.

바울과 바나바는 처음에 전도의 동지, 동행자였다. 그들은 절친한 사이였다. 그러나 뒤에 나누어졌다. 그것도 심하게 다투고 나누어졌다. 그 이유는 어렵다고 제멋대로 가버린 마가를 데리고 가는 문제로 서로 의견이 엇갈린 것이다.

그런데 바울에게는 끝까지 함께하는 동행자, 동지가 있었다. 그 중에 의사 누가와 디모데가 있다. 의사 누가는 늘 동행하면서 바울의 건강을 돌보았다. 그리고 사도행전을 기록하여 바울의 전도 행적을 남겼다. 또 디모데는 늘 바울을 따르면서 수족과 같이 일하면서 도왔다. 그들은 서로 뜻을 같이 하였기 때문에 언제나 함께 하였다.

우리는 하나님과 뜻을 같이 해야 하나님과 동행할 수 있고, 하나님과 동행하는 사람은 하나님과 뜻을 같이 하게 된다. 하나님의 사업에 참여하게 된다. 그러니 하나님과의 동행은 바로 하나님과 뜻을 같이 하고 하나님의 사업에 동참하는 것이다. "두 사람이 뜻이 같지 않은데 어찌 동행하겠으며”(암3:3).

어떤 목사님은 그의 교회가 부흥되지 않아서 걱정이 많았다. 그는 무엇이 잘못되었는지를 알기 위하여 금식기도를 하였다. 그는 여러 날을 지낸 후에 그것에 대한 하나님의 음성을 들었다. “네가 어디서 놓치고 있는지를 내가 말해 주겠다. 너는 언제나 교회에 대하여 너 자신의 계획을 세운 다음, 나에게 와서 되게 해 달라고 기도한다. 왜 먼저 나에게 와서 내가 너에게 원하는 것을 찾지 않느냐? 나의 계획이 무엇인지를 찾은 다음, 그것을 따라서 해라. 그러면 너희 교회가 부흥될 것이다”

그래서 그는 그 때부터 자신의 아이디어를 추구하는 대신 교회에 대한 하나님의 계획을 알아내고 그대로 행하기 시작했다. 그리하여 그의 교회는 서너 달 후에 일백 여 명이 모이는 교회가 오백 여 명이 모이는 교회로 부흥하였다.

우리는 하나님의 동역자가 되어야 한다. 하나님의 뜻을 이해하고 하나님과 사업을 함께 하는 자가 되어야 한다. 우리 같이 부족하고 약한 자가 하나님의 동역자, 동업자라니, 그러나 하나님은 그렇게 하기를 매우 기뻐하신다. 그것은 너무도 감격스러운 일이다. 그것이 바로 하나님과의 동행이다.

⑤ 묵상, 관상의 삶이다. − 매일의 동행 −

묵상, 관상에 대하여 앞에서 이미 말하였다. 묵상, 관상은 하나님과의 동행의 출발이다. 묵상, 관상을 통하여 하나님의 임재를 강하게 열망함은 그 자체가 하나님과의 동행의 시작이다. 아울러 그것은 하나님과의 동행의 수련이며, 동행 자체다. 하나님과의 임재를 추구하는 그러한 기도는 하나님과의 동행을 찾아나가는 과정과 노력이다. 나아가서 하나님의 임재 속에 거하는 그러한 기도는 하나님과의 동행 자체다.

그리고 우리는 그러한 묵상, 관상기도의 열매로 관상적 삶을 사는 단계로 나아간다. 관상적 삶을 사신 가장 위대한 모델은 우리 주 예수님이며, 교회사에서는 프란치스코가 가장 으뜸이다. 그런데 그 관상적 삶은 온전히 하나님과 동행하는 삶이다. 하나님과 동행하는 가장 이상적인 모습이다. 그런데 가장 이상적인 관상적 삶을 골3:16~24절에서는 다음과 같이 말씀한다.

㉠ 일상적 임무로 주님을 섬긴다.

"너희 주 그리스도를 섬기느니라"(24). 우리는 항상 언제나 주님을 섬겨야 한다. 그것은 일상적 우리의 임무다.

㉡ 무슨 일을 하든 주께 하듯 한다.

"무슨 일을 하든지 마음을 다하여 주께 하듯 하고 사람에게 하듯 하지 말라"(23). 우리는 일을 보통 사람에게 하듯이 한다. 그러나 우리는 자세를 바꾸어 무슨 일이나 마음을 다하여 주께 하듯이 해야 한다.

㉢ 오직 하나님을 기쁘게 하고, 그의 상급만을 기대한다.

"시와 찬송과 신령한 노래를 부르며 감사하는 마음으로 하나님을 찬양하고 또 무엇을 하든지 말에나 일에나 다 주 예수의 이름으로 하고 그를 힘입어 하나님 아버지께 감사하라"(16,17). "이는 기업의 상을 주께 받을 줄 아나니"(24). 우리가 하나님을 기쁘게 하는 가장 쉬운 방법은 찬양과 감사이다. 우리는 늘 찬양과 감사가 충만하여 하나님을 기쁘게 하는 자가 되어야 한다. 그리고 우리는 하나님의 기업의 상을 믿고 바라고 나아가야 한다.

㉣ 이러한 삶을 위해 우리는 경건한 삶의 우선순위를 가져야 한다.

경건한 삶을 앞세워야 한다. "그리스도의 말씀이 너희 속에 풍성히 거하여 모든 지혜로 피차 가르치며 권면하고 시와 찬송과 신령한 노래를 부르며 감사하는 마음으로 하나님을 찬양하고"(16). 우리는 참된 경건의 삶, 즉 말씀 위주의 삶과 찬송, 감사 위주의 삶을 가장 앞세워 살아야 한다. "그런즉 너희는 먼저 그의 나라와 그의 의를 구하라 그리하면 이 모든 것을 너희에게 더하시리라"(마6:33). 이러한 삶이 가장 이상적인 관상적 삶이다. 그것이 바로 하나님과 동행하는 삶이다.

우리는 관상적 삶이라고 할 때 아주 추상적으로 생각하기 쉽다. 그러나 이동원 목사는 관상적인 삶의 일상적 가이드 라인과 관상적 하루 일과를 제안하므로 아주 실제적으로 말하였다(마음의 기도를 가꾸는 영성의 길, pp. 61-63).

관상(觀想)적 일상성 가이드 라인

1. 관상(觀想)적 삶을 추구하는 우리에게 무엇보다 중요한 것은 시간의 우선순위를 따라 살아가는 일이다(중요하지 않은 일을 거절하는 법을 배워야 한다).
2. 하나님과 함께 하는 시간을 먼저 약속하라.
3. 천천히 걷는 기도의 산책시간(prayer walk)을 갖는다.
4. 집이나 직장 가까이 쉽게 갈 수 있는 곳에서 자주 자연을 응시하는 습관을 들인다.
5. 관상(觀想)적 예술인 음악이나 시, 혹은 미술작품을 가까이 한다.
6. 음식을 천천히 먹는다.
7. 이웃과 대화(전화)하면서 천천히 말한다, 천천히 듣는다.

8. TV나 컴퓨터, 핸드폰 등의 소음에서 자유로운 시간을 만든다.

9. 자주 심호흡을 하고 그때마다 호흡의 주인이신 하나님의 임재를 느끼며 짧은 기도를 한다.

10. 삶의 목적 못지않게 과정을 중시하는 실천적인 삶 곧 순간 순간을 중시하는 삶을 추구한다.

관상(觀想)적인 하루 일과 제안

1. 아침에 눈을 뜨자마자 침상에 누운 채 심호흡을 몇 차례 한다.

2. 천천히 일어나 몸 기도(body prayer)를 한다.

3. Q.T 시간(20~30)을 갖는다.

4. 관상 산책과 함께 하루 준비를 한다.

5. 아침 식사를 감사히 여김으로써 천천히 먹는다.

6. 감사의 하루를 출발한다.

7. 점심 전후에 잠깐 자신만의 사막을 찾아간다.

8. 사랑과 평화의 인간관계를 추구한다.

9. 저녁 시간의 중요한 삶의 습관으로 가족들의 하루 이야기를 경청한다.

10. 저녁이나 취침 전에 잠깐 침묵 시간을 갖는다.

(3) 그 삶을 위한 계단

우리는 다 모두 하나님과 동행하는 아름다운 삶을 원한다. 그러나 그 것은 하루 아침에 되지 않는다. 대도 조00은 교도소에서 전도 받아 믿고 오랜 형기를 마치고 나왔다. 그 후 그는 신앙간증을 하면서 다녔다. 그러다가 몇 달 후 일본서 또 다시 도둑질을 하다가 붙잡힘으로 교계를 실망시켰다.

걷기운동을 하는 사람들 중에는 걷기는 누구나 하는 것이니까 그냥 하면 된다고 생각하는 사람이 많다. 그러나 그렇지 않다. 각자 자기 체력에 따라 단계적으로 연습을 해야 한다. 그러면서 점차 그 강도를 높여가야 한다.

마찬가지로 우리가 하나님과 동행하는 아름다운 삶을 이루기 위해서는 단계적으로 많은 연습을 하고, 점차 그 강도를 높여야 한다. 그러한 삶의 목표를 분명히 정하고 한 걸음 한 걸음 나가야 한다.

지리산은 아주 큰 산이다. 중산리서 천왕봉에 오르는 코스는 급경사로 계단이 많다. 내장산은 멀리서 보면 평탄하고 순해 보인다. 그러나 막상 가보면 수많은 오르내림의 연속으로 수많은 계단을 오르내린다. 월악산도 마지막의 정상에 오르기 위해서는 한참 내려가다가 돌아 오르면서 수많은 급한 계단을 밟아야 한다. 우리는 아무리 힘들어도 한 걸음 한 걸음 숨을 몰아쉬면서 올라가야 한다. 갑자기 단번에 정상에 오르는 방법은 없다. 참고 견디면서 온 힘을 다해 계속 오르면 마침내 정상에 도달한다. 그러면 정상 정복의 기쁨과 온 천하를 내려다보고 호령하는 특권을 누릴 수 있다.

하나님과 동행하는 아름다운 삶도 마찬가지다. 그것은 저 높은 산의 정상과 같다. 모든 어려움과 고통을 참으면서 한 계단 한 계단 계속 올라가야 한다. 힘들어도, 고달파도 그 걸음을 멈추지 말고 참고 또 참으면서 오르고 또 올라가야 한다. 그러면 마침내 거기에 도달한다. 하나님과 동행하는 멋진 세계, 온 천하를 내려다보고 하늘 보좌를 바라보며 주님을 찬양하는 감격의 세계가 펼쳐진다.

며칠 전에 산청 신안에 사는 다섯 명의 노인들이 지리산 천왕봉에 올랐다. 그 분들은 다 70세 이상이고, 그 중에 한 분은 91세다. 그런데 그 분들은 다 합바지를 입고 보통 신발을 신고 올랐다. 수많은 등산객들이 너무도 신기하여 기념촬영을 청하였다. 그들은 "죽기 전에 한 번 가보자"고 하면서 의기투합하여 성공했다. 그들은 힘들어도 한 걸음 한 계단 천천히 올라 마침내 정상을 밟았다.

하나님과 동행하는 아름다운 삶도 누구나 도전하면 이룰 수 있다. 확실한 도전의식을 가지고 계속 노력하면 된다. 아무리 힘들어도 포기하지 않고, 서두르지 않고, 서서히, 그러나 끈기 있게 전진하면 반드시 이루어진다. 한 계단 한 계단 계속 올라가면 반드시 도달하는 봉우리다.

① 믿음을 굳게 하는 계단

우리는 믿음이 점점 좋아져야 한다. 점점 자라야 한다. 더욱 더 견고해져야 한다. 그럴 때 하나님과 동행하는 삶이 이루어진다. 그러니 믿음을 굳게 하는 계단이 바로 하나님과 동행하는 삶을 위한 계단이다.

㉠ 믿음으로 죄 용서받고 의인이 된 것을 굳게 붙들어야 한다.

우리는 죄인이다. 날 때부터 죄인이며 계속 죄를 짓는다. 그 죄는 우

리를 억누르고 속박한다. 모든 행복을 빼앗아 간다. 그리고 마귀의 종
이 되게 하고 마지막에 지옥으로 끌고 간다. 우리는 이 무서운 죄를 깊
이 인식하고 회개하고 예수님을 믿으면 다 용서를 받는다. 하나님은 어
떤 큰 죄도 다 용서하신다. 예수 그리스도의 십자가 공로를 믿기만 하
면 무조건 다 용서하신다.

"회개하여(믿고) 각각 예수 그리스도의 이름으로 세례를 받고 죄사함
을 얻으라"(행2:38).

그런데 하나님은 우리의 죄를 용서하시는데서 한 걸음 더 나아가 우
리를 의롭다 하신다. 우리를 의인이라 하신다. 우리가 죄를 아예 안 지
은 사람처럼 완전한 의인이라 칭하신다.

"우리가 믿음으로 의롭다 하심을 얻었은즉 우리 주 예수 그리스도로
말미암아 하나님으로 더불어 화평을 누리자"(롬 5:1).

하나님은 우리의 죄를 용서하신 후 더 이상 그것을 기억도 안 하신다.
만일 하나님이 용서는 하시나 그것을 계속 기억하신다면 우리를 향하
여 의인이라 할 수 없을 것이다. 그런데 하나님은 아예 기억하지 않으
시고 다 잊어버리신다.

"나 곧 나는 나를 위하여 네 허물을 도말하는 자니 네 죄를 기억하지
아니하리라"(사43:25).

이렇게 우리의 죄를 용서하시고 기억지 않으시는 하나님은 우리를 향하여 의인이라 선언하신다. 우리가 세상에서 죄를 지으면 재판받아 감옥에서 형을 산다. 그 후 만기가 되면 감옥에서 나온다. 그러나 우리는 그 후에는 전과자가 된다. 그러나 하나님은 무조건 다 용서하시면서 그 죄를 기억도 않으시고 우리를 의인으로 대우하신다.

그런데 하나님이 우리를 의인이라 하심은 예수님의 의를 우리에게 넘겨주심이다. 예수님이 우리 대신 죄인이 되시고 그 공로로 예수님의 의가 우리에게 넘어온다. 그리하여 우리가 예수님 안에서 하나님의 의가 된다. 의인이 된다.

"하나님이 죄를 알지도 못하신 이를 우리를 대신하여 죄로 삼으신 것은 우리로 하여금 그 안에서 하나님의 의가 되게 하려 하심이라"(고후5:21)

그런데 하나님은 우리가 믿은 후에 지은 죄에 대해서도 우리가 회개하고 자백하기만 하면 다 용서하신다. 그리고 여전히 우리를 향하여 의인이라 하신다. 이렇게도 하나님의 사랑은 한이 없으시다.

"만일 우리가 우리 죄를 자백하면 저는 미쁘시고 의로우사 우리 죄를 사하시며 모든 불의에서 우리를 깨끗케 하실 것이요"(요일 1:9).

그러니 우리는 큰 복을 받았다. 말 할 수 없이 큰 복을 받았다.

"여호와께 정죄를 당하지 아니하는 자는 복이 있도다"(시32:2).

그러니 우리는 항상 하나님과 화평을 누리고(롬5:1), 보답하는 마음을 크게 가지고(시116:12), 항상 범사에 감사해야 한다(살전5:18).

우리가 믿음으로 죄 용서 받고 의인이 된 것을 굳게 붙들고 나갈 때, 그것이 믿음을 굳게 하는 첫 계단이며, 하나님과 동행하는 첫 걸음, 첫 계단이 된다.

ⓒ 그리스도 안에서 새로운 피조물이 된 사실을 굳게 붙들어야 한다.

하나님은 우리의 죄를 용서하시고 의인이라 하시는 정도로 그치시지 않는다. 거기서 점점 앞으로 나아가 깊어지는 은혜가 있다. 그것은 참으로 깊고 오묘한 은혜의 세계다.

우리는 그리스도 안에서 새로운 피조물이 된다. 하나님은 우리를 새로운 피조물로 만드신다. 우리는 새 인간, 새사람이 된다. 이전 것은 다 지나가고 완전히 새로워진 새 인물이 된다. 바울은 이 사실이 너무도 감격스러워서 큰 소리로 외쳤다.

"그런즉 누구든지 그리스도 안에 있으면 새로운 피조물이라. 이전 것은 지나갔으니, 보라, 새것이 되었도다"(고후5:17).

그런데 새로운 피조물이 된다는 것은 무엇을 말하나? 그것은 그리스도 안에서 거듭나게 되는 것을 말한다.

"사람이 거듭나지 아니하면 하나님의 나라를 볼 수 없느니라"(요3:3).

예수님이 거듭남에 대하여 말씀하시자, 니고데모는 그것을 도무지 이해할 수 없었다. 그는 " 사람이 늙으면 어떻게 날 수 있사옵나이까 두 번째 모태에 들어갔다가 날 수 있사옵나이까" 라고 하였다(요3:4).

그 때 예수님은 육신적으로만 생각하는 니고데모를 매우 답답하게 생각하시고 영적으로 말씀하셨다. 거듭남은 근본적으로 영적이며, 그것은 성령으로 된다고 말씀하셨다(요3:5). 사람은 도무지 생각도 할 수 없는 일이지만 성령은 되게 하신다.

그런데 이 거듭남은 실제로 어떻게 되는 것인가? 그것은 잃어버린 하나님의 형상을 다시 회복하는 것이다. 우리 인간은 원래 하나님의 형상(모양)대로 지음을 받았다.

"하나님이 이르시되 우리의 형상을 따라 우리의 모양대로 우리가 사람을 만들고"(창1:26)

"하나님이 자기 형상 곧 하나님의 형상대로 사람을 창조하시되 남자와 여자를 창조하시고"(창1:27).

여기 형상은 모양과 같은 것이다. 인간은 원래 하나님의 형상(모양)대로 지음을 받았다. 인간은 영적으로 하나님을 닮은 존재다. 이것은 굉장한 사실이다. 이것이 인간이 모든 생물과 구별되며 만물의 영장이 되는 이유이다.

그러면 이 하나님의 형상(모양)은 무엇인가? 무엇을 말하나? 그것은 참 지식, 의, 거룩이다(엡4:22~24, 골3:9~10). 아담은 원래부터 이 참 지식, 의, 거룩을 갖고 있었다. 참 지식은 하나님을 아는 지식이다. 의는 법을 다 지킨 상태다. 거룩은 죄가 전혀 없고 다른 것과 구별된 것이다. 아담은 이런 것을 가지고 있었다. 그는 그래서 하나님을 잘 알고 섬길 수 있었다.

그런데 아담과 하와는 하나님이 따먹지 말라 한 선악과를 따먹었다. 그들은 하나님의 명령을 거역한 죄를 짓고 타락하였다. 그래서 그들은 에덴동산에서 쫓겨났다. 그들에게 저주와 죽음, 지옥의 형벌이 내려졌다.

그런데 그러한 형벌 이전에 중대한 일이 일어났다. 아담과 하와가 범죄하고 타락하자 말자 그들에게서 하나님의 형상이 사라졌다. 그들은 그 귀한 하나님의 형상을 잃어버렸다. 그래서 인류는 하나님을 아는 지식이 없어지고 의와 거룩이 없어진 야만적 죄인이 되었다. 그러한 그들은 하나님을 버리고 우상을 섬긴다.

그런데 우리가 예수님을 믿고 죄 용서받고 의인이 될 때 하나님은 다시 그 하나님의 형상을 회복시켜 주신다. 우리 속에 참 지식이 생기고 의와 거룩이 생긴다. 그리하여 하나님을 알고 믿고 섬기게 된다. 이렇게 됨이 바로 거듭남, 새 피조물이 되는 것이다. 이렇게 거듭난 자, 새 피조물이 된 자인 우리에게는 모든 저주와 형벌이 사라진다.

그러니 우리는 이 사실을 굳게 붙들어야 한다. 그것이 바로 우리의 믿음을 굳게 하고, 하나님과 동행하는 다음 걸음, 계단이다.

ⓒ 그리스도 안에서의 성도의 지위를 분명히 이해하는 것이다.

그리스도 안에서 새로운 피조물이 된 우리는 특별한 지위를 얻게 된다. 새로운 신분의 사람이 된다.

그것은 우리가 그리스도 안에서 하나님의 자녀가 되는 것이다. 하나님이 우리의 아버지가 되시고 우리는 그 분의 자녀다. 이것은 참으로 놀라운 일이다. 예수 안에서 우리는 하나님의 아들이다. 그래서 우리는 하나님을 아버지라고 부르고, 부르짖는다(롬8:14,15).

그런데 이런 놀라운 일이 어떻게 이루어지는가? 그것은 우리가 예수님을 믿을 때 그 분 안에서 하나님의 양자가 됨으로 된다(롬8:15). 하나님은 예수님의 십자가 공로를 보시고 우리를 자기의 양자로 삼으신다.

우리나라에서도 양자가 되면 양부의 밑에 들어가게 되고 그 양부의 모든 것을 이어받게 된다. 그런데 우리나라 양자는 조카를 비롯한 아주 가까운 친족 중에서 세운다. 그리고 그 양자가 양부의 모든 것을 이어받는다고 하나 철저하지 못하고 아무래도 친 아들처럼 되지는 않는다.

그러나 로마의 양자는 다르다. 로마에서는 양자를 세울 때 아무나 마음에 들면 세운다. 그리고 양자는 양부의 모든 것을 철저하게 다 이어받는다. 가이사르는 자기의 친자를 두고 아무 인척관계도 없는 옥타비니아누스를 양자로 세웠다. 그리고 그에게 자기의 뒤를 이어 황제가 되게 했다. 그가 바로 로마의 초대 황제 아우구스투스다. 그러한 사실에 대하여 로마는 아주 자연스럽게 받아들였다.

우리 성도가 하나님의 양자가 되는 것도 꼭 같다. 우리는 하나님과 아무 상관이 없었다. 오히려 죄짓고 타락하여 마귀의 종이 되고 하나님과 원수 관계에 있었다. 그런 우리를 하나님은 예수 안에서 무조건 양자로 삼으셨다. 그리고 우리에게 자기의 모든 것을 주신다. 우리를 자기의 후사로 삼아 천국 기업을 주신다. 그리스도와 꼭 같이 천국 기업을 누리게 하신다. 우리는 거기서 예수님과 함께 영광을 누린다(롬8:17).

이러한 사실은 참으로 놀라운 일이다. 우리는 너무도 큰 복을 받았다. 그러니 우리는 "하나님 아버지"라고 할 때 이 사실을 깊이 새기면서 감사한 마음으로 불러야 한다. 우리가 온 우주의 왕이신 하나님의 자녀가 되었으니 얼마나 감사한가?

우리가 그 사실을 깊이 이해하고 새기고 감사할 때 믿음이 더 굳게 되고 하나님과 동행하는 삶이 된다.

㉣ 예수님의 이름을 사용할 권리와 특권을 이해하는 것이다.

죄사함을 받고 의인 된 우리, 새 피조물이 된 우리, 하나님의 자녀된 우리는 예수님의 이름을 사용할 특권이 있다.

우리가 그 이름을 사용하지 못하면 우리는 속박 속에 갇히게 되고 영적인 무력감에 빠지게 된다. 그러나 그 이름이 우리에게 어떤 일을 하는가를 알고 사용하게 될 때 우리는 모든 상황과 환경에서 사단을 이기고 예수님께서 우리에게 공급해주신 승리를 누릴 수 있다.

그런데 여기서 예수님의 이름은 단순히 이름을 말하는 것이 아니다. 단순히 문자로 표시되는 그 이름 자체를 말하는 것이 아니다. 여기서 그 이름은 바로 그 이름이 가리키는 그분의 인격, 능력을 말한다. 그러니 우리는 주님의 이름을 부를 때 항상 주님의 인격을 생각하고 그의 능력을 믿는 마음을 가져야 한다.

우리는 기도할 때 예수님의 이름으로 한다. 그것은 예수님의 인격을 믿고 그의 공로, 능력을 의지하여 하는 것이다. 그러면 하나님이 응답해 주신다.

"너희가 무엇이든지 아버지께 구하는 것을 내 이름으로 주시리라. 지금까지는 너희가 내 이름으로 아무 것도 구하지 아니하였으나, 구하라. 그리하면 받으리니, 너희 기쁨이 충만하리라"(요16:23,24).

우리는 예수님의 이름으로 이적과 기사를 행할 수 있다. 그의 이름의 능력과 권위를 믿고 그 이름을 사용할 때 이적과 기사가 일어난다.

"믿는 자들에게는 이런 표적이 따르리니, 곧 그들이 내 이름으로 귀신을 쫓아내며 새 방언을 말하며 뱀을 집어 올리며 무슨 독을 마실지라도 해를 받지 아니하며 병든 사람에게 손을 얹은즉 나으리라 하시더라"(막16:17,18).

베드로와 요한이 성전에 올라갈 때 어떤 앉은뱅이가 구걸하고 있었다. 그때 베드로가 그를 향하여 "은과 금은 내게 없거니와 내게 있는 것으로 네게 주노니, 나사렛 예수 그리스도의 이름으로 일어나 걸으라" 하고 오른손을 잡아 일으켰다. 그러자 그는 즉시 일어났고 걷기도 하고, 뛰기도 하였다. 그러면서 그는 하나님을 크게 찬미하였다(행 3:1~10).

하나님의 자녀된 우리는 예수님의 이름을 사용할 권리와 특권이 있다. 우리가 그것을 잘 이해하여 그 이름을 사용할 때 하나님의 응답이 있고 기적이 일어난다. 이렇게 우리가 믿음으로 주님의 이름으로 사용할 때, 우리의 믿음은 더욱 더 좋아지고, 하나님과 동행하는 삶이 더욱 더 잘 이루어진다.

㉥ 하나님의 말씀에 순종하는 삶이다.

우리의 믿음은 믿음으로 그치지 않고 삶으로 나타나야 한다. 성도는 삶이 변화되어야 한다. 그것은 불순종에서 순종으로의 변화다. 성도는 마땅히 말씀에 순종하는 삶을 살아야 한다.

아브라함은 믿음의 조상이다. 그가 믿음의 조상이 된 것은 순종이 있었기 때문이다. 그는 하나님이 고향을 떠나라 했을 때 즉시 떠났다. 무조건 믿고 떠났다. 또 독자 이삭을 제물로 바치라 했을 때 무조건 순종하여 바쳤다.

이삭도 마찬가지다. 이삭은 자기 아버지가 자기를 제물로 바치려 할 때에 무조건 순종하여 제물이 되었다. 그 후도 항상 조용히 하나님의 말씀을 따르는 삶을 살았다. 우리가 순종이 있을 때 참 믿음이 된다. "우리 조상 아브라함이 그 아들 이삭을 제단에 바칠 때에 행함으로 의롭다 하심을 받은 것이 아니냐"(약2:21). "이와 같이 행함이 없는 믿음은 그 자체가 죽은 것이라"(약2:17). "믿음이 그의 행함과 함께 일하고 행함으로 믿음이 온전하게 되었느니라"(약2:22).

하나님은 여호수아에게 말씀하셨다. "이 율법책을 네 입에서 떠나지 말게 하며 주야로 그것을 묵상하여 그 안에 기록된 대로 다 지켜 행하라 그리하면 네 길이 평탄하게 될 것이며 네가 형통하리라"(수1:8).

하나님의 뜻을 전하는 여호수아에게 백성들은 "당신이 우리에게 명령하신 것은 우리가 다 행할 것이요 당신이 우리를 보내시는 곳에는 우리가 가리이다"(수1:16)라고 하였다.

우리가 순종하는 삶을 살 때 믿음의 높은 계단으로 올라간 것이며, 하나님과 동행하는 깊은 골짝으로 들어선 것이다.

㉥ 전적으로 성령의 인도를 따라가는 것이다.

우리는 우리 자신의 힘으로 어떤 선한 일도, 주님의 뜻에 합당한 일도 이루어낼 수 없다. 우리는 우리 자신의 힘으로는 날마다 실패한다(롬7:). 그러나 성령이 우리를 인도하실 때 모든 것이 가능해진다(롬8:). 모든 선한 일, 주님의 뜻을 이룰 수 있다.

롬7장은 내 자신의 힘으로는 실패할 수 밖에 없는 사실에 대하여 말한다. 거기에는 "내"라는 말이 34회나 나온다. 그러나 롬8장은 성령의 능력으로 승리하는 사실에 대하여 말한다. 거기에는 "성령"이란 말이 22회나 나온다. 나를 의지하다가는 "오호라 나는 곤고한 사람이로다 이 사망의 몸에서 누가 나를 건져내랴?"(롬7:24)는 탄식을 발할 수밖에 없고 성령을 의지하면 승리의 개가를 부르게 된다.

그러니 우리는 날마다 성령의 인도하심을 구하자. 어떤 경우에서나 성령의 인도가 우리와 함께 하도록 기도하자.

그리고 우리는 성령의 인도하심이 있을 때 믿음으로 그 인도를 순종하는 자들이 되자. 우리는 자주 우리의 잘못된 계획이나 욕망이 이루어지지 않는 것이 싫어서 성령의 인도를 거절할 때가 있다. 우리가 애써 기도해 놓고 막상 성령의 인도가 있을 때 거절함은 얼마나 어리석은가? 성령의 인도는 반드시 유익할 줄 알고 우리는 겸손히 순종해야 한다.

바울과 베드로 같은 사도들은 전적으로 성령의 인도만 따라 갔다. 자기들의 사상, 습관, 계획, 욕망, 열심 등을 다 포기하고 성령의 인도만 따랐다. 오늘날 우리도 그렇게 한다면 믿음이 점점 다 좋아질 것이며, 하나님과 동행하는 깊은 단계로 나아갈 것이다. 그리고 큰 은혜를 받을 것이고 교회가 크게 부흥할 것이다.

Ⓢ 모든 것을 다 주님께 맡기는 것이다.

우리는 날마다 여러 문제에 부딪친다. 그것들 중에는 우리가 해결할 수 없는 어려운 것들도 많다. 그런데 우리는 그것들을 우리 자신이 다 해결하려고 한다. 그렇다보니 기도도 안하게 된다. 그저 온갖 힘을 다 해 노력한다. 그러다가 지치고 힘들어 한다. 때로 좌절하고 쓰러지기도 한다.

그런데 이런 식으로 하는 것은 전혀 믿음으로 하는 것이 아니다. 주님과 동행하는 삶의 모습이 아니다. 그저 나 혼자 내 길을 가는 것이다.

우리는 모든 것을 다 주님께 맡겨야 한다. 완전히 맡기고 그 주님의 인도와 도우심을 바라야 한다.

"너희 염려를 다 주께 맡기라 이는 그가 너희를 돌보심이라"(벧전5:7).

"네 짐을 여호와께 맡기라. 그가 너를 붙드시고 의인의 요동함을 영원히 허락하지 아니하시리로다"(시55:22).

"네 길을 여호와께 맡기라. 그를 의지하면 그가 이루시고 네 의를 빛 같이 나타내시며 네 공의를 정오의 빛 같이 하시리로다"(시37:5,6).

우리는 모든 문제를 다 주님께 맡기고 나가야 한다. 주님의 인도와 도우심을 바라면서 나아가야 한다. 그리고 주님을 의지하고 힘써 노력해야 한다.

이렇게 전적으로 주님께 맡기는 삶이 믿음으로 하는 것이며, 점점 믿

음이 깊은 단계로 나아가는 것이다. 아울러 주님과 함께 걸어가는 동행의 삶이다.

② 영적 성장을 가져오는 계단

우리는 믿음을 굳게 하고 나아가서 영적으로 점점 성장해야 한다. 난쟁이처럼 언제나 그대로 있으면 어떻게 하나? 세월이 갈수록 자라야 하지 않겠는가? 영적으로 성장하면 할수록 점점 더 하나님과 동행하게 된다. 이제 우리는 영적으로 성장하는 계단들을 생각해 보자

㉠ 과거의 실수, 죄를 완전히 잊어버려야 한다.

우리는 하나님을 믿고 죄 용서받아 의인이 되었다. 그런 우리는 언제나 의롭게 살아야 한다. 그러나 우리는 부족하고 아직도 죄성이 남아 있어서 때때로 실수하고 죄를 짓기도 한다. 그럴 때 우리는 너무도 부끄럽고 괴롭다. 우리는 어떻게 해야 하나? 그러나 우리는 걱정하지 않아도 된다. 사도 요한은 우리에게 해결책을 알려주었다.

"만일 우리가 우리 죄를 자백하면 그는 미쁘시고 의로우사 우리 죄를 사하시며 우리를 모든 불의에서 우리를 깨끗하게 하실 것이요"(요일1:9).

우리가 어떤 실수를 하고 어떤 죄를 지었든지 간에 진심으로 회개하고 그 실수, 죄를 입으로 고백하면 하나님은 미쁘시고 의로우사 다 용서하신다. 완전히 용서하신다.

그런데 많은 사람들이 회개하고 자백한 후에도 그 실수와 죄를 잊지 않고 기억한다. 기억하면서 부끄러워하고 괴로워한다. 사단은 우리가 그것을 자꾸 기억하도록 부추긴다. 우리가 그렇게 하는 한 우리는 영적으로 성장하지 못하고 점차 침체에 빠지게 된다. 그런데 우리가 그렇게 함은 우리 하나님을 잘 모른 결과다. 하나님은 우리가 죄를 회개하고 자백하면 다 용서하시고 그 죄를 기억도 안하신다.

"나 곧 나는 나를 위하여 네 허물을 도말하는 자니 네 죄를 기억하지 아니하리라"(사 43:25).

"내가 그들의 불의를 긍휼히 여기고 그들의 죄를 다시 기억하지 아니하리라"(히 8:12).

이 얼마나 좋고 감사한 말씀인가? 하나님이 다 잊어버리고 기억도 안하시는데 왜 우리가 기억하고 괴로워할 것인가? 우리는 완전히 다 잊어도 된다. 우리가 그것을 기억하고 있으면 영적 성장에 방해를 받는다. 우리의 믿음과 기도가 역사하지 못한다. 그러나 다 잊어버리고 나간다면 담대해지고 영적 성장이 오게 될 것이다.

피겨 여왕 김연아는 프랑스대회서(2009.10) 실수하였으나, 곧 다 잊고 열심히 하여 다른 선수와 큰 점수차로 우승하였다. 과거의 실수와 실패, 모든 죄를 다 잊어버려라. 그러면 영적인 성장이 오고 주님과 동행하는 삶이 열릴 것이다.

ⓒ 남의 잘못을 용서해야 한다.

우리는 다른 사람이 내게 잘못 하거나 죄를 짓는다면 기분이 아주 나빠진다. 몹시 화가 난다. 가서 따지고 싶고 싸우고 싶은 때도 있다. 그러나 우리는 그러한 감정을 참고 용서해야 한다. 이 용서는 앞서 말한 잊어버림과 밀접한 관련이 있다. 우리는 다 잊어버리고 완전히 용서해야 한다.

우리가 그렇게 해야 하는 이유는 우리가 하나님의 용서를 받았기 때문이다. 하나님은 우리가 예수님을 믿고 영접할 때 우리의 모든 죄를 다 용서하셨다. 하나님은 우리의 모든 허물을 다 도말하고 우리의 죄를 기억지 않으신다. 그러니 우리도 그 큰 은혜에 감사한 마음을 가지고 하나님의 그 사랑을 본받아 남의 잘못을 용서해야 한다.

"서로 친절하게 하며 불쌍히 여기며 서로 용서하기를 하나님이 그리스도 안에서 너희를 용서하심과 같이 하라"(엡4:32).

또 우리가 남을 용서해야 하는 이유는 내 자신의 마음의 평안을 위해서다. 우리가 남을 용서하지 못하고 미워하고 있으면 내 마음속에 평안이 사라진다. 시기와 질투는 우리의 마음을 병들게 하고 뼈가 썩는 것 같은 고통을 준다. 또 여러 가지 병이 생기게 하고, 그 병은 치료가 되지 않는다. 그러나 만일 우리가 주님의 사랑을 본받아 깨끗이 용서한다면 마음속에 하나님의 평강이 찾아온다. 마음속에 강 같은 평강이 흐르고 생기가 넘치게 된다. 아울러 시기로 인하여 생긴 병들이 치유된다.

그런데 우리는 몇 번이나 용서해야 되나? 세 번, 네 번 정도면 충분하지 않나? 일곱 번이면 많지 않은가? 베드로는 주님께 그러한 질문하였다. 그 때 주님은 "네게 이르노니 일곱 번뿐 아니라 일곱 번을 일흔 번까지라도 할지니라"(마18:22). 이 말씀은 490번, 아니 그보다 더 얼마든지 용서하라는 말씀이다. 우리는 우리의 죄를 다 용서하신 그 큰 사랑을 생각하면서 그렇게 해야 한다.

요셉은 자기를 죽이려다가 애굽에 종으로 팔아먹은 원수 같은 형들을 다 용서하였다. 그들을 사랑으로 돌보았다. 손양원 목사는 자기의 두 아들을 죽인 자를 용서하고 양자로 삼았다.

우리는 용서하게 될 때 영적으로 크게 성장하고 주님과 함께 친밀하게 걷는 삶이 된다.

ⓒ 기도해야 한다.

우리는 하나님께 구할 수 있는 특권을 받았다. 하나님은 우리에게 기도하면 이루어주신다고 약속하셨다. 그러니 우리는 기도해야 한다.

"구하라. 그리하면 너희에게 주실 것이요. 찾으라. 그리하면 찾아낼 것이요. 문을 두드리라. 그리하면 너희에게 열릴 것이니, 구하는 이마다 받을 것이요. 찾는 이는 찾아낼 것이요. 두드리는 이에게는 열릴 것이니라"(마7:7, 8).

그런데 우리가 기도할 때 예수님의 이름으로 하나님 아버지께 기도해야 한다. 그래서 우리는 기도를 마칠 때마다 "예수님의 이름으로 기도합니다"라고 한다. 예수님의 이름으로 기도한다는 것은 예수님을 믿고 그 주님의 공로를 의지하고 기도하는 것을 말한다. 그러면 하나님 아버지는 예수님의 이름으로 우리에게 주신다. 예수님의 그 공로를 보고 우리에게 응답하신다.

"너희가 무엇이든지 아버지께 구하는 것을 내 이름으로 주시리라. 지금까지는 너희가 내 이름으로 아무 것도 구하지 아니하였으나, 구하라. 그리하면 받으리니, 너희 기쁨이 충만하리라"(요16:23, 24).

그 다음에 우리는 기도할 때 말씀에 근거하고 말씀의 정신에 따라 구해야 한다. 그냥 아무것이나 되는대로 구하는 것은 다 받는 것이 아니다. 오직 우리의 기도가 하나님의 말씀 위에 세워질 때 응답이 온다.

"너희가 내 안에 거하고 내 말이 너희 안에 거하면 무엇이든지 원하는 대로 구하라 그리하면 이루리라"(요15:7).
"구하여도 받지 못함은 정욕으로 쓰려고 잘못 구하기 때문이라"(약4:3).

오늘날 열광적으로 기도하는 사람은 많다. 그러나 응답을 받는 사람은 많지 않다. 그 이유는 무엇일까? 그것은 말씀을 따라 구하지 않고 자기의 욕심을 따라 구하기 때문이다. 우리는 항상 기도할 때마다 우리의 구하는 바가 하나님의 말씀에 합당한가 살펴보아야 한다.
그리고 우리는 기도할 때 이미 받은 줄로 믿는 믿음을 가져야 한다. 우리는 종종 받고 나면 확실히 믿겠다고 생각한다. 그러나 그것은 부족한 믿음이다. 우리는 기도한 후 이미 받은 줄로 믿고 나아가야 한다. 그러면 그대로 이루어주신다.

"무엇이든지 기도하고 구하는 것은 받은 줄로 믿으라. 그리하면 너희에게 그대로 되리라"(막11:24).

우리가 늘 기도하게 될 때 우리의 믿음은 자라게 된다. 영적 성장이 온다. 주님과 동행하는 아름다운 삶이 전개된다.

㉣ 예배를 잘 드려야 한다.

예배는 성도의 기본이다. 성도는 누구나 마땅히 예배를 잘 드려야 한다. 우리의 신앙생활에 있어서 예배가 제일 중요하다. 우리가 예배를 잘 드린다면 큰 영적 성장이 있을 것이다.

예배 행위에는 두 가지 구분이 있다. 우리가 하나님께 올려 드리는 순서가 있고, 하나님께서 우리에게 내려 주시는 순서가 있다. 찬송, 기도, 헌금 등은 우리가 하나님께 올려 드리는 것이고, 성경, 말씀, 설교, 축도 등은 하나님께서 우리에게 내려 주시는 것이다.

사마리아 여자는 예배 문제를 대하여 질문하였다. "우리 조상들은 이 산에서 예배하였는데 당신들의 말은 예배할 곳이 예루살렘에 있다 하더이다"(요4:20).

유대인들은 예루살렘에서 예배하여야 할 것을 본래부터 주장하여 왔다(신12:15, 16:2, 26:2). 그러나 사마리아 사람들은 게르심산에서 예배하여야 정당하다고 주장하였던 것이다. 유대 사람들이 바벨론 포로에서 돌아온 후에 사마리아 사람들은 성전을 게르심산에 세웠다(400

B.C). 그 뒤에 유대인과 사마리아인은 서로 미워하였다.

그 여자의 질문에 대하여 예수님은 신약적 예배를 보여 주시므로 문제 해결을 주셨다(요4:21). "여자여 내 말을 믿으라. 이 산에서도 말고 예루살렘에서도 말고 너희가 아버지께 예배할 때가 이르리라." 즉 이제부터는 게르심산이니 예루살렘이니 할 것 없고, 오직 어디서든지 하나님을 아버지로 알고 영적 예배를 드릴 때가 왔다는 것이다. 신약시대는 하나님을 아버지로 믿고 어디서든지 예배를 드리면 되는 것이다.

그런데 아버지께 참으로 예배하는 자들은 꼭 명심해야할 것이 있다. 그것은 "신령과 진정으로" 예배해야 된다는 것이다(요4:23,24).

그러면 "신령과 진정으로" 예배함은 어떤 것인가? "신령으로" 예배함은 성령을 받은 자가 성령의 도우심으로 예배드림이다. 그리고 "진정으로"예배한다 함은 "진리로" 예배함이다. 한글 개역 성경은 헬라 원어 "알레이데이아"를 "진정으로"라고 번역했는데, 그것은 오해하기 쉬운 변역이다. 진정이란 것은 인간의 주관대로 진실성만을 가리킨 것으로서 이것으로는 만족한 예배를 드릴 수가 없다. 불신자들도 헛된 우상 앞에서 그들 자신의 주관대로 정성스럽고 진실되게 섬기는 경우가 있을 것이다. 본문의 주님의 말씀은 객관적 표준에 인정된 진리에 부합한 예배를 의미하였을 것이니, "진리로"라고 번역해야 한다. 진리는 예수님 자신이시고(요14:6), 그의 말씀이다(요17:17). 그러니 "신령과 진정으로" 예배함은 성령과 예수님을 의지하여 성령이 주시는 힘과 주님의 말씀을 따라 예배함이다.

그런데 우리가 "신령과 진정으로" 예배해야 될 이유가 무엇인가? 그것은 하나님은 영이시기 때문이다(요4:24). 하나님은 영이시기 때문에 형식적인 예배는 받지 않으시고 "신령과 진정으로" 드리는 예배만 받으

신다. 그리고 하나님 아버지께서는 그렇게 자기에게 예배하는 자들을 찾고 계신다. 하나님의 마음에 들고 합당한 자는 "신령과 진정으로" 예배드리는 자이다.

하나님은 그렇게 예배하는 자를 찾아 은혜와 복을 주신다. 믿음과 영적 성장을 주신다. 우리는 그렇게 될 때 하나님과 동행하는 멋진 삶을 이루게 될 것이다.

ㅁ 예물을 드림이 있어야 한다.

사람들 중에는 늘 받기만 바라는 자들이 많다. 그들은 늘 다른 사람들이 자기에게 무엇을 주기를 원한다. 그러한 생각은 완전히 습관적으로 굳어져 있다. 그들은 하나님도 자기에게 꼭 무엇을 주어야 된다고 믿는다. 그러나 성숙한 사람은 그렇지 않다. 늘 다른 사람들에게 무엇을 주기를 좋아한다. 믿음이 자란 사람은 하나님께 예물을 드리기를 아주 좋아 한다.

우리가 하나님께 드리는 예물은 십일조, 감사헌금 등이다. 그 외에도 자기 나름대로 드릴 수 있는 것이 많이 있을 것이다.

그런데 예물을 드리기는 하나 잘못된 동기로 드리는 자들이 많다. 어떤 사람은 순 의무감으로 드린다. 물론 우리는 예물을 드릴 의무가 있다. 그러나 의무감만으로 드리는 것이 아니다. 의무감만으로 드리는 자들은 기쁨이 없이 억지로 한다.

그 다음에 어떤 이들은 보상을 바라고 한다. 물론 우리가 좋은 동기로 예물을 드린다면 하나님은 분명히 보상하신다. 그러나 보상을 바라는 마음이 유일한 동기가 되어 드린다면, 그것은 잘못된 것이고, 하나님의 보상도 없을 것이다.

어떤 사람들은 믿음을 가르치는 분이 자동차를 드렸더니 하나님께서 다른 차를 주셨다는 이야기를 듣는다. 그러자 그들은 자기 차를 남에게 주고 "이제 하나님께서 나에게 새 차를 주실거야"라고 생각한다. 그것은 아주 이기적이다. 그리고 그것은 말씀에 근거한 것이 아니다.

그러면 우리가 하나님께 예물을 드림에 있어서 올바른 동기는 어떤 것인가? 그것은 받은 은혜에 대하여 감사함으로 드리는 것이다. 우리는 얼마나 많은 은혜를 받았는가? 주님의 보배피로 구원받은 은혜, 날마다 살아가는 은혜를 생각하면 말로 다할 수 없이 감사하다. "내게 주신 모든 은혜를 내가 여호와께 무엇으로 보답할까"(시116:12). 이것이 우리의 고백이 되어야 한다.

그 다음에 올바른 동기는 우리가 하나님을 사랑하고 예배를 드릴 때 당연히 예물이 있어야 된다고 생각하는 것이다. 우리가 어떤 귀한 분을 만나 인사를 드릴 때, 또는 중요한 부탁이 있을 때 어찌 그냥 맨손으로 할 수 있는가? 당연히 어떤 예물이 있어야 하지 않겠는가? 그렇다면 우리가 만왕의 왕이신 하나님을 알현하면서 예물이 없이 나온다면 말이 되지 않는다. 아주 정성으로 예물을 준비해야 되지 않겠는가?

우리가 참 믿음으로 올바른 동기로 하나님께 예물을 드린다면 하나님은 기쁘게 받으시고 복을 주신다. 우리는 그로 통하여 영적 성장을 맛보게 된다. 믿음이 크게 자라게 된다. 아울러 하나님과 동행하는 삶이 이루어진다.

ⓑ 전도하기를 힘써야 한다.

전도는 우리가 복음을 전하여 사람들의 영혼을 구원하는 일이다. 지옥 갈 자를 천국가게 하는 일이다. 그러니 이 전도는 우리가 할 수 있는 가장 귀한 일, 가치 있는 일이다.

그래서 주님은 제자들에게 이 전도를 가르치셨다. 특히 유언으로 명령하셨다. 예수님의 제자들은 다 전도자들이 되었다. 온 천하에 복음을 전한 선교사가 되었다. 우리도 이 귀한 일, 주님의 유언의 부탁을 꼭 실천해야 하지 않겠는가?

우리가 전도하려면 다니면서 사람들을 만나 입으로 전해야 한다. 예수 믿어 구원받는 복음을 증거해야 한다. 때를 얻든지 못 얻든지 힘써 전해야 한다.

그 다음에 우리는 우리의 삶으로 전해야 한다. 우리가 구원받아 감사하는 아름다운 삶을 보여주어야 한다. 이것이 되지 않는다면 우리가 입으로 전하는 것이 공허한 소리가 될 것이다. 그러니 이 삶은 입으로 전함과 병행되어야 된다.

그런데 우리는 전도할 용기도 잘 생기지 않고, 또 전도해도 잘 되지 않는다. 그래서 우리는 잘 하지 않는다. 이것은 참으로 큰 문제이다. 대부분의 성도들은 이러한 상태에 머물러 있다.

그러나 좋은 길이 있다. 우리가 열렬히 전도하고 열매를 거둘 수 있는 비결이 있다. 그것은 성령충만이다. "오직 성령이 너희에게 임하시면 너희가 권능을 받고 예루살렘과 온 유대와 사마리아와 땅 끝까지 이르러 내 증인이 되리라"(행1:8).

예수님이 승천하신 후 제자들은 한 곳에 모여 기도하였다. 그들은 전혀 기도에 힘썼다. 그러자 오순절에 성경강림이 있었다. 바람 같은 소리로, 불같은 모양으로 성령이 임하였다. 그들은 다 성령충만을 받았다. 그들은 큰 권능을 받았다. 그들은 밖으로 나가 열렬히 전도하였다. 수많은 사람들이 듣고 회개하고 믿었다.

그런데 전도하면 그 열매가 없어도 상을 받는다. 열매는커녕 핍박만 받아도 상을 받는다. 이 세상에서 아무 열매가 없어도 상 받는 일은 전도뿐이다. 전도하다가 순교한 스데반은 천국에서 해와 같이 빛날 것이다.

우리가 전도하면 믿음이 커진다. 열매가 있으면 있는 대로, 없으면 없는 대로, 심지어 핍박을 받아도 믿음이 크게 자란다. 담대해진다. 기쁨이 넘치게 된다. 큰 영적 성장이 온다. 그리고 전하면 우리에게 주님이 함께 해 주신다. 특별히 동행해 지켜주신다. 그것이 주님의 약속이다.

Ⓐ 십자가를 지라

우리는 구원받은 것을 감사하며 그 구원을 편한 가운데 누려야 한다고 생각한다. 그래서 십자가를 피하고 그저 편한 것만 찾는다.

예수님이 가이사랴 빌립보에서 베드로의 신앙고백을 들은 후 자신의 십자가의 죽음과 부활에 대해 말씀하셨다. 그때에 베드로는 적극적으로 말했다. "주여 그리 마옵소서 이 일이 결코 주께 미치지 아니하리이다" 베드로의 이 말은 주님도 고난을 안 당해야 하고 자기도 편해야 된다고 생각하여 한 말이다. 베드로의 말을 들은 주님은 아주 노하여 책망하셨다. "사탄아, 내 뒤로 물러가라 너는 나를 넘어지게 하는 자로다 네가 하나님의 일을 생각하지 아니하고 도리어 사람의 일을 생각하는도다"(마16:21~23).

우리는 주님이 십자가를 지고 죽으심으로 구원을 받았다. 그 고난의 공로를 믿음으로 구원을 받고 하나님의 자녀가 되었다. 그러니 우리도 주님을 위하여 고난 받는 것이 당연하지 않은가? 어찌 우리가 십자가를 피할 수 있는가?

주님은 말씀하셨다. "누구든지 나를 따라오려거든 자기를 부인하고 자기 십자가를 지고 나를 따를 것이니라"(마16:24). 우리는 먼저 자기를 부인해야 한다. 자기의 인간적인 감정, 욕심, 정욕, 사고 등을 부인해야 한다. 이것은 소극적으로 십자가를 지는 것이다. 그 다음에 실제적으로 십자가를 져야 한다. 주님을 위한 희생, 충성, 고행을 하고 고난을 당해야 한다. 환난시에 순교의 길로 나가야 한다. 이것이 바로 적극적으로 십자가를 지는 것이다.

우리가 이렇게 십자가를 지는 삶을 살기 위해서는 평소에 주님의 십자가 고난에 대한 묵상, 관상을 해야 한다. 늘 주님의 고난을 마음에 깊이 새겨야 한다. 그리하여 그 사랑과 은혜에 대한 감격이 있어야 한다. "내가 무엇으로 보답할까?" 하는 마음이 충만해야 한다.

그 다음에 우리는 편하게 살고 십자가를 피하면 죽는 길이 되고 십자가 지는 고난의 길을 가면 사는 길이 됨을 항상 기억해야 된다. 우리가 십자가를 피하면 참 믿음이 아니다. 그 믿음은 하나님의 인정을 받을 수가 없고 구원을 받은 수가 없다. 오직 십자가를 지는 믿음만이 참 믿음이다. 그 믿음만이 하나님의 인정을 받고 구원을 받는다. 그래서 주님은 "누구든지 제 목숨을 구원하고자 하면 잃을 것이요. 누구든지 나를 위하여 제 목숨을 잃으면 찾으리라"고 하셨다(마16:25).

　그런데 우리가 십자가를 지는 길을 가려면 우리 힘만으로 안 되고 반드시 성령충만을 받아야 한다. 우리는 연약하여 아무리 결심해도 무너지고 실패한다. 베드로가 큰 소리쳤으나 예수님을 부인한 것과 같이 된다. 그러나 우리가 성령충만을 받으면 끝까지 견디고 승리한다. 베드로가 성령충만하니 담대히 전하고 마지막에 순교한 것과 같이 된다.

　우리가 십자가를 지는 삶을 살면 믿음이 크게 자란다. 큰 영적 성장이 오게 된다. 그 십자가의 삶은 주님의 고난에 동참하는 삶이다. 주님이 반드시 함께 하여 힘주시고 은혜주시는 삶이다.

끝 말

하나님과 동행하는 삶은 가장 아름답고 멋지다. 그것은 가장 성경적인 삶이고 승리하는 삶이다. 모든 사람이 가야 할 길이다. 저 태고에 하나님과 동행한 에녹, 그러다가 산채로 신공위성이 되어 천국으로 간 에녹, 얼마나 멋진가? 그 외에도 수없이 많은 인물들이 있다. 노아, 아브라함, 야곱, 요셉, 모세, 다윗, 엘리야, 사도 요한, 베드로, 바울, 그들을 다 이야기 하자면 시간이 부족하다.

우리는 그들을 흠모하면서 그들과 같이 하나님과 동행하는 삶을 살기로 각오하자. 그리고 하나님을 바로 알고, 하나님과 동행하는 삶의 의미를 알고, 그 삶을 위한 계단을 알아 하루 하루의 삶을 주님과 동행하는 삶이 되도록 하자. 우리가 하루 하루를 그렇게 하기를 계속한다면 우리의 일생은 주님과 동행하는 일생이 될 것이다.

그런데 우리가 그러한 하나님과 동행하는 삶을 살려면 열심히 걸어서 우리의 몸이 건강해야 한다. 영적인 것도 우리의 몸이 뒷받침하지 않으면 이루기 어렵다. 몸이 허약하여져서 아무것도 이루지 못하는 사람이 많다. 우리는 걷기를 통하여 건강한 몸이 되고 그 건강한 몸으로 하나님과 동행하는 삶에 매진하자.

　　그리고 우리는 묵상, 관상을 통하여 하나님을 모시고 걸으므로 하나님과 동행하는 삶을 일으키고 꽃피울 수 있다. 사실 하나님과 그 분의 말씀에 대한 묵상, 관상의 시간은 바로 하나님과 동행하는 시간이다. 나아가서 그것은 참된 하나님과의 동행의 삶을 일으키는 것이 된다. 그것은 그러한 값진 삶을 창출한다. 그리고 그것은 그러한 멋진 삶을 아름답게 꽃피운다.

부 록

◉ 걸으면서 생각한다

◉ 한국기독교유적지

⊙ 걸으면서 생각한다

1. 구름 속 써리봉, 무재치기폭포

7월의 지루한 장마도 잠시 물러가고 모처럼 좋은 날씨다. 푸른 하늘, 밝은 해, 아주 오랜만이고 반갑다. 바람도 시원하다.

S, K와 셋이서 써리봉, 무래치기폭포를 정복하기로 하였다. 너무 덥지 않기를 바라면서 대원사 계곡을 차로 올라갔다.

언제 보아도 멋진 계곡, 지리산의 최고 아름다운 계곡, 아니 한국의 일류 계곡, 세계에 내놔도 온 세계인이 감탄할 계곡, 우리는 그 옆을 기쁘고 상쾌한 마음으로 지나갔다.

산 중간에 자리하여 평안한 조개골 새재마을에서 10시에 배낭을 메고 출발했다. 곧 계곡이다. 우람한 바위들 사이로 시원하게 흐르는 맑은 물은 마음속의 묵은 때도 다 씻어준다. 그 위로 난 출렁다리로 출렁출렁 건넌다.

계곡을 건너자 곧 오르기 시작한다. 경사는 심하지 않다 한 여름이라 길은 완전히 숲속이다. 한낮인데도 어둑하고 서늘하다. 초가을 같은 느낌이다.

조금 가다 작은 재를 넘으니 돌길이 된다. 돌이 삐죽 하고 칼날 같은 것도 많아 험하다. 조금만 방심하면 미끄러지거나 다치기 쉽다. 경사도 점점 심해진다. 때로 나무계단도 지난다.

계속되는 밀림, 힘들고 땀나나 완전히 어머니 품속을 가는 듯 푸근함이 있다. 거대한 고목들, 떡갈나무, 거제수, 마가목, 노각나무의 고목들은 이 산을 지키면서 속이 다 썩었나 보다. 우리의 나이는 너무 어려 어린 아이가 된 듯하다. 얼마나 오래 되었을까? 어떤 것은 험한 세월에 견디지 못하고 쓰러져 이끼 옷 입고 조용히 후손들 위하여 거름이 되고 있다.

치밭목산장에 오르니 먼저 온 사람들이 식사를 하고 있다. 이 산장은 등성이라 훤하고 시원하다. 지리산에서 다른 산장들은 거의 다 새로 지어졌다. 그러나 이 산장은 옛 모습 그대로다. 마치 오래된 군대 막사 같다. 그래도 좁은 마당에 식탁이 있어 사람들이 둘러앉았다. 우리도 맛있게 도시락을 먹었다.

젊은 아버지와 청년 아들이 앞서 출발한다. 참 보기에 좋고 부럽다. 부자가 저렇게 같은 취미를 가지다니 복 받은 자들이다.

옆에는 젊은 아빠가 두 꼬마를 데리고 있다. 경기도서 왔는데, 1학년, 6학년이라고 한다. 어제 아침에 성삼재를 출발하여 세석산장서 자고 계속 걷고 있다고 한다. 저런 꼬마들을 데리고 종주를 시작한 아빠도 대단하고 졸졸 따라가는 아이들도 예사롭지 않다. 하루에 10시간 이상은 걸었을 것이다. 아마도 저 아이들은 평생 이 특별한 경험을 잊지 못하고 살아갈 것이다.

우리도 급경사 구간을 오르기 시작했다. 구름이 몰려와 온통 온 산을 뒤덮었다. 아무것도 보이지 않는다. 2km를 그저 열심히 올랐다. 드디어 써리봉에 도착했다.

써리봉은 1,672m다. 세 개의 거대한 바위 봉우리다. 세개라 써리봉인가? 멀리서 보면 능선상에 도열한 봉우리가 논밭을 고르는 써레 모양을 하고 있다. 옛부터 내려오는 이름이니 후자가 맞는 것 같다. 써리봉에서 보면 천왕봉, 중봉이 위로 보이고, 중산리, 마야계곡이 아래로 그림처럼 펼쳐진다.

그러나 오늘은 완전히 구름 속이다. 물이 머리부터 온 몸을 적신다. 겨우 조금 앞이 희미하게 보인다. 그러나 눈을 떠 자세히 보니 천왕봉, 중봉이 우뚝 솟아 있고, 발아래 계곡, 숲이 멋지게 펼쳐진다. 우리는 한목소리로 '참 아름다워라 주님의 세계는, 눈을 들어 산을 보니' 찬송을 불렀다. 온통 구름 속, 물속에 주님의 모습이 떠오른다. 우리는 주님을 따라 변화산에 올라왔다. "이는 내 사랑하는 아들이다. 너희는 저의 말을 들어라" 그 음성 뚜렷이 들린다. "예, 하나님, 듣고 말고요. 꼭 듣겠습니다." 우리는 대답한다.

한참을 있으니 추위가 온다. 우리는 초막 지을 생각은 아예 하지 않고 내려가기를 서둘렀다. 내려가는 길은 한결 수월하다. 비가 오기 시작한다. 영 어둑해진다. 숲속에서 만발한 야생화는 여전히 웃고 있다. 비가 오니 더 예쁘고 생기가 넘친다.

치밭목산장을 지나 내려오면서 무재치기폭포 가는 곳을 아무래도 놓친 것 같았다. 여러 번 왔고, 좀 전에 올라가면서 보고 갔는데, 부주의하여 놓친 것 같았다. 그러나 좀 더 내려오니 드디어 나타났다. 참으로 기억력, 판단력이 부족하다고 생각하고 탄식하였다.

무재치기폭포는 아주 넓고 삼단으로 된 폭포다. 아주 높아 한참 쳐다봐야 한다. 바위는 둥글넙적하여 인심 아주 후한 아주머니 마음 같다. 장마로 물이 불어나 많은 물이 쏟아지고, 그 물소리 요란하다. 구름이 휘감아 위쪽은 희미하게 보인다. 쏟아지는 물은 물보라를 일으키고, 찬 바람도 인다. 하나님은 아주 재미있는 설치미술가이시다. 많은 사람들을 끌어당기는 매력적인 작가이시다.

비는 계속되고 숲길은 영 어두워진다. 갈 길을 재촉하여 내려오는데 남녀 대학생 열댓 명이 올라온다. 이런 날씨엔 내려가야 하는데 왜 올라오나? 에베레스트서 조난당하여 죽은 고미영씨 생각이 난다.

한참 내려오니 숲도 끝나고 출발지가 나타났다. 밝아지고 비도 오지 않는다. 6시가 다 되어간다. 시원한 계곡물은 땀도 식혀주고 피로도 풀어준다(2009.7.27).

2. 대원사 아래 계곡 트래킹

평소 대원사서 내려오는 계곡 아래 부분은 길 아래 아득히 보이나 잘 접근할 수 없어 무척 궁금하였다. 물소리 청아하고 나무 사이로 내려다 보이는 계곡의 멋진 자태를 직접 몸으로 느끼려니 가슴이 설렌다.

'대원산방' 이란 작은 민박집 간판이 있는 길로 내려서니 이내 계곡이다. 주변 민박집은 거의 찬듯하다 어수선하고 차들도 많다.

날씨는 아직 긴 장마가 끝나지 않았다. 구름이 가득하고 곧 비가 올듯하다. 더위는 도망가고 서늘한 느낌마저 든다.

그러나 도시서 큰 희망 안고 찾아 온 아이들은 덤벙 물속으로 뛰어들었다. '어 찹다' 하면서 물속을 돈다. 맑고 푸른 물에 매료되어 재미가 절로 난다.

우리는 널찍한 바위 위서 옷을 갈아입었다. 남방 셔츠에 반바지, 가벼운 모자, 신발은 배낭에 넣고 아예 맨발이다. 배낭 속에는 갈아입을 옷, 신발, 도시락, 과일, 물 등이 있다.

이제 심호흡을 하면서 서로 웃으면서 걷기 시작한다. 그저 계속 계곡 속으로 들어간다. 주로 돌, 바위가 끝없이 깔려있고 그 사이로 물이 흐른다. 맨발로 돌을 디디면서 간다. 계속 오르고, 내리고, 돌고, 건너고, 때로 물속으로 들어가 간다.

한참 가다보니 큰 보가 나타난다. 주변 숲도 좋고 꼬마들 물놀이하기 좋은 곳이다. 매끈한 반석 위로 물이 흐른다. 깊지 않은 물이 즐겁게 흘러간다.

그 위 물이 좀 세찬 곳에서 배가 불룩한 남자들이 낚시를 한다. "고기 좀 잡았는냐"? 하니 물을 가둔 돌 밑에 숨어있는 고기를 보여준다. 제법 큰 피라미와 쏘가리가 제법 많다.

계곡은 점점 경치가 좋아진다. 물은 더 많아지고 물살도 세진다. 제법 깊은 곳에서 어른들과 아이들, 가족으로 보이는 사람들이 물놀이를 한다. 우리는 그 옆으로 지나간다. 잘 안 보던 모습에 이상해 한다. 우리처럼 본격적으로 계곡 트래킹을 하는 사람들을 본 일이 없었을 테니.

대부분의 사람들은 계곡을 즐긴다. 그저 구경하고, 물놀이하고, 그늘에서 쉬고, 먹고 마신다. 그리고 노래도 부른다. 잠도 잔다. 며칠씩 그렇게 하면서 피서하는 사람들도 많다. 그러면서 많은 것을 버리므로 좋은 계곡을 오염시키기도 한다.

그러나 우리는 아주 다른 방법으로 계곡을 즐긴다. 계곡 트래킹을 하면 온 몸 운동이 된다. 모든 근육을 다 사용해야 한다. 특히 발 지압을 잘 할 수 있다. 가다가 물을 통과해야 되는 경우가 많다. 더우면 아예 수영을 한다. 더위는 얼씬도 못한다. 가면서 늘 가장 좋은 길을 선택해야 한다. 위기도 머리 써서 돌파해야 한다. 계곡 전체를 감상할 수 있다. 거기 노는 사람들과 사귈 수 있다. 그러다 보면 모든 스트레스가 말끔히 사라진다. 오묘한 경치를 보면서 감탄하다 보면 감사와 평강이 넘친다.

계속 가니 바위는 점점 커진다. 좋은 반석도 나타난다. 멋진 담 소도 보인다. 물이 깊어 위험 표시를 해두었지만 모험을 즐기는 청년들은 아랑곳하지 않고 뛰어든다. 어떤 청년은 추워서 벌벌 떤다. 우리는 미소를 보내며 지나간다.

한참 가니 텐트치고 캠핑하는 곳을 지난다. 주차장 아래 구름다리도 지난다. 물이 많고 넓은 곳이 자꾸 나타난다. 물속을 떠다니는 청소년들이 점점 많아진다.

좀 더 가니 가는 쪽이 바위 절벽이다. 맨발로 산을 올라 돌아 내려왔다. 또 한 번은 절벽이 너무 가파라 한참 되돌아 와서 반대편으로 건넜다.

넓은 반석 위에서 식사를 하였다. 도시락밥에 고추, 양파, 오이를 된장에 찍어 먹는 맛은 꿀맛이다. 밑에 흐르는 맑은 물은 속을 시원케 한다.

마지막 대원사로 들어가는 다리로 오르는 길은 상당히 난 코스였다. 거대한 바위들이 가로막고 양 옆은 절벽이다. 그러나 가와 내 중앙에 들어서 붉은 자태를 뽐내는 홍송들은 모든 피로를 잊게 한다.

계곡 위로 난 좁은 도로로 내려가는데 30분 걸리는데 계곡으로는 네 시간이 걸렸다. 우리는 맹세이골 앞을 지나 계속 아래로 걸었다. 아래 깊이, 멋지게, 그러나 겸손하게 흐르는 계곡을 보면서 큰 성취감에 발걸음이 가벼웠다. 그 계곡은 이제 아주 친한 친구 같고 연인 같다. 언제 다시 올 것이냐 손짓하며 묻는다. 내려오는 중간에 열댓 명 남녀 청년들이 라면을 끓여 먹고 있다. 아까 깊은 물속에 뛰어들며 벌벌 떨던 그들이다. 우리는 서로 마주보며 아까보다 더 친하게 씽긋 웃었다. 여기서는 모두가 친구다(2009. 8. 3).

3. 인월서 운봉 가기 – 지리산 둘레길 –

내일 큰 비가 온다 하고 아침부터 흐리기에 계곡 트레킹은 다음으로 미루고 지리산 둘레길 4구간인 인월서 운봉 가는 길을 걷기로 하였다.

우리는 인월구교를 건너 월평마을에 들어섰다. 내 정도 되어 보이는 분에게 길을 물었더니, 완전히 말을 낮추면서 길을 가르쳐 준다. 저자가 거만한가, 내가 청년처럼 보이는가.

촌집들 사이 골목을 돌자 연에 동리 뒤 산길이 나온다. 별로 가파르지도 않은 오솔길이 잘 정돈되어 있다. 숲은 우거져 어둑하다. 길이 순하니 가벼운 마음으로 걷는다. 내려오는 사람과 자주 만났다.

한참 가니 흥부골 휴양림에 닿았다. 이 산골에는 흥부가 나무하러 왔을까. 여러 건물들이 잘 들어서 있다. 우리는 그 옆을 비껴 지나갔다. 이제 인도가 시작된다. 한참 돌고 돌아 큰 저수지를 만났다. 마치 잘 정리된 호수 같다. 그 둑에 앉아 빵을 먹었다.

조금 돌아 내려오니 대덕리조트 건물이 나타난다. 거기서 화수교를 건너 둑길을 가야 하는데 잘못 판단하여 도로를 따라갔다. 차는 씽씽 달리고 좀 걷기 힘들었다. 한참 가다 길을 잘못 들었음을 알았다. 순간의 판단착오는 괴로움을 더한다.

비전 마을로 가서 길을 찾았다. 거기에는 국악성지가 있다. 가왕 송흥록의 생가 터에 그의 음악세계를 형상화했다. 박소월이 거기서 송흥록의 손자한테서 창을 배웠다. 사시사철 연중무휴 창이 흘러넘친다. 어찌 이런 한적한 곳에서 그런 대가들이 나왔을까.

바로 옆에 황산대첩비가 있다. 그것은 고려 말에 이성계가 왜구를 무찌른 것을 기념한 것이다. 그 옆에 일제시대에 왜놈들이 부순, 그래서 깨어진 파비도 있다. 왜구를 무찔러 백성을 구한 공적을 크게 새기고 있다. 이성계가 조선의 태조이니 좀 과장이 심한 것 같다.

거기서부터 계속 둑길을 걷는다. 내는 물이 많이 흐르고 풀이 무성하다. 경사가 너무 없어 흐르는 것 같지 않은 기분이다. 양옆의 논에서는 벼가 한창 피고 고개를 숙이기도 한다. 넓은 들을 바라보니 그저 배가 부르다. 한참을 가니 길은 이제 코스모스 길로 변한다. 젊은 아가씨 둘이 지나가며 웃는다.

드디어 오늘의 종점 서림공원에 닿았다. 나무는 고목이 되어 운치 있으나 시설은 초라하다. 입구에 남녀 두 돌장승이 수수히 우리를 맞는다. 의자에 앉아 식사를 하였다. 9.4km를 3시간 30분에 걸었다. 차로는 5분 거리다.

고요한 농촌 운봉이 다소곳이 앉아있다. 그 뒤로 바래봉이 구름 속에 잠겨 있다. 길 따라 달리는 차 소리, 오토바이 소리가 적막을 깨운다.

한참을 기다려 인월행 버스를 탔다. 연에 인월이라 급하게 내리다가 모자를 두고 내렸다. 조금은 아쉽다.

인월 한복판을 가로질러 가다가 찐빵을 사먹었다. 차를 몰고 오려고 가방을 찐빵집 앞에 두고 가서는 그냥 와버렸다. 집에 와서 보니 그냥 왔다. 새로 갔다 오니 2시간이 걸렸다. 또 한 번의 실수는 제법 큰 고통을 준다. 그래도 오가며 계속 찬송을 불러 마음이 편하다.

오늘은 순 전라도를 걸었다. 어째 이방에 갔다 온 기분이다. 먼 땅을 돌아온 듯하다. 흥부마을 앞을 지날 때 아이들을 많이 거느린 흥부 부부가 열심히 손을 흔든다. 그들의 전송을 받으며 함양으로 내려왔다. 우리는 날마다 낯선 곳을 지나 천국 가는 나그네 아니가. 지나온 곳, 두고 온 것에 아쉬워할 게 뭐 있나 (2009. 8. 10)

4. 신립(神立)공원 합천(狹川)

합천은 "태조 왕건"에 나오는 대야성으로 유명해졌다. 대야성은 신라의 외성으로 서라벌로 갈려던 후백제의 견훤이 반드시 넘어야 할 성이었다. 견훤은 국력을 총동원하여 몇 번의 공격 끝에 대야성을 함락하고 서라벌로 들어갔다. 그러나 견훤의 신검태자는 방심하다가 어이 없이 그 성을 고려군에게 넘겨주었다.

그 후 대야성은 고려시대부터 합천으로 불리게 되었다. 합천은 한자로 狹川, 또는 陜川으로 쓴다. 그런데 외지 사람들은 거의가 협천으로 읽는다. 그러면 합천 사람들은 거의가 화를 낸다. "합천은 좁은 고을이 아닌데 왜 협천이라 하느냐? 합천이라 해야지" 하는 뜻이다. 그러나 대부분의 합천 사람들도 "왜 협천이라 하지 않고 합천이라 해야 되느냐?" 라고 물으면 대답을 못한다. 무조건 협천은 싫다는 식이다.

그런데 자전에 보면 狹(陜)자는 ① 좁을 협, ② 땅이름 합으로 되어 있다. 그러므로 합천이 맞다. 이때에 "합"은 아무 의미가 없다.

합천에 가는 분들은 아무리 큰 뜻(의령 大義를 지나야 된다)을 가진 자라도 삼가(합천 삼가면을 통과하여 합천읍에 이른다) 조심해야 한다. 협천이라 하지 않고 합천이라 하도록.

그런데 이 합천은 하나님의 사랑을 특별히 많이 받은 곳이다. 북쪽에 있는 가야산과 매화산(남산제일봉)은 일찍이 국립공원이 되어 전국에서 오는 등산객이 줄을 잇는다. 두 산은 옛부터 조선 8경의 하나로 손꼽혀 오고 있다. 기암절벽이 탄성을 발하게 한다. 그중 가야산은 남성적으로 웅장하고 매화산은 여성적으로 아기자기하다. 기암절벽 사이로 오르내리면 모든 시름이 사라지고 하나님의 솜씨에 탄복하게 된다. 그 사이로 자리 잡은 홍유동계곡, 거기서 흐르는 맑고 맑은 물, 그 물을 내려다보는 낙낙장송 홍송들은 세파에 찌든 사람들의 마음을 씻어주고 어루만져준다.

그리고 그 남쪽에 자리 잡은 합천호는 산골 깊은 곳에 사는 합천 사람들에게 절대로 마음이 좁아서는 안 된다고 웃으면서 손짓하고 있다. 그 아래 더욱 조용한 보조댐은 그 위를 사뿐히 나는 황새들처럼 평화를 사랑해야 한다고 한다. 그리고 그 옆의 들녘을 통과하여 쏟아지는 황계폭포는 항상 자기를 낮추는 겸손을 가지라고 말하고 있다.

그리고 합천호 바로 위의 오도산은 1,100m가 넘는데 정상에 한국통신 송신탑이 세워졌다. 이 산은 포장도로가 정상까지 나 있어 차로 오를 수 있다. 정상은 그야말로 서부경남의 전망대다. 가야산, 지리산, 주변의 산들과 고을들을 한눈에 볼 수 있다.

합천호 아래로는 또 많은 아름다운 산들이 있다. 합천호는 "미이라 2"에 등장하는 이집트 여왕이고, 주변의 산들은 그 호위병들이다. 그중 서쪽의 황매산은 봄에는 철쭉, 가을에는 억새풀, 겨울에는 눈, 얼음 꽃이 우리를 반긴다. 그 남쪽의 모산재는 웅장하고 거대한 바위들의 축제다. 그런데 합천호를 호위하는 산들의 바위는 다 투박하고 등치가 크다. 산 하나가 거대한 하나의 바위 등어리인 곳도 있다. 그리고 서쪽에는 "단적비연수" 촬영장이 아득한 옛날 이야기를 하고 있다. 최근에 황매산은 각종 영화 촬영지로 각광을 받고 있다.

그리고 동남으로는 악견산, 금성산, 허굴산, 삼산이 어깨를 나란히 하고 있다. 악견산은 위가 성으로 임진왜란 때 의병들이 싸운 곳이다. 금성산은 봉수대로 봉사한 산이다. 서쪽의 거대한 바위 절벽은 너무도 커서 입이 벌어진다. 그러나 비단 같은 반석에 꽃을 달아놓은 듯 아름답다. 허굴산의 연속되는 바위 능선, 그 아래로 펼쳐지는 가파른 계곡은 한 발 한발 조심에 조심을 하게 한다.

합천호를 여왕으로 모시고 성실히 호위하는 이 산들은 오래 가지 않아서 국립공원으로 승격되어 전국의 모든 사람들이 즐기고 사랑하는 곳이 되기를 기대해 본다.

우리 하나님은 일찍이 합천을 너무 사랑하여 이렇게 아름다운 자연을 주셨다. 합천은 하나님이 세우신 신립(神立)공원이다. 그 하나님은 입장료도 받지 않으시고 아무 말씀도 안하신다.

나는 합천의 산에 갈 때마다 하나님의 솜씨를 찬양하고 감사한다 (2001. 12. 11).

5. 순결바위

황매산은 합천에서 가야산 다음 가는 산이다. 북으로는 굽이굽이 돌아오는 합천호를 내려다보면서, 동으로는 바위산인 악견산 금성산, 허굴산, 셋을 거느리고 있다. 상봉을 중심으로 비슷한 봉우리들이 사이좋게 내려다보는 남쪽에는 목장지대로 젖소와 염소들이 한가로이 풀을 뜯고 있다. 봄이 되면 아름다운 분홍색 철쭉들이 온 산을 휘감아 불태운다. 그리고 목장 너머 서쪽에는 그 옛날 "단적비연수"의 이야기가 들리고 있다.

그리고 목장지대 좀 남쪽에 모산재가 있다. 이곳은 순 바위산이다. 좁은 협곡 사이로 거대한 바위절벽이 줄을 서 있다. 이 바위산은 전체가 한 덩어리로 이리 저리 솟아 절경을 이룬다. 절벽 위에서 내려다보는 계곡은 현기증을 일으키며, 태고의 신비를 느끼게 한다. 바위 틈새의 천연의 소나무 분재들은 절로 감탄이 나오게 한다. 그리고 서쪽의 우람한 덤은 또 한번 하나님의 솜씨에 놀라게 한다.

그런데 그 모산재의 동쪽 끝에 순결바위가 있다. 큰 방만한 반듯한 바위 둘이 갈라져 50cm의 간격을 두고 마주보고 있다. 이 순결바위는 "사생활이 순결치 못한 자는 못 들어간다. 만일 들어가면 바위가 오무러들어 나오지 못 한다"는 전설이 있다.

그 안내판을 읽으면서 순결한 사람들은 웃으면서 기쁘게 들어간다. 그리고 둘러보고 나오면서 "정말로 순결치 못한 자가 들어올 때 오무러들면 좋겠다"고 생각한다.

그리고 불결한 자들 중에 겁쟁이들은 꺼림직한 생각을 가지면서 그냥 스쳐 지나간다. 그 중에 간 큰 자들은 늠름하게 들어간다. "내가 저지른 일에 대하여 하나님도 잘 모르는데 제깐 바위 따위가 뭘 안단 말인가?"라고 생각하면서. 그러나 그들은 나올 때에 왠지 찜찜하고 기분이 이상할 것이다.

이 순결바위는 험한 코스를 돌아온 사람들에게 순결을 생각하게 하니 참으로 고상하다. 이 바위는 자기의 이름에 따른 사명을 다하고 있다. 나는 이 바위가 한국의 선남선녀들이 활보하는 명동에 있으면 좋겠다고 생각해 본다.

이 순결바위는 아주 아주 옛날에 순결을 사랑하시는 하나님이 설치하셨다. 그리고 아주 지혜롭고 현명한 조상들이 발견을 하고 멋진 전설을 만들었다. 그리하여 아주 고상한 사명을 주었다. 그 후부터 이 바위는 지나는 사람들에게 순결을 외친다. 순결하라고 속삭인다. 그리고 지나는 사람들은 나름대로 순결을 생각하고, 새기고, 다진다.

그러니 모산재 코스는 너무도 멋진 코스다. 절경이라 좋고, 순결을 생각하게 되어 더욱 좋다. 요즘 도시에서 순결서약을 하는 청소년들이 한 번 다녀갔으면 얼마나 좋을까?

하나님은 이스라엘에게 불결한 여인들을 색출하는 방법으로 "의심의 소제"를 행하도록 했다. 그 소제를 통해서 불결한 여인들은 절단이 났다. 그 배가 부으며 허벅지 살이 떨어졌다(민5:). 그러나 이제 그 제도도 옛날의 것이 되었다.

그런데 황매산의 순결바위는 하나님이 자연에 두신 의심의 소제다. 강력하지는 않고 부드럽게 속삭이는 스무스한 의심의 소제다.

이런 저런 생각들을 하다 보니 피곤한 발이 가파른 바위 길을 다 돌아 내려 평지를 걷고 있었다(2007. 1. 7).

6. 노익장, 지리산 천왕봉을 점령하다

우리는 6월 15일에 지리산 천왕봉을 공략하였다. 무척 덥지만 해가 길기 때문에 택한 날이다. 다행히 아침부터 밝은 태양은 우리의 작전을 축하하는 듯하였다.

대원은 총 7명이었다. 그중에 여성이 2명, 제일 젊은 군사가 50대 후반, 가장 노인은 70대였다. 은퇴한 K목사가 자원하여 가담하였다. 당연히 내가 대장이었다.

우리는 9시에 산을 오르기 시작하였다. 처음은 길도 순하고 숲길이었다. 예상대로 K목사는 "천천히"를 연발하였다. 나도 후미에서 갈 수 밖에 없었다. "전목사, 내가 3년 전에 와서 막아서 못 갔다. 그동안 내가 무릎 수술까지 하고 산에 통 못 갔다. 그래도 내가 천황봉을 꼭 한 번 점령해야 안 되겠나. 천천히 좀 가자." "예, 그래요. 천천히 갑시다"

칼바위를 지나고 법계사를 지나 이제 길이 점점 가파라지고 땡볕이 내려치기 시작하였다. 그러나 1,500m이상이라 바람이 시원하게 지나갔다. K목사는 점점 속도가 느려진다. 그러다 보니 선두는 여성 대원이 되었다. 뜻밖에 선두가 되다보니 힘이 나는 듯하였다.

나는 전대원의 속도를 고려하여 K목사를 좀 젊은 Y에게 맡기고 중간에 섰다. 그러면서 "목사님, 천천히 오세요. 정 안되면 그냥 내려가세요. 무리하면 안 됩니다"라고 했다. 그러니 K목사는 "전목사, 뭐라하노? 걱정마라. 간다, 가고 만다" 라고 받았다.

우리는 점점 가파른 길이었으나 힘차게 올랐다. 점점 전망은 좋아지고 아래 세상이 넓어졌다. 고흥에서 온 고등학생들이 계속 교차하였다.

막바지에 접어들자 써리봉 능선도 멋지게 손짓한다. 천왕샘서 전화를 해도 소리 질러도 K목사는 감감 무소식이다. 이마 중간에서 포기한 듯 하였다. "그러면 그렇지, 안타깝다."

우리는 마지막 힘을 내어 드디어 하늘과 맞닿은 웅장한 바위산, 지리 산 정상, 천왕봉에 올랐다. 1,915m, 남한에서(제주도를 제외하고) 제일 높은 곳이다. 모든 것이 발아래 있다. 모두 기분 좋아 함성을 발한다. "야호, 할렐루야" 수많은 봉들이 이어지는 백두대간 끝자락, 백두산의 기개는 끝없이 용트림하며 한반도를 누비다가 여기 와서 큰 함성을 토 하며 멎어버렸다. 지리산은 참으로 웅장하다. 수많은 봉들과 계곡, 산들 의 잔치, 끝이 없는 푸른 비단의 파노라마, "오, 하나님, 참으로 좋습니다."

우리는 정신을 가다듬어 의논을 하였다. "K목사님이 아무래도 못 오 는 것 같으니 식사를 합시다". 우리는 좀 마음에 걸리나 맛있게 식사를 하였다. 2시가 넘었으니 모두가 아주 밥맛이 좋다고 야단이었다.

그런데 우리가 식사를 거의 마쳤을 때 "어이"하면서 K목사가 나타나 는 것이 아닌가, "아니 날 버리고 가다니, 내가 못 올 것 같은가, 전목사 그럴 수 있나. 날 버리고 가도, 나도 기어이 천왕봉을 점령했다. 그런데 너무 더워서 바지를 잘라버렸다" 하는데 보니 바지를 이리저리 잘라 마 치 각설이꾼 같았다. 우리는 모두 웃으면서 박수를 쳤다 그날 천왕봉에 오른 수많은 젊은이들로부터 최고의 찬사를 받고 인기를 얻은 분은 바 로 우리의 K목사였다.

우리는 즐겁게 사진을 찍고 "할렐루야"를 외치고 하산하였다. 고사 목지대의 초원, 장터목산장을 지나 가파른 내리막길, 돌덩어리 계곡, 많 은 담과 소, 폭포로 기염을 토하는 중산리계곡을 즐겁게 내려왔다.

그런데 K목사는 내려올 때 더 거북이 걸음이었다. 우리는 속도를 늦

추어 보조를 맞추었다. 그러나 어둠이 문제였다. 할 수 없어 내가 속히
내려와 손전등을 구해 갔다. "전목사, 발이 어디 놓이는지 모르겠다. 다
리가 뻣뻣하다. 그래도 가자" 드디어 밤 9시가 되어 출발점에 도착하였
다.   우리는 식당에서 식사를 하면서 우리의 노익장, K목사에게 다시금
뜨겁게 박수를 쳤다.

　아무리 높은 태산이라도 공격하는 자는 점령한다. 아무리 높은 천국
이라도 침노하는 자는 빼앗는다. 아멘 (2004. 6. 19).

7. 참 아름다워라, 주님의 설악산

금년 여행은 설악산을 정복하기로 하였다. 작년 여름에 강릉까지 갔으나 비가 와서 계획을 바꾸었다. 사실 나와 아내는 1년간 마음으로 준비하였다.

9월 26일 아침 일찍 출발하였다. 부푼 마음 만큼이나 날씨는 쾌청하였다. 열심히 달려 해질 녘에 내설악 모텔에 여장을 풀었다.

다음날 일찍 우리는 백담사를 뒤로 하고 설설 설악산을 올라갔다. 백담사 계곡은 아주 완만하고 길고 깊었다. 길은 순하였다. 맑고 푸른 물은 여유를 갖고 서서히 흐르고, 가다가다 나타나는 담에서는 연초록 비단을 만들어 쉬고 있었다. 점점 깊어지면서 울창한 숲과 그 사이 사이로 바위들이 나타났다. 그러다가 봉정암에 이르렀을 때에 수많은 웅장하고 멋진 바위들이 탄성을 자아내게 하였다. 마침내 길은 가파라지고 해도 기울고 있었다. 소청봉을 지나 중청봉에 오르자, 사방으로 흩어져 대청봉을 옹위하는 수많은 봉우리들과 산줄기들이 합창을 하였다.

중청봉 대피소에 이르렀을 때는 다리는 무겁고 어두움이 덮이고 있었다. 구석에서 허기진 배를 채우고, 기다리다가 겨우 얻은 잠자리에 등을 붙였다. 그러나 잠이 들지 않았다. 어두움에 들어나는 고산의 능선, 깜빡이는 별들, 나는 그 아래서 고요히 하나님의 품속에 있었다. 새벽에 우리는 대청봉에 올랐다. 붉은 해가 봉긋 솟아오를 때 모두가 함성을 질렀다! "야! 할렐루야!" 차츰 밝아지면서 짙푸른 동해를 바라보는 속초와 아름다운 금강산이 손을 흔든다.

우리는 벌써 물든 단풍을 뒤로 하고 천불동계곡으로 발길을 재촉하였다. 깊고 깊은 계곡, 가파른 물길, 계속하여 나타나는 멋진 폭포들, 거기를 타고 가는 맑은 물은 어찌나 맑은지, 도무지 오염이 될 것 같지 않았다. 계속하여 이어지는 바위산, 아찔한 절벽, 골골이 나타나는 만물상은 자꾸만 바쁜 걸음을 멈추게 하였다. 온통 신비한 비경 속을 헤매게 하였다. 겨우 철계단이 통과하는 협곡에서는 아래가 아득하였다. 그 절경은 마침내 비선대에 이르러 마침표를 찍었다.

그런데 설악산은 절이 많고 불교의 전설이 가득하다. 불교도들이 줄을 잇는다. 참으로 안타깝다. 우리 신자들이 많이 가서 하나님의 솜씨를 느껴보고 찬송하고 영광을 돌려야 마땅하다고 생각하면서 내려왔다.

"아 － 하나님의 솜씨는 어찌나 좋은지, 나 같이 감각이 둔한 자도 탄성이 절로 나네".

"참 아름다워라, 주님의 설악산, 할렐루야".

시원한 동해, 흐드러지게 핀 코스모스, 시원한 황태국밥은 쌓인 피로를 다 풀어주었다. 고요한 송지호 근방에서 한 밤을 쉬었다.

그 다음날, 통일전망대에서의 안타까움, 화진포의 아늑함을 뒤로 하고, 소양강 처녀의 환송을 받으며 호반의 도시 춘천을 지날 때는 비가 내리는 밤이었다.

8. 나무 예찬 － 주목 －

주목(朱木)은 상록수로 높은 산에서 자란다. 한라산, 덕유산에 많다. 높이 자라고 껍질은 적갈색이다.

고산지대에서 추위를 이기고 크고 곧게 자라서 버티고 있는 모습은 참으로 늠름하다. 언제나 푸른 자태는 좋은 절개를 보는 듯하다. 더구나 겨우내 눈을 둘러쓰고도 그 푸름을 자랑함은 숭고한 느낌마저 준다.

요즘은 묘목을 많이 심어 퍼트리며, 정원수로 인기가 높다. 그냥 가지를 잘라 묻어놓으면 잘 산다. 묘목으로 심어 기른 것을 정원에 심고 잘 다듬으면 다양한 모양을 낼 수 있다.

재목은 단단하고 질이 좋아 건축재, 가구재, 조각재로 쓰인다. 아주 좋은 고급 재료가 된다.

그런데 주목은 "살아서 천년, 죽어서 천년"이라고 한다. 덕이 많아 넉넉한 산, 덕유산에 가면 큰 주목이 많다. 높이 올라갈수록 많다. 그 중에 큰 나무들은 천년은 안 되었겠지만 적어도 몇 백 년은 된 것 같은 것들이 많다. 사방으로 탐스러운 가지를 뻗치고 위로 솟아있는 모습은 참 멋있다. 어떤 나무들은 오래되어 가지가 많지 않은 것도 있다. 그런데 살아있는 대부분의 나무들이 아주 왕성하고 무성한 모습을 유지하고 있다.

우리도 오래 살아 왕성한 활동을 하고, 그것이 사방에 들어나 소문이 나고, 사람들이 좋아서 구경하는 삶이 된다면 얼마나 멋있을까? 우리 옆을 지나는 자들이 참 멋있다고 한다면 얼마나 신날까?

그런데 덕유산 정상 부근에는 오래 되어 죽은 주목 고사목이 많다. 아름드리 나무들이 수백년간 살아서 고고한 자태를 뽐내다가 세월의 잔인함을 견디지 못하고 죽은 것들이 군데군데 늘어서 있다. 껍질은 다 삭아서 없어지고 원기둥에 큰 가지들만 흰 모습으로 서 있다. 그렇게 된 것도 상당히 오래 된 것 같지만 도무지 삭거나 썩는 기색이 없다. 언제나 갈 때마다 그대로 있다. 속이 썩어 빈 것은 하나도 보지 못했다.

보기로는 아직도 몇 백 년은 갈 것 같다. 어쩌면 그 고사목이 더 멋있는 것 같기도 하다. 죽었으나 조금도 기죽지 않고 살았을 때의 모습과 자존심을 그대로 지키고 있다.

우리도 우리의 살았을 때의 행적이 아름다움은 물론이고, 죽은 이후에도 그것이 조금도 훼손되지 않고 역사에 남아서 오래 오래 빛난다면 얼마나 좋을까? 지울 수 없는 흔적으로 남아서 빛을 낸다면 얼마나 아름다울까?

덕유산은 1,614m로 상당히 높다. 남덕유산까지 합치면 대단히 방대하다. 주변의 경관은 그야말로 산들의 파노라마다. 여름의 신록도 시원하고 가을의 단풍은 눈이 아프다. 눈 덮인 겨울의 설경은 동화의 나라, 구천동계곡, 칠연계곡은 바깥 세상을 잊게 한다. 서쪽의 리조트는 스키맨의 천국이다. 그러나 나는 그 모든 것보다 군데 군데 솟아있는 주목이 더욱 좋다. 덕유산을 오를 때마다 그 고상한 주목과의 대화가 가장 재미 있다.

9. 지리산 서북능선 대종주

화창한 6월의 산행, 지리산 서북능선을 정복하기로 한다. 반천, 달궁 계곡을 중심으로 동남의 능선은 천왕봉-노고단으로 이어지는 주능선, 서북의 능선은 만복대- 바래봉으로 이어지는 부능선이다. 주능선은 건장한 남자와 같고 부능선은 아름답고 부드러운 여자와 같다.

그래도 만만히 보면 안 된다. 성삼재를 떠나 1,000m가 넘는 작은 고리봉, 만복대, 큰 고리봉, 세걸산, 바래봉, 덕주산을 지난다. 거리로 20여 km, 시간으로 11시간이 걸렸다.

산길은 지리산의 어느 곳보다 순탄하고 깨끗하다. 특히 이 능선길은 사계절 꽃을 보고 늘길 수 있다. 봄에는 진달래와 철쭉, 여름에는 원추리, 가을에는 들국화, 겨울에는 설화가 만발한다.

우리는 기쁘고 상쾌한 마음으로 성삼재에서 산으로 들어섰다. 성삼 위 하나님의 위대한 창조의 걸작품인 대지리산을 온 몸으로 느끼면서 장도에 올랐다.

조금 가다가 작은 고리봉에 닿았다. 그런데 S가 뜻밖에도 길을 잘못 들어 구례쪽으로 가고 말았다. 따라오는줄 알았는데 안타깝게 되었다. 우리는 소년 예수님을 잃은 마리아와 요셉의 심정을 떠올렸다. 들뜬 기분으로 가다가 마귀의 고리에 걸렸다.

안타까운 마음으로 가다가 지리산의 주능선과 노고단 반야봉이 보이는 전망대에 섰다. 늠름하고 웅장하게 뻗어있는 힘찬 능선, 그 끝이 되는 지점에서 거대한 함성을 토하는 반야봉, 참 아름답다.

거기서 한 시간 정도 가서 만복대에 닿았다. 구름이 끼고 바람이 거세졌다. 만복대는 1,400m가 넘는다. 둥그렇게 솟은 봉우리로 사방의 조망이 아주 좋다. 동남으로는 지리산의 주능선이 더욱 멋지게 보인다. 서북으로는 전북의 넓은 평원이 한 눈에 들어온다. 그야말로 만복이 사방에서 모여드는 듯하다. 만복의 근원 하나님이 우리를 어루만지는 듯하다.

우리는 그 감동을 뒤로 하고 내리막길을 걸어서 정령치에 닿았다. 정령치는 지리산에서 남원으로 넘어가는 재로 1,000m에 가깝다. 꼬불꼬불 길을 돌아서 내려가면 누워 있는 춘향이를 만난다. 우리는 정령치에서 여대원들을 두고 떠났다. 바른 영이 다스리는 참 교회를 생각해 본다.

다시 길을 재촉하여 큰 고리봉에 닿았다. 다시 마귀의 고리에 걸린 S 가 걱정된다. 우리는 언제나 정신 차려 마귀의 고리에 걸리지 않아야 한다. 마귀는 우는 사자와 같이 다니며 삼킬 자를 찾고 있다.

계속 순탄한 능선을 따라갔다. 멀리서 보면 일직선 같다. 그러나 약간의 오르막, 내리막은 없는 것이 아니다. 아무리 순탄해 보이는 사람의 생애도 들여다보면 굴곡이 있다.

한참을 가서 바래봉에 닿았다. 과거의 목장지대, 시원한 풀밭, 꽃은 졌으나 철쭉의 화려하고 현란한 장관을 상상하는 환상 코스를 지나 정상에 올랐다. 사방을 보기에 아주 좋다. 천왕봉을 위시한 지리산 주봉들을 바라보고, 그 위에 계신 하나님을 바라보았다. 우리는 "참 아름다워라, 주님의 세계는" 찬송을 힘차게 불렀다.

이제 해도 져가고 끝이 났으면 좋으련만 또 봉우리가 막아선다. "주여, 우리 길에 또 봉우리가 남았습니까?" 인생길의 봉우리들, 험한 고개들, 그것들은 끝이 없다. 이 세상에 사는 동안 언제나 우리 길에 있다. 이제 지치니 너무 힘이 든다. 노인들은 인생고비를 넘기기에 힘이 부친다. 그러나 그래도 온 힘을 다하여 넘어야 한다.

지친 다리로 마지막 봉우리를 올라서니 덕두산이다. 덕이 있는 머리, 덕을 갖춘 지도자, 아 얼마나 우리가 바라던 분인가? 참으로 반가웠다. 그래서 우리는 그 분을 우리가 지지하는 대통령 후보로 추대하였다. 이제 속이 후련하다. 대한민국이 아주 잘 되어 갈 것 같다.

이제 내리막길을 내리선다. 어둠이 숲속에서 속삭인다. 오늘 따라 다리가 말을 듣지 않는다. 그러나 11시간이 넘는 대장정을 이루었다. 생각하니 큰 감사가 나온다. "주님의 높고 위대하심을 내 영혼이 찬양하

네” 찬송이 온 골짜기에 울려 퍼진다.

어둠은 깔리고 노루, 여우의 울음소리가 을시년스럽다. 이 큰 대자연 속에서 나는 너무 작고 초라하다. 나는 나의 없는 것 같음을 절감하면서 크고 위대하신 나의 아버지 하나님을 찾기에 분주하였다. 그분이 나의 아버지시니 나는 결코 작은 자가 아니다. 나는 초라하지 않다. 나는 위대한 하나님의 아들이다. 할렐루야!

10. 아, 반야봉

10시 30분에 성삼재에 닿았다. 집에서는 폭염이었으나 시원하고 노고단은 20°C라고 한다. 홍, 송, 그의 부인과 함께였다.

종석대에서 바라보는 섬진강과 구례는 언제나 일품이다. 아늑하고 멋있고 평화롭다. 최 참판댁도 평안한 것 같다. 백운산은 구름에 숨었다.

평탄한 길을 올라 선교사 휴양지 유적에 닿았다. 건물의 뼈대만 남아있다. 수많은 선교사들이 이역만리 타국 땅에서 더위를 피하고 쉬면서 담소하는 소리가 들리는 듯하다. 옆에서는 대피소 확장 공사가 한창이다.

조금 더 올라 노고단재에 이르렀다. 정오가 되었다. 절경인 노고단 정상은 코앞이나 갈길이 멀어 포기했다. 조금 전에 타오르던 태양은 갑자기 보이지 않고 구름 떼가 몰려온다. 더위는 싹 달아나고 서늘한 기분이다.

우리는 반야봉을 바라보며 걷기 시작했다. 길은 아주 순탄하고 거의 평지 같다. 1,500m 가까운 고지대에 이런 평탄한 길이 있다니. 편하게 걸으며 서로 이야기 했다. 돼지령, 임걸령, 노루목까지 편하게 갔다. 거의 3시간이 걸렸다. 뒤돌아보니 지나온 산 능선이 아득하다.

노루목에서 반야봉까지는 1km이나 급경사다. 몇 번 쉬어가면서 오르니 한 시간이나 걸린다. 반야봉은 멀리서 보면 큰 바가지를 엎어놓은 듯 순한 봉우리다. 그러나 막상 올라보니 바위산이다. 그 높이가 1,732m로 지리산에서 천왕봉 중봉 다음 가는 봉이다. 가는 도중에 수많은 구상나무가 자태를 뽐내고 갖가지 야생화가 벌써 가을 노래를 부른다. 구름은 쉴 새 없이 밀고 들어왔다가 사라진다. 그래서 전체 조망은 할 수 없고 언뜻 언뜻 아쉽게 보았다.

우리는 한참 쉰 후 4시에 달궁계곡, 장자소 코스로 내려왔다. 중간에 있는 묘향대 암자의 중의 안내를 무시하고 계속 내려왔다. 그런데 길은 험한 돌길로 아주 급경사였다. 군데군데 위험한 곳들도 많았다. 그래서 조심 조심 내려가느라 울창한 수목, 구상나무, 소나무로 뒤덮인 원시림을 제대로 볼 여유가 없었다.

길은 때로 희미하여 혼란이 왔다. 산등성이와 계곡을 돌고 돌아 계속 오는데 어둠이 깔리기 시작했다. 약간의 불안감을 억누르고 눈에 불을 켜고 안간힘을 썼다. 드디어 넓은 돌길이 나왔는데 뱀사골계곡 상류다 엉뚱한 길로 악적고투한 것이다. 그 중의 말을 경청하지 아니한 교만을 크게 후회하였다. 겨우 핸드폰 전등에 의지하여 돌길을 더듬기에 지쳤다.

드디어 우리는 불을 밝힌 민박집 마당에 드러누웠다. 9시 뉴스가 시작되고 있다. 이명박씨가 한나라당 대통령 후보가 되었단다. 산속 계곡 물소리를 들으며 드러누워 맑은 하늘의 별을 보니 모든 피로가 물러간다. 늦은 저녁을 먹고 집에 오니 다음 날 1시였다.

앞으로는 철저한 정보를 수집하고 준비를 잘해야 되겠다고 다짐한다.

그리고 일찍 서둘고 어둡기 전에 반드시 하산해야겠다.

어려움은 많았으나 무사히 내려왔으니 감사하고 기쁘다. 모두가 피곤에 지친 얼굴이나 무엇을 해냈다는 뿌듯한 모습이다. 이제 앞으로는 어떤 뜻밖의 어려움도 참고 견딜 마음이 생긴다. 이기고 나갈 자신감도 생긴다. 어떤 경우에도 불평, 원망하지 말고 감사하면서 나아가자.

할렐루야! 아멘!

1. 칠선계곡

지리산서 가장 길고 험한 길

여차하면 잃어버리는 길

항상 깨어 정신차려야 하는 길

멋진 풍광, 완전 고요

길손을 매료하고

고이 앉아 주님과

얘기하고 싶으나

하도 멀어

그저 가면서 할 수 밖에 없는 길

그 길은 천국 가는 길

그 길 가는 사람

천국 가는 나그네.

('08. 6. 10)

2. 지리산 천왕봉

국립공원 지리산 천왕봉
아니 신립공원 지리산 최고 마루
한반도 남반부서 최고의 산
천왕봉

백두산의 기개
끝없이 용트림하며
한반도를 누비다가
큰 함성 토하며
우뚝 멎어버렸다
한국인의 기개
여기서 시작되다

반야봉, 촛대봉, 덕평봉 … .
수많은 봉들 사이좋게 거느리고
칠선계곡, 한신계곡, 뱀사골계곡 … .
사랑으로 가슴에 안다
아기자기 산들의 잔치
끝없이 푸른 비단의 파노라마
모두가 좋아하는 에덴의 입구

원단에 솟아오르는 해보고
희망 토하는 함성
날마다 최고봉 점령하고
'야호, 야호' 기뻐서 지르는 소리
지으신 신의 솜씨 놀라와
'할렐루야' 외치는 탄성
태고의 고요를 깨운다

모든 사람, 온갖 사람
땀 흘리며 찾아와
밟고 앉아도
그저 반기는 어머니 산
젊은이는 세상을 제패할
꿈을 꾸고
늙은이는 돌아갈
고향을 그리고
믿음인은 그 임을
가장 가까이 대할
새 마음 갖게 하는 아버지 산

하늘의 왕이 앉아

'온 천하는 잠잠하라'

'그 나라와 그 의를 구하라'

'저 높은 곳으로 비상하라'

'천국의 문이 열린다'

애절히 외치시는 하나님의 산

그저 앉아서 아래 보니

아둥바둥 아귀다툼

후회가 된다

욕심, 시기, 교만 … .

부끄러진다

그저 앉아서 옆을 보니

모든 얼굴 웃으며 다가오고

친구가 된다

그저 앉아서 위를 보니

태양이 웃어주고

하나님이 평강의 미소로

손을 내민다.

('08. 6. 11)

3. 백운계곡

지리산 천왕봉 가는 길목
웅석봉 끝자락에
펼쳐진 아름다운 계곡
지리산에 짓눌려
이름 내지 못하나
알고보면
지리산 계곡보다 더 멋진 풍경

온통 바위, 반석으로 뒤덮인 골
온통 흰 구름 되는 그 바위, 반석
그 사이 사이로 묘한 폭포, 담 이루고
흘러가는 물줄기 시원하니
사람들도 시원하다

하늘도 푸르고
숲도 푸르고
물도 푸르나
바위, 반석만 흰구름 되어
물 따라 흘러가니
그 위로 걷는 사람
구름 위로 걷는가

흰 구름, 뭉게구름 위로 걷는 이
추한 세상 안 보이고
근심, 걱정 달아나고
무욕, 지족의 마음 되어
발걸음도 가볍다
마음 더욱 상쾌하다

하늘의 흰 구름도
계곡의 흰 구름도
태초에
여호와로 말미암았으니
여호와께 감사하라
그는 선하시며
그 인자하심이 영원함이로다.
('08. 8. 8)

4. 태양의 노래

아, 태양은 너무 눈부셔
얼마나 찬란한 빛을 발하는가?
바로 빛이신 하나님의 모습이어라

그 빛 온 우주에 넘치고
그 열 온 누리에 가득하니
그 밝음, 그 온기
피하여 숨은 자 없도다

그 찬란한 빛
모든 생명 살게 하고
치료하는 광선이니
태양은 우리 모두의 희망이어라

그 영광이 하늘을 덮었고
그 찬송이 세계에 가득하도다
만물들아, 찬양하라
태양을 지으신 하나님의 능력을
여호와를 찬양하라
태양이 계속 타오르게 하는 하나님의 지혜를
할렐루야.

('08. 8. 16)

5. 여름 구름

눈에 보이지 않는 수중기 모아
큰 떼 이루고
온 하늘 뒤덮을 때
여호와의 신이
너와 땅 사이 운행한다

맹 더위에 허덕이는 대지 위서
강열한 햇빛 온 몸으로 막아
온 지면에 그늘을 덮을 때
모든 생명 한 숨 돌리고
시원해한다

그렇게 햇빛 막기 계속하다
너무 힘들어 땀이 흐르고
그 땀방울 물방울 되고
그 물방울 물줄기 될 때
모든 생명 신나서
춤을 춘다

아무 값없이 한 나절

생수를 뿌리고

칭찬하는 이 많지 않으나

흡족해 하며 흩어질 때

묘한 형상 이루면서

사라져간다.

(' 08. 8. 18)

6. 뜻밖에 만난 사람

자굴산 정상 가까이
힘들여 오르다
나무 밑에 앉아 쉬는 이
뜻밖에 친구 권영광 아닌가

지리산 천왕봉서
경치 감탄하고 사진 찍다가
앞에 시꺼면 사람 얼굴 돌리는데
뜻밖에 잘 아는 박성호 아닌가

뜻밖에 만난 사람
무척 반가와
서로 악수하고 소리 지른다
'웬 일이야, 뜻밖이다. 참 반갑다'

그런데
그 보다 더 천만 뜻밖에 만난 사람
사경을 헤매다 울 엄마가 만난 사람
나도 철모르고 엄마 따라가 만난 사람
바로 하나님의 외아들
이 땅에 오신 예수님이지

천만 뜻밖에 만난 예수님

나 같은 죄인 살려

하나님의 자녀, 천국 백성 되게 했으니

그 은혜 에나 놀라와

산처럼 굳게 서 변함없이

해처럼 밝게 살면서

주 찬양 하리라.

'에나' – '참 말, 진실'의 진주 사투리.

('08. 11. 6)

7. 낙엽 밟히는 소리

단풍처럼 화려치는 않으나
수수하고 단아한
노숙한 연갈색 낙엽
온 산을 덮었다
그 낙엽 밟고 간다

와시락 와시락
바시락 바시락
와글 와글 삭삭
그 소리 요란하다

우리도 한 때
초록, 청색, 붉은 치마 입고
영화를 누렸으니
밟혀도 괜찮지 않나
조금도 아프지 않아

아무도 찾는 이 없는
고적한 겨울산 등성이에서
찬바람에 날리는 우리, 외로운데
이렇게 찾아 와서 밟아라도 주니
얼마나 좋은가

얼마 안 가 곧
썩어 거름 될 것인데
이렇게 마지막 소리라도 내게 하니
얼마나 감사한가
더 쎄게 밟으소서
와씨락 와씨락
바씨락 바씨락
와글와글 싹싹
더 크게 소리내자
('08. 11. 17)

8. 자굴산(闍堀山)

의령의 진산
내 고향 칠곡 내조 山 1-1번지 정상
성의 망대(闍) 높이 솟다(堀)
경남 내륙의 전망대
사면팔방 한 눈에 들어오다
동생 한우산, 응봉산 뒤에서 논다

어떤 험한 때도 양반다리 하고
점잖은 자태, 위엄당당
기품있는 의령 선비 모습인가
그 산에서 놀고, 소 먹이며 자랐다
봄 되어 산산골에 복숭아 꽃 만발하면
신나서 노래하고 버들피리 불었지
같이 놀던 옛 친구들, 그 그리운 얼굴들
지금은 어디서 자굴산 생각할까

홀어미 치마에 돌담아 가다
실수하여 쏟은 호불에미 너드렁
온통 돌들로 충만하여 돌 뿐인 비탈
그 위에서 한숨 돌리고
돌 같이 굳은 마음 간직한다
변함없는 믿음 생각한다

절터 지나 험한 바위 너머
바위 틈새에 깊숙이 자리한 금지샘
명주실 한 꾸러미 다 풀어도
끝이 닿지 않는다
아무리 가물어도 한결 같은 물
하늘에서 천사가 내려주나
바위가 변한 것인가

순한 정상 올라
쉬고, 멀리 보고, 노래하니
어머니 품에 안긴 듯
아늑하고 푸근하다
내조, 모의, 갑을 사람들
부드러운 산심(山心)으로 연결되어
오래 오래 사귄 동무가 된다
온 세상 사람들 복음으로 연결하듯
('08. 12. 2)

9. 화왕산

웅장한 바위들이 도열하여
호위하는 화왕산
창녕의 기개 드높이는 영산
사람들 끊임없이 찾는다

그 웅장한 바위 낭떠러지
둘러싼 화왕산성
천혜의 천연 요새
한국의 맛사다
어떤 적도 침범 못한 난공불락
그 옛날 비사성 지키다

가운데 연못 생명샘
어찌 그 가운데 있어
산 성이 되게 하여
사람들 살렸는가
생수이신 주님이 미소짓다

온통 성안 전부를

뒤덮은 억새

겨울 햇살 즐기며

바람에 일렁인다

수천의 세월을 헤아린다

아기자기 삶을 속삭인다

그 속에 마음이 눕다

관룡산 바위길 지나

손 흔들며 찾아오는,

비들재서 힘찬 줄기 타고

노래하며 다가오는

아, 그리운 임이여

우리 만나 옛날을 찾아가자

오늘을 지키자

내일을 열어가자

하늘을 바라보자

언제나 불타는 화왕산

불의 왕 성령의 산 되어

찾아온 모든 이에게

신령한 성령의 불길

타오르게 하라

('09. 11. 26)

10. 진양호

천왕샘에서 나와 온 지리산 물 다 모아
큰 바다 이루었다
티끌 모아 태산
물방울 모아 태평양이라

멀리 천왕봉 바라보며
향수에 젖는 수심(水心)
겨울 오후 햇살 받아
그저 고요하고
평강으로 한 가득

큰 물 되어 큰 마음으로
통영, 거제까지 먹이고
이제 부산도 살리려는 생명수라
멀리서 천왕봉
대견타 미소짓네
참 장하도다

가요 황제 남인수 씨
살아서 이 물 봤다면
이별의 눈물 아닌
희망을 노래했으리
평화를 찬양했으리

겹겹이 펼쳐지는
부드러운 능선 뒤로
해가 떨어지면
태고의 적막 속에
인고의 시간 보내며
아침 햇살 기다리리
('90. 1. 8)

진양호

◉ 한국기독교유적지

주로 사진작가 이성필 목사가 사진과 설명으로 편집한 "한국기독교 유적지 137 가이드북"을 초한 것이다.(멋진 걷기 코스는 아니나 걸으면서 유적을 탐사할 수 있다)

1. 미국북장로교선교사주택 종로구 연지동 136-12 (T.02-763-7244)

1895년 이후 미국 북장로교 선교부는 연지동으로 이전하였다. 따라서 선교사들의 사택도 세워졌다. 현재 장로교출판사가 사용하고 있다.

2. 정신여학당 종로구 연지동 136

1887년 미국 북장로교 선교부에서 여학생들을 교육하기 위해 세웠다. 연지동으로는 1895년에 옮겼다. 본관 세브란스관이 남아있다.

3. 한국교회 100주년 기념관 종로구 연지동 136-12 (T.02-763-7244)

한국장로교 100주년을 맞이해서 예장(통) 100주년사업회에서 1984년에 기념관을 신축하였다.

4. 연동교회 종로구 연지동 136-12 (T.02-763-7244)

1884년에 이길함 선교사와 서상륜이 주동이 되어 세웠다. 초대 목사는 게일 선교사다. 천민들이 모이고 많은 독립운동가들이 출석하였다.

5. 승동교회 종로구 인사동 137 (T.02-732-2340)

1893년 무어 선교사에 의해 '곤당골교회' 라는 이름으로 시작되었다. 백정들이 모이고 많은 독립운동가들이 활동하였다.

6. 동대문감리교회 종로구 종로6가 65 (T.02-762-5894)

1887년 여의사 하워드가 진료소를 설치하고, 1891년에 그 안에 기도소를 설립하여 스크랜톤이 담임목사로 부임했다. 한국감리교중 남녀가 함께 예배드린 최초의 교회다.

7. 영락교회와 순교자 김응락 장로

중구 저동 2가 69 (T.02-2280-0114)

월남한 김응락 장로가 1945년에 한경직 목사를 모시고 설립했다. 김응락 장로는 6.25시 피난가지 않고 교회를 지키다 순교했다.

8. 정동제일교회 중구 정동 34 (T.02-753-0001)

1885년 감리교 아펜젤러 선교사가 사택에서 예배드림으로 시작되었다. 온 교인이 3.1운동에 동참한 교회다. 당시 33인 중 한 분인 이필주가 담임목사였다.

9. 이화장   종로구 이화동

초대 신자 대통령 이승만의 사저다. 1920년대에 지어진 것으로 ㄷ자형 한옥이다. 별채인 조각정에서 초대 내각이 구성되었다.

10. 새문안교회   종로구 신문로 1가 42 (T.02-733-8140)

1887년 정동 언더우드 선교사의 사저에서 시작되었다. '교회 사료관' 에는 새문안교회는 물론, 한국교회 초기 역사에 대한 많은 자료가 있다.

11. 배재학당   중구 정동 34-5

1885년 미국 감리교 선교사 아펜젤러가 설립했다. 배재중고, 대학교의 전신이다. 이곳의 인쇄부는 한국 현대식 인쇄의 효시이다. 동관 건물만 남아 있다.

12. 이화학당   중구 정동 32

1886년 스크랜튼이 설립한 한국 최초의 사립여성교육기관이다. 1914년 신마실라, 이화숙, 김애식 등의 한국 최초 여대생을 배출했다.

13. 서울성공회성당   중구 정동 3 (T.02-730-6611)

1890년 '장림성당' 이란 이름으로 출발, 고요한 주교가 첫 미사를 집전했다. 성당건물이 특이하다. 서울시 유형문화재 35호다.

14. 구세군   중구 정동 1-23 (T.02-720-9494)

구세군의 사관 양성과 자선, 사회사업의 본거지가 된 이 건물은 1926년에 완공되었다. 서울시 기념물20호다.

15. 양화진 외국인묘지공원   마포구 합정동 145-3 (T.02-332-9174)

1898년 제중원 원장 혜론이 이질에 걸려 죽자, 고종의 허락으로 외국인 공원묘지가 생기게 되었다. 여기에 있는 총 555기중 167기가 선교사의 묘다. 여기서 우리는 순교신앙을 배운다.

16. 광혜원   서대문구 신촌동 134 (T.02-361-2114)

1885년 미국 의료선교사 알렌이 왕립 광혜원을 설립했다. 뒤에 제중원, 세브란스병원이 되었다. 본래의 제중원 터(비석 있음)는 재동에 있고, 연대에 1987년에 복원된 광혜원이 있다.

17. 연세대학교 서대문구 신촌동 134 (T.20-2133-2114)
1885년 알렌선교사가 세운 광혜원(제중원)과 1915년 언더우드 선교사가 세운 연희전문학교가 합해져 된 학교다. 광혜원과 언더우드 기념관이 있다.

18. 이화여자대학교 서대문구 대현동 11-1 (T.02-3277-2114)
1886년 스크랜턴 부인이 세웠다. 이 학교의 설립은 여성 지위를 향상시키고 남녀차별 관념에 도전하는 쾌거였다.

19. 성니콜라스정교회 마포구 아현1동 424-1 (T.02-362-7005)
정교회 성당인 성니콜라스 대성당은 국내에서는 흔치 않게 '비잔틴 양식'을 (돔 형식)엿볼 수 있는 공간이다. 한국에 정교회가 전래된 것은 1900년 2월 러시아정교회를 통해서였다.

20. 총신신학대학교 동작구 사당 3동 산31-3 (T.3479-0200)
1901년 마펫 선교사에 의해 설립되었다. 1959년 장신과 나누어졌다. 신학대학원(경기도 용인)에는 송천교회가 복원되어 있고, 서상륜, 이수정, 최봉석의 비가 있다.

21. 장로회신학대학교 광진구 샘말길 23 (T.02-450-0700)
1901년 마펫 선교사에 의해 세워졌다. 1959년 총신과 나누어졌다. 교내에 주기철 목사 순교 기념비, 마펫 선교사의 묘비도 있다.

22. 숭실대학교 동작구 상도동 511(T.02-820-0752)
1897년 미국 장로교 선교사 배위량이 평양서 '숭실학당'을 세웠다. 그 후 서울서 숭실대학교로 발전하였다. 한국 최초의 기독대학으로 많은 인재를 배출하였다.

23. 한국기독교 박물관 동작구 상도동 511(T.02-820-0752)

숭실대학교 부설이다. 고 김양선 목사의 기증유물이 중심이다. 기독교의 일파인 경교 유물, 천주교의 수용과 성장에 관한 유물, 초기 개신교 수용, 발전에 관한 유물이 전시되어 있다.

24. 성공회대학교 구로구 항동 1-1(02-2683-4114)

1914년 강화서 성 미카엘신학원으로 개교하였다. 1994년 성공회대학교로 승격 변경되었다. 한국 민주화운동에 동참하였고, 인권, 소외계층에 관심이 높다.

경기도

1. 한국기독교백주년기념탑 인천시 항동 5-2

인천은 근대사에서 조선의 관문이다. 1885년 언더우드, 아펜젤러 선교사가 입국한 것을 기념하기 위하여 세워진 탑이다. 그들의 입국으로 개신교가 이 땅에 세워지기 시작했다.

2. 인천내리감리교회 인천시 중구 동인천동 29 (T.032-762-7771)

1885년 아펜젤러 선교사가 세운 한국의 모교회다. 영화학교를 설립하여 개화에 앞장서고, 신학회를 조직하여 인물을 키웠다. 해외 선교에도 힘쓴 교회다.

3. 영화초등학교 인천시 동구 우각로 44 (T032-764-5131)

1903년 개교한 한국 최초의 사립초등학교다. 김활란, 이길용, 서은숙, 황정순 등이 나왔다. 복음을 전하고, 새 학문을 배우고, 나라 사랑, 인류 공영에 이바지하는 인재육성에 이바지 하였다.

4. 최용신기념관 안산시 본오동 897-4

'상록수'의 주인공 채영신의 실제 인물이 최용신이다. 그는 농촌운동을 하였다. 그는 깊은 신앙심으로 하였으나 신자임을 드러내지 않았다.

5. 교동교회(현 상룡교회)

인천시 강화군 교동면 상룡리 628-2(T.032-932-4514)

강화도를 이루는 섬중의 섬인 교동에 복음을 전한 사람은 권신일, 권혜일 부자였다. 1933년에 상룡리로 옮겨 상룡교회가 되었다. 옛 교동교회당도 남아있다.

6. 교산교회 인천시 강화군 양사면 교산1리 201

이 교회는 1893년에 세워졌다. 감리교의 시작이다. 존스에게서 '선상세례'를 받은 이승환의 모가 주동이 되었다. 그녀는 '강화선교의 겨자씨'가 되었다.

7. 성공회 강화성당

인천시 강화군 강화읍 관청리 250 (T.032-934-2514)

1900년 트롤로프 주교가 설계하고 감독하여 건축되었다. 백두산의 적송이 사용되었다. 2001년 사적 424호로 지정되었다.

8. 성공회 온수리성당

인천시 강화읍 길상면 온수리 505 (T.032-937-0005)

1906년 영국인 주교 조마가가 지은 성당으로 절충식 강당형 건물이다. 정면 3

칸, 측면 9칸으로 용마루 양 끝에 십자가 장식이 있다. 문화재 자료 15호다.

9. 백령기독교역사관

인천시 옹진군 백령면 연화리 308 (T.032-836-0383)

1898년에 중화동교회가 설립되었다. 백령기독교역사관은 군비로 지어져 백령도의 자랑거리다. 백령도에는 해병대 백령교회 등 10개 교회가 있다.

10. 소래교회 용인시 처인구 제일리 산 41-11 (T.032-836-0383)

1883년 서상륜, 서경조에 의해 황해도 소래에 세워진 한국 최초의 교회다. 1988년 총신대학교에 복원하였다. 복원된 것은 최초의 초가집이 아닌 1896년 새로 건축된 기와가다.

11. 한국기독교순교자기념관

용인시 양지면 추계리 산 84-1 (T.031-336-2825)

한국교회를 위해 순교한 신앙과 정신을 기리기 위해 1989년 개관되었다. 189명의 순교자들의 영정, 유품들을 전시하고 있다. 영락교회 정이숙 권사가 10만 평의 땅을 기증하면서 설립되었다.

12. 한국기독교역사박물관

이천시 대월면 초월리 474-2 (T.031-632-1391)

2001년 기독교문사 한영재 장로가 개관한 기독교 전문박물관이다. 기독교 문서 10만 여점을 전시하는데 희귀본이 많다. 지상 2층, 지하 1층으로 전시실, 자료실, 세미나실로 돼 있다.

13. 제암리교회 화성군 향남면 제암리 산 16 (T031-353-0031)

1905년 안종후가 자기 집에서 시작하였다. 1919년 3.1운동시 독립운동을 하다 일경에 의해 교회당에서 23명이 죽임 당한 참사가 일어났다. 순국기념탑, 순국기념관이 있다.

14. 수촌교회 화성시 장안면 수촌리 674 (T.031-351-2161)

1905년 김응태에 의해 세워졌다. 3.1원동시 만세사건으로 일경이 불을 질러
전소 되었다. 현재 본당 옆에 있는 초가 예배당은 불탄 예배당의 축소판이다. 향
토 유적 9호다.

15. 협성대학교 오산시 양산동 411 (T.031-370-6500)
1977년에 기독교감리회에서 세운 '감리교 서울신학교' 가 1994년 협성대학
교로 되었다. 그 사이 연회별 6개 신학교가 통합되었다.

16. 한신대학교 오산시 양산동 411 (T.031-370-6500)
1940년 김대현에 의해 조선신학교가 개교되고, 1951년 한국신학대학, 그 후
한신대학교가 되었다. 김재준, 장준하, 문익환 등이 나왔다. 민주화, 인권 분야
에서 족적을 남겼다.

17. 서울신학대학교 부천시 소사구 소사본 2동 (T.032-340-9114)
1911년 동양선교회서 서울 무교동에 성서학원을 세웠다. 구 후 1940년 경성
신학교, 1959년 서울신학대학, 1992년 서울신학대학교가 되었다. 기독교대한
성결교회에 속한다.

18. 성결대학교 안양시 만안구 안양8동 400-10 (T.031-467-8114)
1962년 서울 서대문구 충정로서 개교되었다. 설립자 김응조는 보수신앙으로
유명하다. 그는 예성을 이끌었고, 지금도 그 영향이 대단하다. 1975년 안양으로
옮겼다.

1. 철원제일감리교회 철원군 철원읍 관전리 100-2 (T.033-450-5365)

1920년 붉은 벽돌로 건축된 철원지역에 제일 먼저 설립된 교회다. 지금은 폐허로 남아 있어 분단의 아픔을 간직하고 있다. 3.1독립운동, 반공투쟁의 역사의 장이기도 하다.

2. 장흥교회 철원읍 동송읍 장흥리 577 (T.033-455-3205)

철원지역의 두 번째 교회다. 청년 애국단이 반공투쟁을 한 곳이며, 그 때 희생된 자들의 순국 기념비, 공산군에 순교한 서기훈 목사의 순교비, 충혼탑이 있다.

3. 대한수도원 철원군 갈말읍 군탄리 707-6 (T.033-452-2594)

1940년 장흥교회 박경룡 목사가 나라 위해 기도하자고 조선기도원을 세웠는데, 발전하여 대한수도원이 되었다. 장흥교회와 관계가 깊다. 4대 원장 박명희가 이끌고 있다.

4. 춘천중앙교회 춘천시 퇴계동 202 (T.033-259-3000)

호반의 도시 춘천에 처음 복음을 전한 선교부는 미국 남감리교 선교부다. 1902년 이덕수가 봉의동에 초가집을 마련하고 예배드리기 시작했다. 그는 강원도 전 지역에 전도했다.

5. 예수원 태백시 하사미동 7 (T.033-552-0662)

1956년 대천덕 신부, 그 가족, 성 마가엘신학교 학생들, 항동교회 신자들, 건축노동자들에 의해 세워졌다. 설립 목적은 노동과 기도의 삶, 올바른 관계, 성령의 인도를 받아 사명을 감당함이다.

6. 한서 남궁억기념관 홍천군 서면 모곡2리 387 (T.032-430-2656)

남궁억은 개화파의 한 사람. 홍화학교 교사. 독립협회 가입. 황성신문 사장. 무궁화 나누어주기 등으로 애국운동을 하였다. 모곡리에 가면 그를 기리는 기념관, 예배당, 묘소가 있다.

7. 천곡교회 동해시 천곡동 1081-8 (T.033-533-9012)

1941년 신사참배를 거부하다 순교한 최인규 권사의 모교회다. 1986년 천곡교회에 최인규 권사 순교기념비를 새겼다. 그 비석은 그가 만든 강대상을 본땄다.

충청도

1. 매봉교회

충남 천안시 병천면 용두리 388-6 (T.04d1-564-1813)

1901년 박해숙 전도사에 의해 설립되었다. 일제에 대해 세 번이나 불탔다. 현재의 교회당은 1998년 신축되었다. 옆에 유관순 열사의 생가 밑에는 기념관이 있다.

2. 공주 영명중,고등학교

충남 공주시 중동 318 (T.041-854-3382)

샤프 웰리암스 선교사에 의해 영명학교가 세워졌다. 이 학교는 농촌지도자 배출에 주력했다. 유관순, 조병옥, 임영신 등이 나왔다. 1951년 영명중,고등학교가 됐다.

3. 공주침례교회(현, 꿈의교회)

충남 공주시 웅진동 242-11 (T.041-853-0675)

1896년 미국 침례교 선교사 폴링, 스테드맨, 엑클스, 엘머 등에 의해 세워졌다. 이 교회는 성경학원을 조직하여 인재를 양성했다. 이 교회가 한국 침례교회의 뿌리다.

4. 청주제일교회

충북 청주시 상당구 남문로 1가 154 (T.043-256-3817)

1904년 미국 북장로교 선교사 민노아가 전도한 김원배, 방흥근 등이 초가집을 구해 시작한 교회다. 이 교회는 일제시 민족운동가, 1970년대는 민주화에 공헌한 자가 많았다.

5. 청주 양관

충북 청주시 상당구 탑동 185-1 (T.043-256-7322)

민노아 선교사는 주로 청주에서 활동했다. 그는 청주성서학원 등 일곱 채의 건물(양관)을 지었다. 6채가 남아 있다. 교육관과 주택으로 건립되었고 지금은 미술관이다.

6. 한남대학교

충남 대전시 대덕구 오정동 133 (T.042-629-7929)

1956년 미국 남장로교 선교부서 대전기독학관을 세웠다. 초대 학장은 인돈이었다. 1959년 대전대학, 1963년 승전대학교, 1980년 한남대학교가 되었다. 양관이 남아 있다.

7. 인돈학술원

충남 대전시 대덕구 오정동 133 (T.042-629-7929)

한남대학교의 초대 학장인 인돈을 기념하는 학술원이다. 밖에서 보면 'ㄷ'로 된 한국 전통 가옥의 구조다. 실내는 서양식이다. 대전시 문화재자료 44호다.

8. 목원대학교

충남 대전시 서구 목원길 21 (T.042-829-7114)

1954년 미국 선교사 도익서가 감리교 대전신학교를 개교하였다. 1972년 목원대학, 1993년 목원대학교로 되었다. 1999년 현 위치로 이전하였다. 도익서는 평생을 한국서 활동하였다.

9. 침례신학대학교

충남 대전시 유성구 하기동 산 14 (T.042-828-3114)

1953년 침례회 성경학원으로 개원하여, 1954년 신학교로 승격시키고, 문교부 인가를 받았다. 1957년 본관을 완공하고 에버네티(초대 교장)관이라 했다.

10. 대전신학대학교

충남 대전시 대덕구 오정동 226-22 (T.042-606-0114)

1954년 대전야간신학교로 시작하여 대전신학대학교가 되었다. 초대 교장은 한국장로교 총회장을 세 번 한 이자익 목사다. 그는 금산교회서 장로, 목사가 되었다.

11. 고대도교회

충남 보령시 오천면 삽시도리 951 (T.042-932-2736)

고대도는 1832년에 귀츨라프 선교사가 방문하여 전도한 곳이다. 이곳은 1982년 곽길보 목사가 고대도교회를 개척하였다. 귀츨라프의 행적은 "조선서 해안항해기"에 나온다.

12. 마량진 성경 전래지

충남 서천군 서면 마량진 (T.041-950-4224)

한국에 성경이 가장 먼저 전해진 곳은 마량진이다. 1816년 영국 함장 맥스웰, 바스홀이 이곳에 들러 첨사 조대복에게 최초 성경을 전달했다. 순조 실록 19권에 나온다.

13. 강경북옥감리교회

충남 논산시 강경읍 북옥리 93 (T.41-745-5459)

1923년 세워진 강경성결교회가 매각되어 강경북옥감리교회가 되었다. 등록문화재 42호다. 16칸 36평 건물로 남녀 출입문이 따로 있는 한옥이다.

14. 강경성결교회

충남 논산시 강경읍 홍교리 129 (T.041-732-6251)

정성달 전도사가 시작한 교회다. 신사참배를 제일 먼저 거부한 교회로 "최초 신사참배 거부 선도 기념비"가 있다. 주교생 57명이 김복희 선생 지도로 거부하였다.

15. 논산병촌성결교회

충남 논산시 성동면 개척리 228(T.04d1-732-6251)

6.25시 성도 16세대 66명을 도주하던 공산군이 한꺼번에 쇠스랑, 삽, 몽둥이로 죽여 매장하였다. 정수일 집사는 가족 11명이 몰살당하는 중에도 기도하면서 순교하였다. 순교 추모비가 있다.

1. 척곡교회 경북 봉화군 법전면 척곡동 833-1 (T.054-672-4769)

1907년 김종숙이 언더우드의 설교를 듣고 개종. 낙향해 설립했다. 옛 건물, 부속물, 여러 장부가 보존돼 있다. 교회가 운영한 학교 명동서숙도 남아 있다.

2. 내매교회 경북 영주시 평은면 천본2리 (T.054-637-3082)

내매교회는 작으나 큰 교회다. 강신명 목사 외에 수십 명의 목사, 장로가 나왔다. 이 교회는 내명학교를 설립하여 인재를 양성하고, 이상촌 건설을 위해 "향약 6개조"를 만들었다.

4. 풍기성내교회 경북 영주시 풍기읍 성내 3동 58 (T.054-636-6273)

1907년 김기풍, 이시동, 장사문, 이상호 등이 믿고 교회를 세웠다. 처음에는 풍기교회였다. 역사관에는 교회의 초기 역사, 한국 초기 기독교 역사 자료가 있다.

4. 영주제일교회 경북 영주시 영주1동 42-1 (T.054-635-1601)

1907년 선교사 오월빈과 강재원 장로의 전도로 시작되었다. 현재의 건물은 1958년에 지어졌다. 영주를 선도하는 교회로 경안(현 영광)중학교 설립에 힘썼다.

5. 대구 신명여자고등학교 대구시 중구 동산길 17 (T.054-254-1802)

1907년에 미국 북장로교 선교사 부해리의 부인 부마태가 남산동에 신명여자중학교를 세웠다. 그것이 신명여자고등학교, 신명고등학교로 되었다. 기독교문화 창달에 힘쓴다.

6. 상락교회 경북 예천군 지보면 지보리 (T.054-653-3345)

1906년 양조환, 전병원, 김낙진이 시작하였다. 지금 교회당은 세 번째 지은 건물이다. 순교자 2, 순국자 1, 총회장 2, 목사 29, 장로 21을 배출하였다.

7. 군위교회 경북 군위군 군위읍 동부리 25 (T.054-383-1009)

1920년 동양선교회 헤스톱 선교사가 자신의 풍금을 팔아 세웠다. 성결교로 장로교 사이에서 아름답게 성장했다. 일제의 탄압을 잘 이긴 교회다.

8. 비안교회 경북 의성군 비안면 서부리 25 (T.054-861-7058)

비안은 경북서 기독인에 의해 제일 먼저 3.1운동이 발발한 곳이다. 1924년 박갑년씨 집에서 예배가 시작되었다. 비안교회는 출발부터 민족과 함께 하였다.

9. 인노절 선교사비 경북 안동시 금곡동 124 (T.054-857-4702)

인노절 선교사는 1918년 안동으로 와 경안노회 설립에 공헌, 경안성서학교(경안신학대학원대학교)를 설립했다. 안동, 영주지방 전도에 공이 크다. 비는 경안고 교정에 있다.

10. 안동교회 경북 안동시 화성동 151 (T.054-858-2000)

1909년에 영주에 다니던 교인들이 세웠다. 일제의 총칼, 공산당의 위협을 잘 견디고, 60~70년에는 안동지역 복음화에 앞장섰다. 구 돌 예배당이 역사를 말한다.

11. 대구제일교회 대구시 중구 동산동 234 (T.053-253-2615)

대구와 경북의 모교회다. 1893년에 남성정교회로 시작되었다. 구 예배당은 대구시 유형문화재 30호다. 동산병원, 신명여고도 옆에 있다. 이 교회는 경북선교의 역사적 중심에 서 있다.

12. 동산의료원 대구시 중구 달성로 216 (T.053-250-7114)

계명대 동산의료원은 대구제일교회 옆에 있다. 대구시 유형문화재인 선교사 사택 2동을 선교박물관, 의료박물관으로 설립했다. 교육역사박물관도 개관하였다.

13. 대구계성고등학교

대구시 중구 대신동 277 (T.053-250-2400)

1906년 미국북장로교 선교사 안의와가 사택에서 시작한 대구 지역 첫 중등교육기관이다. 1911년에 운동부를 조직하여 정구, 축구, 야구, 농구 등으로 이름을 날렸다.

14. 사월교회 대구시 수성구 사월동 296 (T.053-811-2301)

1898년 김명근씨 집에서 안의와 선교사가 예배를 인도함으로 시작되었다. 1902년 사월동에 초가삼간을 구입하여 교회를 이전했다. 그 때 목사는 부해리 선교사다.

15. 포항제일교회 경북 포항시 북구 용흥동 562-1 (T.054-244-3311)

1905년 안의와 선교사가 서성오, 김상오와 함께 포항교회라는 이름으로 시작하였다. 1911년 영흥초등학교를 세웠다. 구 예배당은 포항소망교회가 사용하고 있다.

16. 한동대학교 경북 포항시 북구 흥해읍 남송리 3 (T.054260-1111)

이 학교는 "하나님의 대학교"라는 자부심을 갖고 있다. 1995년 송태헌이 개교하고 초대 총장에 김영길 박사가 취임했다. 기독교적 세계관 구현에 힘쓰고 있다.

17. 자천교회 경북 영천시 화북면 자천 3리 773 (T.054-337-2775)

1903년에 어드만선교사가 세웠다. 건물은 한옥으로 출입구가 둘이다. 칸막이가 있어 남녀식을 구분했다. 2006년에 복원하였다. 경북 지방문화재로 되어있다.

18. 경주제일교회 경북 경주시 노동동 176 (T.054-742-0211)

1902년 안의와 선교사가 예배를 인도함으로 시작되었다. 첫 이름은 "경주읍노동교회"다. 1909년 계남학교를 설립했다. 옛 건물을 교육관으로 사용하고 있다.

19. 초량교회 부산시 동구 초량 1동 1005 (T.051-465-0533)

1892년 배위량 선교사가 설립한 부산의 초기 교회다. 일제시 독립을 위해 싸우고 신사참배를 반대했다. 주기철 목사가 3대 목사다. 역사 전시관, 주목사가 쓴 강대상이 있다.

20. 부산진교회 부산시 동구 좌천동 763(T.051-647-2452)

1890년 배위량 선교사가 부산에 전도하면서 부산진에 80평 대지의 한옥을 구해 시작하였다. 1894년 세례를 베풀었고, 1904년 심취명 장로(부산 첫 장로)를 장립했다.

21. 삼일교회 부산시 동구 초량3동 50(T.051-465-3131~4)

해방 후 신사참배 문제로 장로교 고신이 창립될 때, 한상동 목사가 초량교회서 단신으로 나와 개척한 교회이다. 한상동 목사는 신사참배 반대운동이 주역으로 투옥되었고, 해방 후에는 회개를 외치다 고신을 세운 분이다. 삼일교회는 고신의 모교회로 부산의 대표적인 교회이다.

22. 부산일신여학교 부산시 동구 좌천동 793 (T.051-647-2452)

1895년 호주 여자전도부에서 좌천동에 개교했다. 많은 여성지도자를 배출하였다. 의열단장과 결혼한 박차정 열사도 이 학교 출신이다. 뒤에 동래여자고등학교가 되었다.

23 고신대학교 부산시 영도구 동삼 1동 149-1 (T.051-990-2114)

1946년 한상동, 주남선 목사가 고려신학교를 세웠다. 교훈은 "코람 데오(Coram Deo-하나님 앞에서)"이다. 고신대학교가 되었다. 고려신학대학원은 천안에 있고 송도 캠퍼스도 있다.

24. 고신대학교 복음병원 부산시 서구 암남동 34 (T.051-990-6114)

1951년 장기려 박사가 "복음진료소"라는 이름으로 제3영도교회서 시작하였다. 1957년 현 위치로 이전, 발전, 1981년 의대가 설립되고, 1968년 간호전문대학이 설립되었다.

25. 부산장신대학교 경남 김해시 구산동 746 (T.055-320-2500)

1953년 "대한예수교장로회 대한신학교 부산 분교"로 시작하였다. 초대 교장은 노진현 목사다. 1956년 부산신학교, 그 후 부산장신대학교가 되었다. 1999년 현 위치로 옮겼다.

26. 거창교회 경남 거창군 거창읍 중앙리 216 (T.055-942-7779)

1909. 10.10에 18명의 성도로 시작되었다. 5대 목사 주남선은 신사참배 반대로 투옥되었고, 해방 후에는 고려신학대학원의 설립자가 되었다. 거창교회는 서부 경남은 물론이요, 장로교 고신의 모교회이다.

27. 웅천교회 경남 진해시 성내동 385 (T.055-546-5891)

1900년 설립되었다. 웅천은 주기철 목사의 생가가 있다. 주 목사는 하나님 나라 사랑을 실천했다. 웅천교회 뜰에는 주기철 목사 기념비, 기념관도 있다.

28. 칠원교회 경남 함안군 칠원면 구성리 560-1(T.055-587-1890)

1906. 4. 19일에 시작되었다. '사랑의 원자탄' 손양원 목사의 모교회이다. 손양원 목사는 일제시대 신사참배를 반대하였고, 해방 후에는 공산군에 의하여 두 아들과 함께 순교하였다. 생가 복원, 기념관 건립이 추진중이다.

29. 창신학교 선교사비 경남 마산시 합성 2동 1 (T.055-250-3001)

창신학교는 1909년 마산지역에 설립된 최초의 학교다. 창신전문대학, 창신대학교로 발전하였다. 기독교정신으로 시작하여 잘 나가고 있다. 교정에는 맥피를 비롯한 8명의 선교사 묘비가 있다.

30. 진주 성남교회 경남 진주시 신안동 3-4 (T.055-746-9450)

1924년 호주 선교사 알렌에 의하여 시작되었다. 합동측으로 진주에서 가장

교세가 큰 교회이다. 신사참배에 앞장 선 장로교 고신 창립총회가 1952. 9. 16
일에 구 예배당(진주성 정문 앞)에서 개최된 역사를 가진 교회이다.

1. 황등교회 전북 익산시 황등면 황등리 606-2 (T.063-856-6775)

1921년 의사 계원식 장로가 설립했다. 그의 아들이 전 장신대학장 계일승 박
사다. 6.25시 교인들이 학살당하였다. 황동중,고등학교를 설립하여 교육에 힘썼다.

2. 두동교회 전북 익산시 성당면 두동리 (T.063-861-0348)

1915년 박재신의 사랑채서 시작되었다. 1929년 현재의 'ㄱ'자 예배당이 건
축되었다. 전북문화재 자료 179호다. 남녀 회중석 모두 3칸 크기로 같은 규모다.

3. 군산 아펜젤러순교기념교회

1902년 아펜젤러 선교사는 성경 번역 모임 참석차 배로 목포로 가다 어청도
부근서 배가 좌초되어 죽었다. 그는 자신이 충분히 탈출할 수 있었음에도 불구
하고 한국인 조수와 여학생을 구하려다 참변을 당했다. 그의 의로운 죽음을 기
념하여 세운 교회다. 숙소와 아펜셀러 선교사 탐방 프로그램도 있다.

4. 금산교회 전북 김제시 금산면 금산리 290-1 (T.063-548-4055)

김제 모악산 기슭의 금산교회는 "ㄱ"자 교회로 100여년 전의 초기 모습을 잘

간직하고 있다. 여러 희귀한 자료도 있다. 조덕삼 장로와 이자익 목사의 멋진 이야기가 있다.

5. 전주서문교회 전북 전주시 완산구 다가동 3가 123 (T.063-287-3270)

1893년 네이놀즈 선교사의 파송을 받은 정해원씨가 시작했다. 1905년 50평 기와지붕 예배당을 지었다. 1920년대에 여자야학회, 전주유치원, 숭덕성경학교를 개설했다.

6. 전주예수병원 전북 전주시 완산구 중화산동 1가 300 (T.063-230-8114)

1898년 미국 남장로교 여선교사 잉골드가 시작하였다. 예수 이름으로 의료사업, 전도사업을 하였다. 1971년 예수병원 재단설립, 그 후 오지 지역에 고산분원도 세웠다.

7. 전주기전여자중,고교 전북 전주시 완산구 우전로 137 (T.063-236-5088)

1900년 미국 남장로교 선교사 테이드가 설립하였다. 일제시 신사참배를 거부하다 폐교하기도 하였다. 1946년 복교하여 경천, 순결, 애인을 교훈으로 교육하고 있다.

8. 전주신흥고등학교 전북 전주시 완산구 중화신동 188 (T.063-232-7070)

1900년 개역 성경의 대부분을 번역한 네이놀즈 선교사가 설립했다. 교훈은 지(진리추구), 인(사랑 실천), 용(정의 실현)이다. 일제시 신사참배를 반대하다 자진 폐교했다.

9. 리차드슨 기념관 전북 전주시 완산구 중화산동 188 (T.063-232-7070)

신흥고등학교 안에 있다. 1936년 리차드슨 여사의 기증으로 지은 건물로 문화재다 미국 남장로교 선교회의 호남지역 선교 역사를 보이는 상징적 의미의 건축물로 의미가 크다.

10. 제내교회 전북 완주군 봉동읍 제내리 51 (T.063-263-6669)

1900년에 13명이 모여 예배드림으로 시작되었다. 1903년 초가삼간을 구하여 예배당을 갖게 되었다. 6.25시 순교한 김상천, 김현경 장로의 기념비가 있다.

11. 한일장신대학교 전북 완주군 상관면 신리 694-1 (T.063-230-7863)

1922년 여선교사 쉐핑에 의해 전도부인 양성학교로 시작 되었다. 여러 단계의 과정을 거치면서 통합측 지방 신학교 인준을 받았다. 일제시 신사참배 거부로 폐교당했다.

12. 두암교회 전북 정읍시 소성면 애당리 316 (T.063-537-6839)

설립 연대는 확실치 않다. 6.25시 윤임례 집사를 비롯한 23명이 공산군에 의해 순교했다. 순교자 합장묘와 순교비가 있다. 해마다 추모예배가 있다.

13. 호남신학대학교 광주시 남구 양림동 108 (T.062-650-1552)

1955년 미국 남장로교 선교부에 의해 호남지역 농어촌교회 교역자 양성을 위해 설립되었다. 선교사 묘역인 양림동산과 선교사 사택 등 선교의 흔적이 많다.

14. 광주양림동산(양림동 선교사 묘지)

광주시 남구 양림동 108 (T.062-650-1552)

위 주소에 있는 호남신학대학교 동산에는 1895년 한국에 와 목포, 광주에 선교부를 세우고 30년간 선교하다가 간 벨 목사의 묘를 비롯한 선교사들과 가족들의 묘가 있다.

15. 우일선 선교사 사택 광주시 남구 양림동 226-25

우일선은 미국 선교사다. 그의 사택 건물은 광주에서 현존하는 가장 오래된 서양식 건물이다. 한국 근대 건축의 흐름을 이해하는데 도움이 된다. 광주기념물 15호다.

16. 광주수피아여고, 광주숭일고

광주시 남구 양천1기 222 (T.062-652-0041)

1908년 배유지 선교사가 세웠다. 남학교 첫 교장은 배유지, 여학교 첫 교장은 엄언라였다. 독립운동과 신사참배 거부로 폐교당한 학교다.

17. 광주양림교회들 광주시 남구 양림동 92-10 (T.062-672-1101)

1912년에 미국 남장로교 선교사 배유지 목사와 오웬 의사가 전도하여 시작하였다. 1918년 이기풍 목사가 부임했다. 지금은 양림교회가 통합, 합동, 기장 셋이다.

18. 광주제일교회 광주시 서구 치평동 1171-8 (T.062-382-1004)

1904년 양림동 벨 선교사 사택서 오웬 선교사 가족과 한국인들이 모여 예배 드림으로 시작되었다. 3.1독립운동을 주도하다가 교회당을 일제에 뺏기기도 하였다.

19. 염산교회 전남 영광군 염산면 봉남리 191 (T.061-352-9005)

1939년에 세워진 이 교회는 일제 때는 신사참배 거부로 박해 당했다. 6.25시는 공산군에게 77명이 순교 당했다. 순교 공원, 순교자료 전시관, 교육관이 있다.

20. 야월교회 전남 영광군 염산면 야월리 471-1 (T.061-352-9147)

1908년 배유지 선교사가 세웠다. 일제시대에는 예배당 문을 닫고 가정에서 예배를 드렸다. 6.25시도 그렇게 하다가 공산군에게 잡혀가 온 교인들이 교회당에서 불태워졌다. 50평 규모의 "기독교 순교 기념관"을 건립하였다.

21. 문준경 전도사의 발자취; 증도 전남 신안군 증도면 중동리

문준경 전도사는 "섬 교회의 어머니", "열정의 전도사"로 불린다. 그는 증도에서 10여개의 교회를 개척하고, 6.25시 순교했다. 김준곤, 이만신 목사가 문전도사 전도의 열매다.

22. 해제중앙교회 전남 무안군 해제면 신정리 7-3 (T.061-452-6427)

1932년 배윤화 집에서 "양간다리 기도처"로 시작되어, "양매교회", "해제중앙교회"로 되었다. 이 지역에 처음 복음 전한 선교사는 이눌서이다. 6.25시 많은 순교자가 나왔다.

23. 용학교회 전남 무안군 해제면 용학리 6 (T.061-543-6005)

기룡동에서 안성조에 의해 설립되었다. 1960년에 현재 자리로 이전되었다. 전통한옥으로 된 아름다운 교회다. 6.25시 안성조를 비롯한 16명이 공산당에 의해 죽임을 당했다.

24. 목포 공생원 전남 목포시 죽교동 473 (T.061-242-7501)

1928년 윤치호 전도사가 설립한 고아원이다. 부인 윤학자와 함께 지금까지 3,700여명의 아이들을 키웠다. 윤치호는 신사참배 거부로 큰 고초를 겪었다. 윤치호는 목포가 기억하는 아름다운 인물이다.

25. 목포 정명여고 전남 목포시 남양동 86 (T.061-245-5905)

1903년 미국 남장로교회에서 설립했다. 1919년 3.1운동, 1921년 목포만세사건을 주도하였다. 선교사 사택과 양관이 있다. 독립운동에 관한 귀한 자료가 있다.

26. 목포 양동교회 전남 목포시 양동 127 (T.061-245-3616)

1897년 유진 벨, 해리슨 선교사가 목포로 와 초분터에 자리를 잡고 설립했다. 1903년 석조 예배당을 헌당했다. 일제시 박연세목사가 감옥서 순교했다.

27. 목포 양동제일교회 전남 목포시 호남동 6-3 (T.061-243-5600)

1897년 "목포교회"라는 이름으로 시작했다. 그 당시 목포서 선교를 시작한 배유지, 아눌서 선교사의 역할이 크다. 목포와 인근의 모교회의 역할을 한다.

28. 영암읍교회 전남 영암군 영암읍 서남리 78-1 (T.061-4730626)
1915년 조명선 조사가 교동리에 기도처를 마련함으로 시작되었다. 6.25시 24명이 공산군에게 순교당했다. 영애원을 설립하여 전쟁 고아를 돌보았다.

29. 영암 구림교회 전남 영암군 군서면 동구림리 301 (T.061-472-0232)
영암의 월출산은 빨치산의 거점이었다. 6.25시 공산군이 김봉구 집사를 비롯한 전교인 18명을 묶어 방에 가둔 후 불태워 죽였다. 합동묘와 순교비가 구림고 앞에 있다.

30. 영암 상월교회 전남 영암군 학산면 상월리 25 (T.061-472-3437)
1947년 진성구가 자신의 집을 예배당으로 드림으로 시작되었다. 6.25시 성도들은 부활의 소망으로 신앙의 절개를 지켰다. 공산군이 25명의 성도들을 총칼과 죽창으로 죽였다.

31. 영암 천혜교회 전남 영암군 학산면 용소리 500 (T.061-472-4700)
6.25당시 공산군에 의해 박석현 목사를 비롯하여 10명이 순교한 교회다. 교회는 그 사건을 순교 차원에서만 생각한다.

32. 영암 독천교회 전남 영암군 학산면 독천리 143-1 (T. 061-472-4077)
6.25시 성도 정길성씨가 순교하였다. 당시 영암에서 88명의 순교자가 나왔다.

33. 강진읍교회 전남 강진군 강진읍 남성리 42-4
1913년 설립되었다. 3.1운동에 적극 참여 하였고, 신사참배도 적극 반대하였다. 6.25시는 배영석 목사가 순교하였다. 민주화운동에도 앞장섰다.

34. 지리산 선교사 유적지 지리산 노고단

지리산에는 선교사 유적지가 두 곳이 있다. 노고단과 왕시루봉이다. 1920년 미국 남장로교 선교사들이 주축이 되어 50여채의 수양관을 세웠다. 레이놀즈 선교사가 성경을 변역한 곳도 여기다.

35. 순천 기독교역사박물관

전남 순천시 매곡동 142-5 (T.061-752-2074)

순천기독교진료소 2층에 있다. 이 건물은 인휴 선교사가 결핵환자들을 위해 세웠다. 이 박물관은 구한말부터 선교현장을 담은 사진, 등 귀한 자료가 있다. 선교사들의 기념비, 순교비가 있다.

36. 순천매산고등학교 전남 순천시 매곡동 163-1 (T. 061-752-4521)

1913년 미국 남장로교 선교사 변요한, 고라복에 의해 세워졌다. 매산동에는 선교사들의 건물들, 기독결핵진료소, 고라복 선교사 기념비가 있다.

37. 여수 애양원과 순양원목사 순교기념관

전남 여수시 율촌면 신풍리 1 (T. 061-682-7515)

애양원은 1909년 포싸이드 선교사에 의해 시작되었다. 1939년 손양원 목사가 부임했다. 그는 신사참배를 거부했고, 여수 반란사건시 두 아들을 잃었다. 6.25시 공산군에 의해 순교당했다.

38. 우학리교회 전남 여수시 남면 우학리 223 (T.061-665-9521)

우학리교회는 이기풍 목사가 마지막 목회한 곳이다. 그는 신사참배 거부로 옥고를 치르다가 병고로 순교했다. 2006년 "이기풍 목사 순교기념관"이 세워졌다.

39. 소록도중앙교회 전남 고흥군 도양읍 소록2리 (T. 061-844-0409)

1938년 이채인 전도인을 중심으로 창립예배를 드렸다. 일제시 신사참배 거부로 고초를 겪었다. 1945년 자치권을 요구하다 많이 희생되었다. 6.25시 김정복 목사가 순교했다.

1. 하멜기념비 제주시 서귀포시 안덕면 사계리 (T.064-760-3544)

우리나라를 서방에 최초로 알린 유럽인들은 1863년 제주 근방 해역서 조난당한 네덜란드 동인도회사 선원들이었다. 그 중 하멜이 "하멜 표류기"를 썼다.

2. 이기풍 목사 기념관

제주도 북제주군 조천읍 와흘리 산 14-3 (T.064-782-6969)

이기풍 목사는 평양 깡패 출신이다. 1907년 한국 최초 7인 목사 중 한 사람으로 안수 받고 제주도에 선교사로 파송되었다. 그는 10개의 개회를 세웠다. 제주 지역 교회들이 기념관을 건립했다.

3. 성안교회 제주도 제주시 삼도 2동 606-1 (T.064-753-0801)

이기풍 목사가 세 명의 신자와 함께 시작하였다. 1922년 영흥야학교, 1924년 제주도 최초 유치원인 중앙유치원을 개원하였다. 마당에 이기풍 목사 기념비가 있다.

4. 대정교회 제주시 서귀포시 대정읍 안성리 1639 (T.064-794-2984)

제주 출신 첫 목사, 순교자인 이도종 목사가 시무한 교회다. 1948년 4.3사건 시 교회를 돌보다 공산군에게 끌려가 생매장 당해 순교했다. 뜰에 그의 순교기념비가 있다.

5. 금성교회 제주도 제주시 애월읍 금성리 436-3 (T.064-799-0004)

제주도 최초 교회다. 이기풍 목사가 오기 전에 복음을 받은 8명의 신자들이 이기풍 목사를 만나 설립한 자생 교회다. 이도종 목사도 그중 한 사람이다. 큰 교회는 아니나 최초 교회라는 의미가 크다.

6. 마라도교회 제주도 마라도 (T.064-792-8506)

마라도는 한국의 최남단에 위치한 작은 섬이다. 주민은 30여 집에 80여 명이다. 1984년 방다락 목사가 개척하였다. 1985년 태풍으로 예배당이 날라갔으나 다시 건축하였다.